예수도

IVP(InterVarsity Press)는
캠퍼스와 세상 속의 하나님 나라 운동을 지향하는
IVF(InterVarsity Christian Fellowship)의 출판부로서
생각하는 그리스도인을 위한 문서 운동을 실천합니다.

Originally published by InterVarsity Press
as *Practicing the Way of Jesus* by Mark Scandrette.

ⓒ 2011 by Mark Scandrette.
Translated and printed by permission of InterVarsity Press,
P.O. Box 1400, Downers Grove, IL 60515, USA.

Korean Edition ⓒ 2013 by Korea InterVarsity Press,
352-18 Seokyo-Dong, Mapo-Gu, Seoul 121-838 Korea.

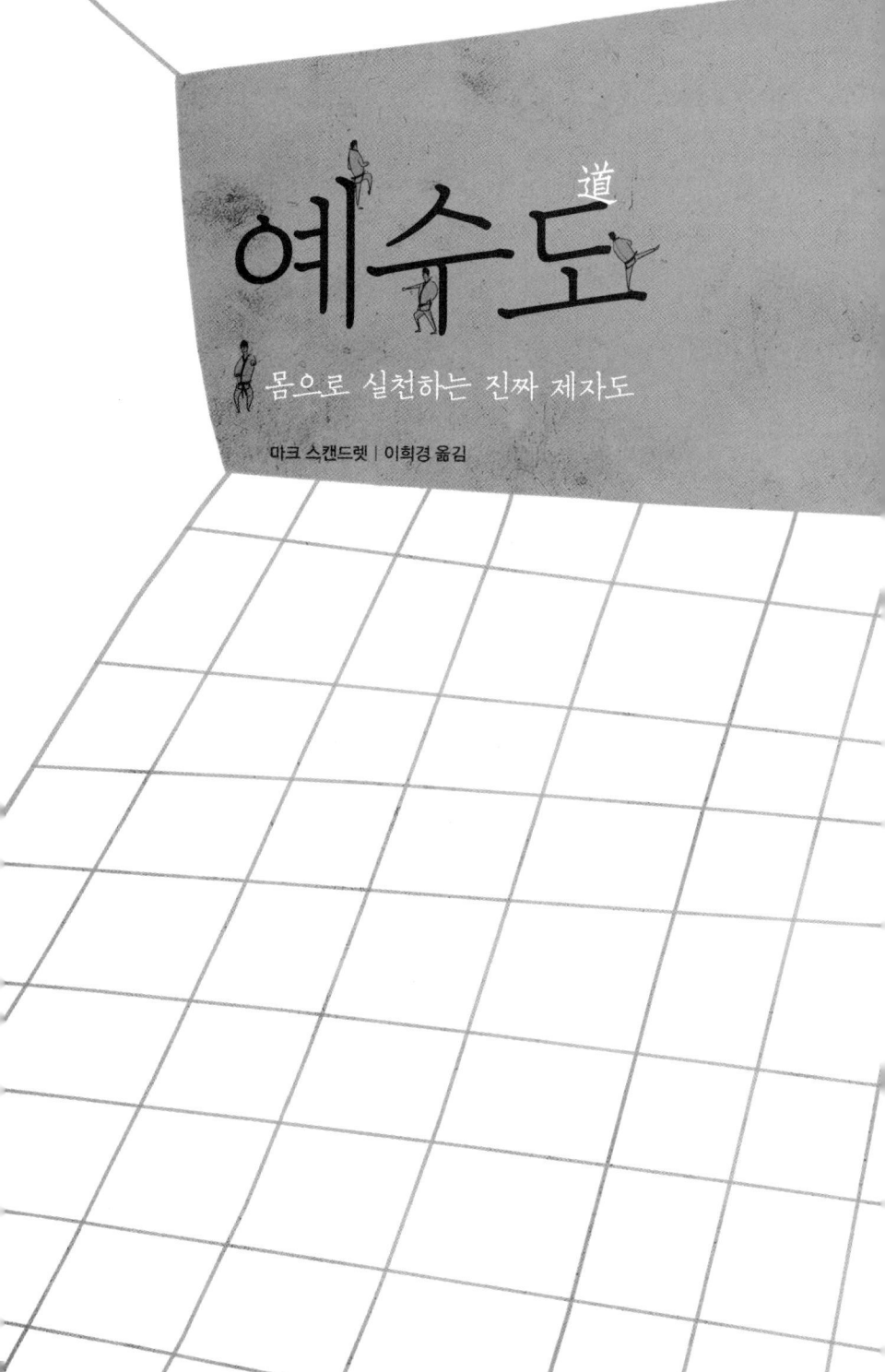

예수도에 대한 찬사

정말 좋은 설교와 가르침을 많이 듣지만 감동이 사그라지면 삶도 정체되는 걸 자주 본다. 구체적인 실천을 위해 함께 격려하고 수고하지 않기 때문이다. 「예수도」는 구체적인 실천을 통해 예수를 따르는 진짜 삶이 무엇인지를 잘 보여 주는 책이다.
― 최용철, 산돌학교 교장

'유혹을 극복하는 일'이 즐거운 모험이 될 수 있음을 보여 준 저항적 비트 세대의 톨스토이! 이 책은 공동체의 신앙을 삶 속에 구체적으로 보여 준 실례로 가득하며 놀라울 정도로 실제적이고 영감이 넘친다.
― 데비 블루, 「세속화된 교리, 돌에 새긴 말씀에서 살아 있는 말씀으로」의 저자, 자비의 집(미네소타 주 세인트풀) 설립자

마크 스캔드렛은 우리의 신앙을 좀 더 전인적으로 이끌어 줄 놀라운 이야기와 사상, 실제적인 훈련을 이 책에 모두 담았다. 하나님 나라에 초점을 맞추고 정의를 지향하는 영성 형성에 대한 접근법을 찾는 모든 사람에게 내가 사랑하는 이 책을 적극적으로 추천하고 싶다.
― 크리스틴 사인, 작가이며 운동가이자 겨자씨 공동체의 상임 이사

이 책은 오늘날 우리에게 반드시 필요한 것을 제공한다. 바로 실천에 근거한 영성 형성에 대한 접근법이다. 또한 이 책은 예수님의 가르침을 실제로 행하기 위해 씨름하는 개인과 모임에 대한 정직한 보고서다. 이 책이 우리를 감동시키는 이유는 기꺼이 모험을 감수하는 사람들과 정직한 사람들의 이야기이기 때문이다. 실천에 초점을 맞추다 보면 율법주의에 치우칠 위험이 있음에도 불구하고, 외적인 실천을 이끌어 내는 내면의 훈련을 강조하는 저자는 그런 아주 작은 위험성까지 철저히 배제한다. 우리는 단순히 경건의 실천에 참여하는 것이 아니라, '하나님의 노래에 맞춰 춤추는 법을 배운다'는 그의 말은 이 점을 아름답게 표현한다. 이 책은 영성을 실천하기보다는 논하는 데 비중을 두는 우리 시대에 건강한 균형을 찾아줄 것이다. 이것은 우리 세대뿐 아니라 미래에도 여전히 그리스도인의 영성 형성에 절실히 필요한 접근법이다.

— 제임스 브라이언 스미스, 프렌즈 대학교 신학교수, 「선하고 아름다운 하나님」, 「선하고 아름다운 공동체」, 「선하고 아름다운 삶」의 저자

차례

1부 실천의 관점

1장 실험으로의 초대 11

2장 랍비의 도를 따르는 삶 33

3장 공동의 실천을 위한 공간을 창조하라 55

4장 영성 형성의 비전을 제시하고 구체적으로 접근하라 79

5장 실천은 어떻게 우리를 변화시키는가 103

6장 그룹 실험의 시작과 인도 123

2부 실천

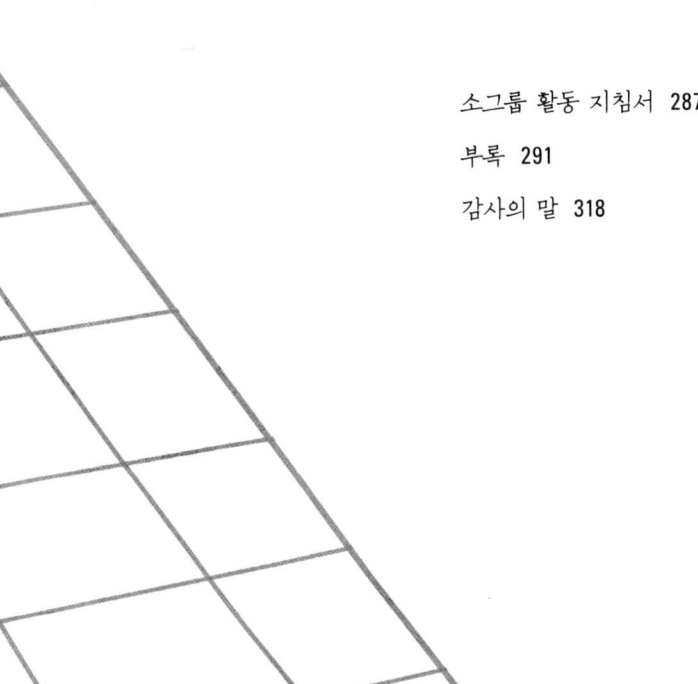

7장 정체성에 대한 실험 149

8장 존재 목적에 대한 실험 181

9장 안전에 대한 실험 207

10장 공동체에 대한 실험 225

11장 자유와 평강에 대한 실험 251

결론 277

소그룹 활동 지침서 287

부록 291

감사의 말 318

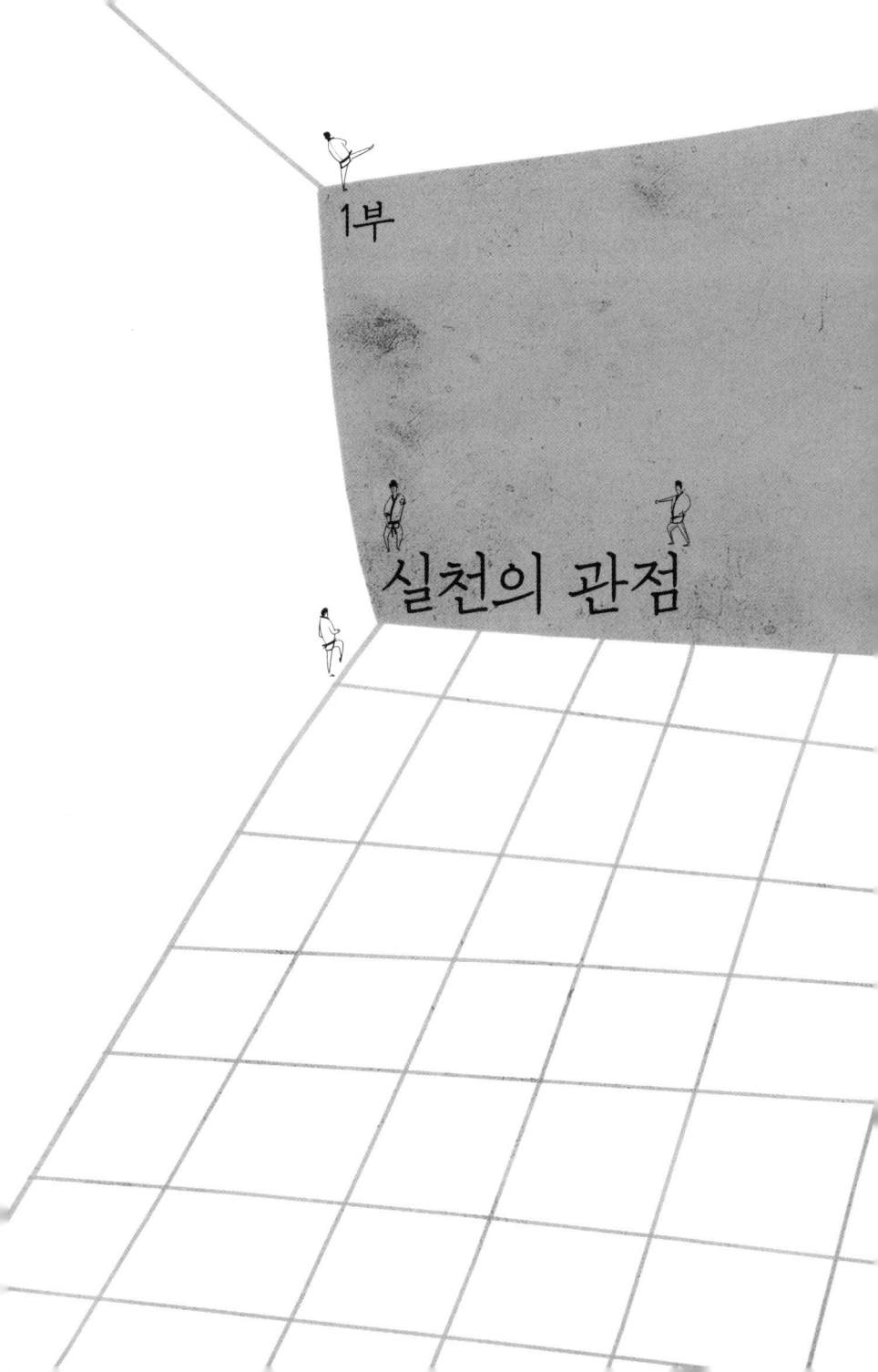

1부

실천의 관점

1
실험으로의 초대

> 그러므로 누구든지 나의 이 말을 듣고 행하는 자는 그 집을 반석 위에 지은 지혜로운 사람 같으리니 비가 내리고 창수가 나고 바람이 불어 그 집에 부딪치되 무너지지 아니하나니, 이는 주추를 반석 위에 놓은 까닭이요. 나의 이 말을 듣고 행하지 아니하는 자는 그 집을 모래 위에 지은 어리석은 사람 같으리니, 비가 내리고 창수가 나고 바람이 불어 그 집에 부딪치매 무너져 그 무너짐이 심하니라.
>
> 마태복음 7:24-27

몇 해 전 나는 전 세계의 빈곤 해소를 위해 자기 소유의 절반을 처분하여 기부하는 대담한 실험에 친구들을 초대했다. 진정한 안전과 부요함에 대한 예수님의 가르침에서 영감을 얻은 우리는 삶의 구체적인 부분에서 그 가르침이 의미하는 바를 찾기 위해 한 가지 실험을 계획했다. 예수님은 제자들에게 말씀하셨다. "너희 소유를 팔아 구제하라"눅12:33. 하나님 나라의 실재實在에 어떻게 반응할지를 묻는 질문에 세례 요한은 이렇게 대답했다. "옷 두 벌 있는 자는 옷 없는 자에게 나눠 줄 것이요 먹을 것이 있는 자도 그렇게 할 것이니라"눅3:11. 우리는 이 실험을 절반의 나눔 Have2Give1으로 명명했다.

놀랍게도 30명 이상의 사람들이 참가 신청을 했고, 전 세계의 가난한 사람들을 돕기 위해 소유를 처분할 방법을 함께 논의했다. 또한 모임에 참석하기 위해 기꺼이 한 시간이 넘는 거리를 달려왔다. 이후 우리는 8주 동안 단계적으로 우리의 소유를 처분해 갔다. 매주 다양한 물품이 들어왔다. 어떤 주는 책과 음반이 들어왔고 또 어떤 주는 옷과 생활용품이 들어왔다. 이걸 왜 샀는지 고민하게 되는 물건들이 누구에게나 있었다(수집한 도자기 인형을 계속 간직해도 될까? 보석 중 일부를 처분하는 게 낫지 않을까? 정말 자전거가 세 대씩이나 필요할까?). 그렇게 먼지가 뽀얗게 쌓인 물건들을 처분해서 굶주린 사람들을 먹이고 도울 수 있다는 생각에 우리는 흥분했다. 또 자동차와 골동품, 자전거 같은 걸 팔면서, 그동안 우리가 소중히 여겼던 대부분의 물건들이 실제로는 별로 필요가 없다는 걸 깨달았다. 어떤 사람은 여전히 가격표가 붙은 채 옷장 속에 처박힌 염가판매 옷처럼, 필요 없고 사용하지도 않을 물건을 왜 계속 사들였는지를 보고 놀랐다. 어느 토요일에 우리는 중고 장터를 열고 '판매 수익 전액은 인도네시아 쓰나미 구호를 위해 사용됩니다'라는 푯말을 써 붙였다.

판매가 끝난 후 우리는 서로 남은 물품을 교환했고, 나머지는 지역 중고 할인점에 기증했다.

우리는 이 일을 통해 돈과 재산, 소비에 대한 자신의 태도에 더 진지한 질문을 던지게 되었다. 어느 날 밤, 각자의 수입과 소비에 대해 구체적으로 함께 이야기해 보기로 했다. 우리는 하나님의 부요하심에 대한 예수님의 가르침을 더 깊이 공부했고, 주님의 가르침이 우리의 숱한 통념과 관행을 얼마나 전복적으로 비판하는지에 대해 치열하게 고민했다. 그리고 마침내 깨달은 내용을 목록으로 정리했다. 바로 '자족함, 감사, 단순함, 풍성함, 검소함, 관용, 신뢰'다. 우리는 엽서에 다음 문구를 인쇄하여 깨달은 바를 공개적으로 알리기로 했다.

> 새로운 길은 가능합니다
> 소유를 팔아 가난한 사람들에게 주십시오
> 당신의 보물이 있는 곳에 마음 또한 있기 때문입니다
> 구하면 주실 것이요
> 찾으면 찾을 것입니다
> 자족함의 비밀을

엽서의 반대쪽에는 동전을 들고 있는 손의 사진을 실었다. 우리는 3,000장의 엽서에 5센트 동전을 붙여 추수감사절 다음날(크리스마스 세일에 들어가는 공식적인 날로 미국에서 최대 규모의 쇼핑이 이뤄지는 날 - 역주) 아침, 샌프란시스코의 유명한 쇼핑가인 유니온스퀘어에서

행인들에게 나눠 주었다. 선물을 사느라 바쁘게 걸음을 옮기는 사람들과 동전을 구걸하는 노숙인들 사이를 오가며 우리는 이렇게 외쳤다. "남는 동전입니다. 여기 여분의 동전이 있습니다. 오셔서 남는 동전을 받아 가세요." 바쁜 쇼핑객들은 스치듯 빠르게 우리를 지나갔다. 그 돈을 거절하는 사람이 있는가 하면, 어떤 사람들은 공짜로 돈을 나눠 주는 이유를 묻기도 했다. 우리는 이렇게 대답했다. "후히 베풀고 사람을 신뢰하며 관대하게 살아가는 또 다른 길이 존재한다고 믿기 때문입니다."

  절반의 나눔 운동을 통해 수천 달러의 돈을 기부할 수 있었다. 참여한 모든 사람은 마음이 단순해지고 잡동사니가 줄어드는 유익을 경험했다. 또 실험이 시작될 때는 거의 알지 못했던 다양한 사람들과 어느새 친밀한 관계를 맺게 된 사실에 놀랐다. 짧은 시간 동안 함께 수고하고 노력하면서 친밀감은 한층 깊어졌다. 단순히 의견을 주고받거나 의례적인 일을 함께하는 수준이 아니라, 이제 우리는 하나의 이야기를 공유하게 되었다. 실험을 계속하면서 삶의 방향을 형성하는 사건들을 연이어 만들어 냈다. 실험에 참여했던 어떤 사람들은 직장을 그만두거나 가난한 지역으로 이사했다. 또 빚을 털어내고 가족과 화해하며 중독을 극복하고 뜻깊은 내적 치유를 경험한 사람들도 있었다. 많은 사람들이 자기 정체성과 목표의식, 안정감과 평안을 더욱 깊이 경험했다. 노숙인과 함께 식사하며 시를 쓰고 누군가에게 깊은 상처를 털어놓는 등의 일들을 많은 사람들은 난생처음 경험했다.

우리는 구체적인 실험을 통해, 머릿속으로만 생각하던 것을 몸으로 직접 실천하면서 삶 가운데 일어나는 실제 싸움에 정직해졌고 함께 실천하는 능력을 배웠다. 또한 예수님을 랍비로 모실 때 온전한 변화가 일어남을 점차 깨달았다. 그러나 가장 놀라운 것은 함께한 친구들의 열심이었다. 그들은 마치 누군가 이런 제안을 해주길 계속 기다려 온 것만 같았다.

절반의 나눔 운동을 계기로, 일상생활 가운데 예수님의 가르침을 통합할 방법을 찾기 위해 기꺼이 함께 도전하고 모험하는 생동감 넘치는 공동체가 시작되었다. 우리는 매년 1일 집중 훈련, 주말 수양회, 4주에서 6주간의 실험, 대규모 프로젝트가 포함된 그룹 실험에 참여한다. 또한 다양한 세대의 새로운 지도자와 공동체가 활동하고 있다. 샌프란시스코 만안 지역에서 하는 실험에 수백 명이 참여했고, 전 세계에 흩어진 여러 공동체들은 통찰을 발휘해 그들 자신만의 독창적인 운동을 창조해 냈다. 이 책은 우리가 배운 것을 좀 더 많은 사람들과 나누기 위한 노력의 일환이다.

──────── 예수
　　　　　도장

많은 사람들은 예수님의 도를 행하며 살고 싶어 한다. 깊은 영성을 추구하며 삶의 실질적인 필요와 괴리되지 않고 세상에 좋은 소식이 되는 삶을 살고 싶어 한다. 그러나 우리가 영성을 형성하는 방법은 개인주의적이며 그저 지식에 치우치거나 소소한 일상의 삶과 단절되는 경우가 많다. 다시 말해, 그리스도 현상으로 말미암아 역사 속에서 일어났던 변화를 더 이상 경험하지 못하고 있는 것이다. 나사렛 예수께서는 누구에게나 일어날 수 있고 치유와 희망이 가득한 혁명적인 사랑을 삶으로 보이고 가르치셨다. 그렇다면 우리는 바로 그 혁명을 일상에서 경험하기 위한 방법이 필요하다. 간단히 말해, 영성 훈련에서 현장감과 실천을 회복해야 한다. 우리에게 정말로 필요한 것은 대학 강의실보다 태권도 도장과 같은 성격의 제자도일 것이다. 그런 의미에서 이 책이 영성 형성을 향한 실제적인 접근방법을 제공하기를 소망한다. 여기 제시된 방법들은 성경을 진지하게 대하고 실천 중심적이며 공동체적이고 실험적인 동시에 현실 세계의 도전과 기회에 열려 있다.

기존의 영성 형성 방법에 절망하면서 우리는 하나님의 부요하심 가운데 살아가고자 하는 비전을 품게 되었다. 또한 그것은 절반의 나눔 운동을 시작하는 동기가 되었다. 우리는 대부분 소그룹을 통해 오랫동안 훌륭한 가르침을 받아 왔고 중요한 주제들을 토론하며 서로 마음을 솔직하게 털어놓았다. 모임에서 나눈 생각과 말과 지식을 통해 우리가 변하게 될 거라고 누군가 이야기했었다. 하지만 나는 가끔씩 궁금했다. 만약 우리가 기도에 대해 이야기하는 대신, 실제로 기도한다면 무슨 일이 생길까? 하나님의 정의로운 마음에 대해 공부할 뿐만 아니라 사람들의 필요를 돌보기 위해 행동한다면?

또 서로 고민을 나누는 데 그치지 않고 변화의 길에 실제로 헌신한다면 어떻게 될까? 우리에게 부족한 것은 정직한 삶을 격려하고, 공동체로 초대하며, 지식에서 그치는 게 아니라 공동의 행동과 실천으로 한걸음 더 나아가게 해주는 환경이었다.

나는 영성을 훈련하는 시기에 철학자이며 신학자인 달라스 윌라드Dallas Willard와 여러 해를 함께 보냈다. 그는 하나님 나라를 경험하는 방법에 대해 자주 인상 깊은 말을 했다. "한 그룹의 사람들이 함께 모여 예수님이 제자들에게 명하신 일을 실천하기 위해 노력하면 됩니다." 하나님 나라를 생각하거나 하나님 나라에 관한 서로의 이야기에 귀 기울이는 것만으로는 하나님 나라에 들어갈 수 없다. 우리는 예수님의 가르침을 일상생활에 적용할 방법을 함께 실험해야 한다. 나는 친구들과 토론하면서 이런 이야기를 하기 시작했다. "우리에게는 예수 도장, 곧 예수님의 비전과 가르침을 실생활에서 함께 실현할 공간이 필요합니다." '도장'은 도道를 수련하는 공간을 뜻하며, 무술이나 명상을 배우는 학교나 훈련장을 나타내는 단어다. 이론적으로 도장은 어떤 기술과 제자도에도 적용할 수 있다. 예를 들어, 뜨개질 도장, 요리 도장, 태권도 도장 또는 예수 도장 같은 것들이다. 그러나 중요한 차이는 참여를 독려하고 기대하는 **적극적인** 배움의 환경에 있다.

처음 예수 도장이라는 말을 쓰기 시작했을 때, 한 친구가 태권도 도복을 입고 소년, 소녀에게 발차기와 펀치를 가르치는 작은 예수님 도자기 상을 내게 보내 주었다. 그것은 아이들에게 발레, 스키, 하키,

골프를 가르치는 예수님을 표현한 어느 기독교 용품사의 예수 스포츠 조각상 시리즈 중 하나였다. 비록 재미로 보낸 선물이었고 지나치게 문자적이며 문화적 상품화의 의도가 엿보이지만 나는 그 조각상을 간직했다. 예수님은 교실이라는 한정된 공간에서 일방적으로 학생들을 가르치는 서구의 통념을 거스르는 구체적인 방법으로 제자들을 가르치셨다. 그 조각상은 바로 그 사실을 일깨워 주었다. 단지 보기만 해서는 태권도를 배울 수 없다. 예수님이 행하고 가르치신 것을 실천하는 연습을 하지 않는다면 예수님을 따르는 법을 배울 수 없다. 예수님은 지식이나 생각만을 전달하지 않으셨고, "내가 곧 길이다"라고 선포하셨다요 14:6. 또한 예수님의 본과 가르침, 희생을 통해 힘과 영감을 얻는 새로운 삶으로 제자들을 초대하셨다. 랍비이신 예수님은 삶에서 극적인 변화를 이루고 새로운 정체성과 행동 방식에 맞는 모험을 감수하도록 초청하심으로써 제자들^{talmidim}(제자들을 뜻하는 히브리어 – 역주)을 가르치셨다. 예수님은 온전한 순종과 실천을 통해 제자들이 예수님처럼 변하기를 바라셨다눅 6:40. 실제로 최초의 제자들은 자신을 시종일관 "예수님의 도를 따르는 자"로 여겼다행 24:14. 또한 예수님의 제자 됨을 곧 올바른 믿음과 올바른 삶을 결합시키는 것으로 인식했다. 이것을 정통의 실천^{orthopraxy}(올바른 행동이 종교적 믿음만큼이나 중요하다는 신념 – 역주)이라고 부른다. 그러므로 예수 도장은 한 그룹의 사람들이 함께 행동하고 실천함으로써 예수님의 가르침을 일상생활 속에서 어떻게 적용할지를 씨름하는 장소다.

더 엄밀히 말해, 예수 도장 또는 실천의 공동체는 (1) 하나의 실험으로서 (2) 예수님의 삶과 가르침에 영감을 받아 (3) 한 그룹의 사람들이 계속해서 실천하는 일에 시간과 노력을 바치고 (4) 사회와 인간 내면의 실제적인 필요에 대해 이야기를 나누며 (5) 이러한 경험을 지속적인 삶의 리듬으로 만들어 가는 방법을 깊이 묵상하는 곳이다. 대부분의 사람들은 이 책에서 이야기하는 이러한 변화를 이미 경험하고 있다. 이 책의 목적은 독자들이 이러한 과정을 마음에 새기고 위대한 변화의 잠재력을 가진 공간을 만들어 내는 데 더 큰 뜻을 품도록 돕는 것이다.

예수님의 온전한 제자가 되는 삶에 대한 열망은 역사적으로 고대로부터 변함없이 지속된 현상이었다. 이 책에서는 이 개념을 설명하기 위해 '실천의 공동체'라는 말을 사용했다. 예수님의 제자들은 모두 이를 통해 만들어져 왔다. 예수님은 하나님 나라가 임박했음을 선포하시며 전인격적인 반응을 요청하셨다. "회개하고 복음을 믿으라"막 1:15. 유진 피터슨Eugene H. Peterson은 이 구절을 번역하며 행동의 촉구를 강조한다. "때가 이르렀다! 하나님의 나라가 이곳에 임했다. 삶에 변화를 받고 복음을 믿으라." 간단히 말해 인생 전체를 다시 꿈꾸라는 말이다. 온전한 사람이 되는 새로운 길이 존재하기 때문이다. 예수님의 메시지를 최초로 들은 제자들은 그 가르침을 바탕으로 극적인 삶의 변화를 이루었다. 예를 들어, 예수님이 소유를 팔아 가난한 사람에게 주라 명하신 후에눅 12:33 제자들은 말씀 그대로 순종했다. "그들은 재산과 소유물들을 팔아서, 모든 사람에게 필요한 대로 나누어 주었다."행 2:45, 새번역. 제자들은 공동의 문화, 즉 전인적인 변화가 일어나고 서로 격려하는 실천의 공동체를 창조해 냈다.

예수님은 독특한 권위로 가르치셨고, 자신의 가르침이 현실의 삶 가운데 부합한다는 확신을 주셨다. 또한 단지 이론을 가르치신 것이 아니라 전인격적으로 반응하고 창조주께 깨어 있는 방법을 직접 보여 주셨다. 예수님은 마치 농산물 시장에서 공짜 견본품을 나눠 주는 노점상처럼 "사기 전에 한번 써 보라"는 접근법을 취하시는 듯하다. 예수님의 말씀이 과연 하나님의 말씀인지에 대해 회의적인 반응을 보이는 사람들을 초청하시어, 순종의 실험을 통해 그 가르침의 진실성을 시험하게 하셨다. 예수님은 자신이 가르치신 진리가 경험을 통해 증명되리라 확신하셨다. "사람이 하나님의 뜻을 행하려 하면 이 교훈이 하나님께로부터 왔는지 내가 스스로 말함인지 알리라"요 7:17. 예수님의 도는 직접적인 경험을 통해 실증되며, 실천을 통해서만 이해할 수 있다. 우리는 함께 순종을 실천하며, 하나님 나라의 실재實在에 대한 예수님의 가르침이 진리임을 깨닫는다. 예수님은 익히 알려진 지혜로운 건축자와 어리석은 건축자의 비유에서, 가르침을 실천에 옮기는 것이 선택의 문제가 아닌 안전함과 파멸 사이의 선택임을 분명하게 보여 주신다.마 7:24-27.

왜 실천과 실험의 공간이 필요한가

20년 전 대학 시절, 우리 세대에서 가장 열광적으로 예수님을 추구했던 사람들은 목사, 가르치는 선교사 또는 복음주의 캠퍼스 사역자를 꿈꿨다. 그때 우리 세대는 어떻게 하면 사람들이 예수님을 믿고 죽음 이후를 준비하도록 도울 수 있을지를 물었던 반면, 요즘 대학생들은 이런 질문을 자주 한다. "어떻게 하면 예수님을 닮아 가고 세상을 변화시킬 수 있을까요?" 나는 청년들을 만나고 그들과 함께 일하는 가운데, 하나님에 대한 보다 전인적이고 열정에 찬 고백을 자주 듣는다.

"저는 에이즈에 걸린 아프리카 고아들을 위해 일하고 싶습니다."

"저는 국제적인 단체에서 일하고 싶습니다."

"저는 변호사가 되어 인신매매에 맞서 함께 싸우고 싶습니다."

"저는 지역 사회 운동가가 되어 도심 지역의 빈민가에서 일하고 싶습니다."

"저는 영화를 만들고 그림을 그리며 글을 쓰고 싶습니다."

"저는 정원을 가꾸며 좀 더 단순한 삶을 살기 원합니다."

"저는 매 순간 하나님의 임재를 느끼고 싶습니다."

"저는 윤리적으로 책임감 있는 기술 전문 회사를 세우기 원합니다."

"하늘에서와 같이 땅에서도" 하나님 나라를 추구하는 것의 의미는 급진적으로 확장되고 있는데 그것은 필연적인 추세다. 이러한 변화는 비단 젊은 층에만 국한되지 않는다. 모든 연령대의 다양한 문화적 배경을 가진 사람들이 좀 더 전인적이고 통합적이며 실제 사회와 연관된 영성을 찾고 있다. 최근 몇 년간 자신이 속한 기독교 그룹을 심정적으로나 물리적으로 떠나는 사람들이 늘고 있다. 이런 환경 자체가 그들이 신앙을 갖거나 소속감을 느끼고 더 나은 삶을 살아가는 데 별 도움이 되지 않는다고 여기기 때문이다. 이에 대해 교회 지도자나 교회 구조를 탓하고 싶은 유혹을 느낀다. 때로는 그렇게 하는 편이 더 쉬울 것이다. 그러나 이처럼 팽배한 불만은 사회의 한 조직으로서 교회가 직면한 더 큰 도전들로부터 비롯된 증상일 뿐이다. 기술의 진보와 정보의 폭발적인 증가, 이동의 편리성은 우리 사회에 불안감과 분열을 가져왔다. 다른 모든 사회 조직들과 마찬가지로 교회 또한 급격히 변화하는 유동적이고 국제적인 문화 속에서 살아남기 위해 씨름하고 있다.

  이러한 변화로 인해 세상과 우리 자신을 좀 더 전인적, 통합적, 생태적으로 보는 새로운 시각이 생겨나고 있다. 예를 들어 전 지구적인 불평등 상황을 생각하며 하나님 사랑을 로컬 푸드 식단이나 검소한 생활방식과 관련짓는 사람들이 나타났다. 우리는 인간의 몸과 마음, 영혼이 서로 밀접하게 연결되어 있다는 사실과, 개인의 선택이 우리가 사는 지구와 다음 세대를 포함한 타인의 안녕과 고통에 영향을 미치고 있음을 점점 깨달아 가는 중이다. 이와 같은 관점에서 볼 때, 죄는 비단 개인의 문제에 그치지 않고 관계의 단절, 경제 붕괴, 수도 공급 시스템의 고장에 이르기까지 삶의 모든 차원에서 깨어짐을 드러내는 현상이다. 내게 '생태적'이라는 말은, 단순히 자연과 인간의 상호 의존성을 이해하는 차원에서 그치는 말이 아니다. 그것은 온 피조세계 가운데 임할 총체성과 회복, 구속을 깨닫고 갈망하는 더욱 근본적인 시각을 의미한다. 우리의 시각이 통합적으로 변해 가면서, 우리는 약속으로 받은 온전한 구속을 바라며 더 크게 신음하고 있다 롬 8:22. 우리는 "세상 나라는 우리 주님의 것이 되고, 그리스도의 것이 되었다"고 말하게 될 때를 갈망한다 계 11:15, 새번역.

사회와 의식의 변화로 말미암아 예수님의 도에 헌신한다는 것의 의미와 유대-기독교 성경에서 펼쳐지는 이야기를 이해하는 방식에 대한 새로운 질문이 생겨나고 있다. 우리는 오래된 전통과 본문에 새로운 질문을 던진다. 사람들은 이제 "어떻게 하면 죽은 후에 천국에 갈 수 있을까요?"와 같은 일반적인 질문 대신에 "지금 이 시대에 하나님과 하나님의 뜻에 깨어서 살아가려면 어떻게 해야 할까요?"라고 묻는다. 우리는 "하나님 나라의 기쁜 소식"눅 16:16인 예수님의 복음이 갖는 전인적, 통합적 특징을 새롭게 발견한다. 예수님은 현재도 있고 장차 올, 사랑이 본질이 되는 나라에 대해 계속 말씀하셨다. 또 예수님을 따르는 사람들이 "하나님 나라를 추구"하며, 그 나라가 "하늘에서 이룬 것같이 땅에서도 이루어지기"를 기도하라고 초청하셨다. 예수님은 하나님 나라에서 살아가도록 우리를 부르신다. 그 안에서 우리는 걱정과 두려움과 탐욕 없이 살아간다. 우리는 원수를 사랑하고, 서로 화해하며, 관대함과 신뢰가 넘치는 가운데 살면서, 배고프고 목마르며 병들고 헐벗은 외로운 사람들을 자발적으로 돌볼 힘을 얻는다.

생각의 변화는 복음주의와 기독교 신앙 간증에 대한 새로운 질문도 불러일으킨다. 전인주의를 지향하는 문화 속에서 기독교 진리에 대한 논리적인 주장만으로는 회의자들을 설득하기 어렵다. 그들은 기독교 신앙과 실천이 실제로 한 사람의 삶에 긍정적인 변화를 일으키는지에 더 관심을 가진다. 복음이 참된 변화의 약속임을 안다면 예수님과 교제한다고 주장하는 사람에게 다음과 같이 묻는 것이 타당하다. 실제로 더 큰 평안을 누리며 스트레스는 적은가? 위기를 은혜로 감당하는가? 두려움과 불안을 덜 경험하는가? 더 많이 기뻐하는가? 분노와 중독의 문제 또는 강박증을 이겨 내고 있는가? 보다 만족스러운 관계를 누리는가? 긍휼을 더욱 실천하는가? 보다 양심적으로 살고 담대히 사랑하는가? 사랑의 나라에서 함께 예수님의 도를 실천하는 공동체요 [13:35]는 모든 문화, 특히 전인적 통합을 갈망하는 문화 속에서 기독교 신앙의 타당성을 입증하는 가장 강력한 증거다.

예수님이 입증하고 가르치신 혁명적인 사랑의 길과 그리스도인의 일반적인 평판과 경험 사이에는 여전히 커다란 간극이 존재한다. 우리는 본능적으로 갈망하는(그리고 세상이 보기를 기대하는) 바로 그 전인적인 변화를 경험하지 못하고 있다. 이는 복음에 대한 새로운 이해와 제자도에 대한 효과적인 접근이 필요하다는 증거다. 우리의 복음 이해는 전인적이 되고 있지만, 일반적인 영성 훈련의 관례들은 이것을 충분히 반영하지 못하고 있다. 이러한 상황 속에서 우리는 좌절한 나머지 비판적이 될 수도 있고 반대로 하나님 나라의 더 큰 비전에 영감을 얻어 창조적으로 변할 수도 있다. 지금과 같은 과도기에 우리에게 진정 필요한 것은 실험의 공동체라 믿는다. 우리에게는 예수님의 도를 실천하기 위해 질문을 던지고 모험을 함께하는 창조적인 공간이 필요하다.

─────── 예수님에 대한 관점을
새롭게 하기

처음 일련의 그룹 실험을 시작한 직후, 나는 미국의 대규모 교회 지도자 집회에 참석했다. 회의 중 휴식 시간에 어떤 중년 신사가 자신을 소개하며 물었다. "선생님은 무슨 일을 하십니까?"
"사람들이 삶 속에서 예수님의 가르침을 실천하도록 돕고 있습니다." 나는 이렇게 대답했다.
그는 당혹스런 표정으로 다시 물었다. "당신이 하는 일이 기독교와 도대체 무슨 관련이 있습니까?"
그 순간 당황한 내게 처음으로 떠오른 생각은 이런 것이었다. 내가 기독교인이 아니라면 도대체 왜 교회 지도자 집회에 참석했겠는가? 그러다 보니 문득 궁금해졌다. 사람들이 예수님의 가르침대로 살아가도록 돕는 일을 미심쩍게 여기다니, 기독교인의 정체성 이해에 도대체 무슨 문제가 생긴 걸까?
이 신실한 목사님과 나는 예수님을 지혜로운 랍비나 메시아로 양분하는 역사적 논쟁에 휘말렸다. 예수님은 우리가 존경하며 따라야 할 지혜로운 랍비인가? 아니면 믿고 찬양해야 할 구원자인가? 아니면 양쪽 모두인가?

예수님을 이처럼 지나치게 단순화하는 두 관점은 학계와 대중문화 속에서 서로 대립하고 있다. 한쪽 관점에서는 예수님을 윤리의식이 투철하고 긍휼이 많은 놀랍도록 지혜로운 랍비로 여기는 반면에, 그분이 행하신 기사와 이적, 부활 그리고 메시아적 주장은 축소하거나 소홀히 여긴다. 반대쪽 관점에서는 예수님을 자신의 죽음과 부활을 통해 우리에게 죄 사함과 영생의 소망을 주는 구원자로 여긴다. 그러나 속죄 제물이 되신 예수님에 대한 믿음의 중요성을 강조하는 나머지, 본과 선생님으로서 예수님의 역할은 종종 폄하되거나 퇴색된다. 이 책의 목표는 역사적으로 오랫동안 지속된 이런 긴장을 해결하는 것이 아니다. 세상의 유익을 위하여 우리 삶에 위대한 변화를 가져오시는 예수님을 전인적으로 이해하고 어떻게 최선의 삶을 살아갈 수 있을지 묻는 것이 목표다.

예수님의 도를 실천하는 능력은 예수님이 누구이며 우리의 삶에서 예수님의 메시지와 사역이 갖는 의미에 대해 어떻게 이해하는지에 달려 있다. 예수님은 분명 당시의 제자들과 이후 예수님을 따르는 사람들이 자신의 행동과 가르침을 따라 살기를 원하셨다.요 14:23-24. 그러나 랍비이신 예수님은 우리에게 인간의 힘으로 불가능해 보이는 것을 행하라고 명하신다. 곧, 원수를 사랑하며 한쪽 뺨을 치는 사람에게 다른 쪽 뺨 또한 내어주고 끝없이 용서하고 욕망과 탐욕과 질투 없이 살며, 그분이 우리를 사랑하셨던 것처럼 서로 사랑하며 "온전하라"고 말씀하신다. 이러한 가르침에 순종하기 위해 노력하는 사람이라면 이내 깨닫게 된다. 예수님의 가르침을 실천하는 일은 가능하지만, 우리 자신보다 더 위대한 능력과 사랑의 근원이 없다면 어렵다는 사실을. 아무리 노력해도 거듭 실패하면서 우리는 곧 깨닫는다. 세상에 지속적인 변화가 일어나기를 원한다면 먼저 우리 자신의 내적인 변화가 필요하다는 사실을.

나는 랍비이며 동시에 메시아이신 예수님에 대해 우리가 배우는 많은 증거들을 보면서 격려를 받는다. 예수님이 구원자와 교사로서 모두 탁월하시다는 사실을 깨닫는 일은, 예수님의 도를 실천할 때에도 중요하기 때문이다. 예수님은 자신의 죽음과 부활을 통해 우리를 사랑의 나라로 인도하셨다. 또한 예수님의 본과 가르침을 통해 하나님으로부터 생명을 공급받으며 사랑의 나라에서 살아가는 법을 가르치신다. 하나님 나라의 실재實在를 선포하며 부활하신 메시아 예수님을 사람들에게 가르쳤던 주님의 첫 제자들은 두 가지 관점 다 중요하게 여겼다^{행 28:31}. 사도 바울은 다음 글에서 이러한 연관성을 분명히 하고 있다. "그가 우리를 흑암의 권세에서 건져 내사 그의 사랑의 아들의 나라로 옮기셨으니 그 아들 안에서 우리가 속량 곧 죄 사함을 얻었도다"^{골 1:13-14}.

초대교회는 예수님의 도를 로마 제국의 해법과 권력 구조에 대안을 제공하는 혁명적이며 반체제적인 힘으로 이해했다. 그러나 기독교라는 하나의 종교로 발전해 가면서, 예수님의 도는 사랑을 본질로 삼는 풀뿌리 운동보다는 교회 의식, 강령, 권위 구조를 강조하게 되었다. 이후 콘스탄티누스 황제가 기독교를 합법화하자 선지자적인 수도자 모임이 만들어졌고, 그 모임들은 로마 제국에 대한 강력한 대안이었던 예수님의 도를 부단히 제시해 갔다. 기독교가 한 사회에서 어떤 도시나 어느 민족의 종교가 될 때마다, 사람들을 보다 진실하고 구체화된 제자도로 인도하는 주변부 운동이 늘 뒤따랐다. 더 작지만 더 혁신적인 공동체의 실천을 통해서(사막의 교부, 초기 프란체스코 수도회, 재침례교도, 또는 초기 감리교도들과 그들의 속회 모임들) 교회는 전체가 새로워졌을 뿐만 아니라, 창조주의 구속 목적을 계속해서 이루어 내라는 부름을 받았다. 우리는 앞서 갔던 그들로부터 영감을 받아 지금 이 시간, 이 자리에서 예수님의 도를 실천하는 방법을 발견하고 사랑의 나라에서 공동체로 함께 사는 삶을 추구한다.

발견으로의 초대

이 책의 전제는 매우 단순하다. "예수님의 도를 행하자." 그러나 단순하다고 해서 복잡한 삶에 쉽게 적용할 수 있는 것은 아니다. 아마 이렇게 자문하는 사람이 있을 것이다. 진심으로 간절히 바란다고 공언하면서도 왜 우리는 예수님이 행하고 가르치신 것을 배우고 순종하는 것과 같은 명백히 중요한 일을 잘 실천하지 않을까? 이 책에서 탐구한 진리는 우리에게 새로운 경험을 하게 해줄 잠재력을 가지고 있다. 그것은 우리를 예수 그리스도가 주인 되시는 개인, 공동체, 사회로 변화시킨다. 바로 그 사실이 나를 흥분시킨다. 그러므로 책을 읽은 후에 당신 또한 영감을 얻어 예수님의 도를 실천할 실험 준비를 갖추기 바란다.

이 책은 두 부분으로 이루어져 있다. 1부는 실천을 바탕으로 한 그룹 훈련에 대한 관점과 어떻게 실험을 시작할지에 관한 세부적인 사항들을 설명한다. 2부에서는 예수님이 가르치신 주요 주제들을 소개하고 구체적인 실험과 실천의 이야기 그리고 그 실제 예들을 담고 있다. 최소한 한 명 이상과 함께 이 책의 내용을 탐구하고 실천해 보기를 강하게 권면한다. 각 장의 마지막에는 토론 질문과 실험의 예가 나온다. 권말에는 소그룹에서 활용할 수 있는 6주짜리 활동 지침서를 실었다.

나는 이 책을 통해 예수님의 도를 일상생활에서 실천하는 방법에 대해 지금도 계속되고 있는 공적 담론에 기여하기를 소망한다. 또한 이 책에 실린 영성 형성의 예와 접근방법이 그것을 능가하는 놀랍고도 다양한 변화 이야기의 씨앗이 되리라 믿는다. 나의 꿈은 전 세계의 크고 작은 도시에서 살아 움직이는 실천의 공동체를 보는 것이다. 여러분은 Jesusdojo.com에 방문해서 자신의 경험을 나누고 다른 사람들이 사랑의 나라에서 함께 살아가기 위해 어떻게 실천하고 있는지 직접 확인할 수 있다.

_____ 토론

- **예수님의 도 실천하기** 자신의 영적인 여정을 돌아볼 때, 예수님의 가르침을 일상생활에 통합시키는 데 가장 큰 도움이 된 것은 어떤 경험인가?
- **함께하는 실천** 당신은 언제 이 책이 묘사하는 실천의 공동체를 경험했는가? 그 경험은 어땠으며 또 당신에게 어떻게 영향을 미쳤는가?
- **변화** 사회나 자신의 내면에서 생각의 변화가 감지되는 영역은 어디인가? 이러한 변화가 하나님과 함께하는 당신의 여정에 어떤 영향을 미치고 있다고 생각하는가?
- **정체됨** 당신이 영성 훈련에서 느낀 좌절이나 정체의 경험에 대해 이야기할 수 있는가? 어떤 부분에서 가장 변화를 갈망하는가? (1) 내면세계 (2) 삶의 현장 (3) 세상이 당면한 문제들
- **랍비 그리고 메시아** 당신은 예수님을 메시아나 랍비 중 어느 쪽으로 보는 시각이 편안하거나 익숙한가? 따라야 할 선생님이신 예수님과 믿어야 할 구세주이신 예수님의 관계를 어떻게 설명할 것인가?
- **본** 역사적인 인물이나 현존하는 인물 가운데 예수님의 도의 실천이라는 면에서 당신에게 가장 큰 감동을 주는 사람은 누구인가?
- **뚜렷한 부재** 예수님이 행하고 가르치신 것을 배울 때는 그토록 단

순하고 분명한데, 왜 그것이 실천으로는 잘 옮겨지지 않는다고 생각하는가?

- **도전과 실험으로의 초대** 좀더 급진적이며 행동 지향적이고 구체적인 예수님의 제자도를 행하라는 말이 당신을 흥분시키는가, 아니면 두렵게 만드는가? 그렇다면 그 이유는 무엇인가?

──────── 적용

- **인생 전체를 다시 꿈꾸라** 정도의 차이는 있겠지만 우리는 대부분 사랑의 나라에서 살아가는 걸 갈망하며 우리 삶에서 더 많은 것, 혹은 뭔가 특별한 것을 이루기를 간절히 바란다. 정체된 상태에서 벗어나기 위한 첫 번째 단계로 다시 꿈꾸는 법을 배워야 할 수도 있다. 당신의 간절한 바람과 하나님 나라에서의 삶을 충만하게 경험하는 것을 막는 방해 요소에 대해서 한두 사람과 함께 자유롭게 대화해 보라.

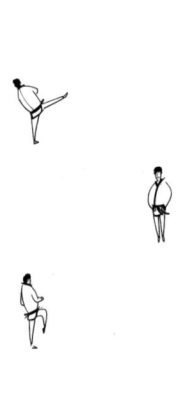

2
랍비의 도를 따르는 삶

내가 예수님의 도를 처음 발견했을 때, 사랑의 나라에서의 삶을 새롭게 이해하고 그 안에서 살아가기 위해 얼마나 열심이었는지 지금도 기억한다. 예수님이 행하고 가르치신 것을 공부하면서 이내 나는 예수님처럼 살고 싶어졌다. 그래서 나에게 직접 말씀하는 것 같은 내용이나 명백하게 여겨지는 일부터 실천에 옮겼다. 옷장을 뒤져 여벌옷이 있으면 나눠 주었고, 넉넉하지 않은 형편에 처한 사람들의 친구가 되고자 애썼다. 예수님이 자주 홀로 기도하셨던 것처럼 나도 긴 시간 혼자 산책하며 기도하기 시작했다. 또 내면의 시각을 새로이 하기 위해 일정 기간 음악과 영화, 텔레비전을 금하기로 마음먹었다. "그러므로 예물을 제단에 드리려다가 거기서 네 형제에게 원망 들을 만한 일이 있는 것이 생각나거든… 먼저 가서 형제와 화목하고"마 5:23-24라는 성경 구절을 읽고는, 바로 내가 잘못을 저질렀던 사람들의 이름을 생각나는 대로 적어 전화를 걸기 시작했다. 선한 사마리아인이 되기 위한 노력의 일환으로 길을 가다 곤란에 처한 사람을 보면 반드시 멈춰서 돕기로 맹세했다(그 결과 낯선 사람들과 자동차 부품 가게에 가는 흥미로운 경험을 수없이 했다). "인자는 머리 둘 곳이 없다"마 8:20는 말씀을 듣고, 가능한 한 차에서 자기 시작했고, "또 네 오른손이 너로 하여금 죄를 짓게 하거든 찍어서 내버려라"마 5:30, 새번역는 말씀을 읽고 한번은 실제로 칼을 꺼내 들고 고민해 본 적도 있다.

돌이켜 보니 내 초기 실험 중 어떤 것들은 유치하고 감상적이며 일면 순진해 보인다. 그러나 나는 이를 통해 예수님의 도를 실천하는 방법을 빠른 속도로 발견해 갔다. 어린아이 같은 모습과 풍부한 상상력은 괜찮은 선택 같다. 예수님은 이렇게 말씀하셨다. "너희가 돌이켜 어린아이들과 같이 되지 아니하면 결단코 천국에 들어가지 못하리라"마 18:3. 존경받을 만하거나 지적 수준이 높아야 한다는 부담감은 사랑의 나라에서 기쁨을 느끼며 살아가지 못하도록 방해한다. 순종의 작은 발걸음을 뗄 때 우리는 하나님 나라를 더 잘 이해하게 된다.

내가 예수님의 도를 처음으로 실천할 수 있도록 영감을 주신 분은 단연 부모님이셨다. 이른 아침 계단을 내려오면 아버지는 늘 거실 바닥에 무릎을 꿇고 하루를 준비하는 기도를 하고 계셨다. 또 매일 성구 메모 뭉치를 가지고 다니며 출퇴근길에 묵상하셨다. 어머니는 사람들의 문제를 들어주고 도움이나 조언을 해주느라 항상 통화 중이셨다. 우리가 자라는 동안 부모님은 화요일 밤마다 우리 형제들에게 디저트 없이 수프만을 저녁으로 주었고, 두 분은 금식을 하셨다. 그렇게 우리의 소유를 먹을 것이 부족한 아이들과 함께 나눌 수 있었다. 아버지는 저녁식사 후 종종 성경을 꺼내 복음서 일부를 읽어주고 질문을 던지셨다. "만약 우리가 예수님처럼 살아간다면 어떤 모습일 거라고 생각하니?" 혹은 어떤 가르침을 놓고 고민하도록 우리를 계속 밀어붙이셨다. "우리의 이웃이 누구일까 생각해 보자. 이웃을 사랑하기 위해서 우리는 무엇을 할 수 있을까?" 그러면 우리는 다음 몇 주간 어떤 일을 실천할까 함께 궁리하며 목록을 짰다. 이웃에 사는 조를 저녁식사에 초대하고, 아랫동네의 노부부 집 앞에 쌓인 눈을 치워 드리며, 위기에 처한 가정의 친구를 집으로 초대하여 함께 주말을 보내기도 했다. 지금도 기억에 선명한 어느 크리스마스 연휴에 부모님은 이웃을 축복하는 법을 가르치는 프로젝트를 기획하셨다. 우리는 며칠 밤 동안 크리스마스 장식과 쿠키를 만들었고 집집마다 만든 것을 돌리며 이웃을 크리스마스 파티에 초대했다. 그로부터 몇 주 후, 우리 집은 이웃들로 가득 찼다. 손님들 가운데 많은 사람들이 처음 만난 사이였다. 그 파티는 이웃을 진정 하나로 만들어 주었다. 나는 아직도 나 자신보다 더 큰 무언가의 일부가 되었던 그때의 흥분을 기억한다.

아내 리사와 나는 10대인 세 자녀를 이전에 내가 경험했던 것처럼, 모험과 나눔을 실천하는 사람으로 키우려고 최선을 다해 왔다.

우리 아이들은 가정에서 그리고 그룹 실험에 참여한 친구들과* 함께 예수 도장의 실험을 실천하며 자라 왔다. 마약중독자들과 함께 식사하고, 주말 침묵 기도 수양회에 참석하며, 자신만의 시와 기도문을 써보고, 극진한 환대를 보여 주는 식사를 준비하며, 고아들을 돌봐 왔다. 이것이 전형적인 기독교 교육 방식과 사뭇 다르다는 사실을 안다. 그러나 아이들은 자신과 가장 가까운 사람들이 보여 주는 모범과 본을 통해 가장 큰 영향을 받는다. 우리는 거할 곳이 없으셨던 메시아의 중요성을 이야기하는 데 그치지 않고 아이들이 스스로 예수님의 발자취를 따라 걷기를 원한다. 또한 1년 동안 주일학교 성경 공부나 잘 준비된 강연을 통해 배우는 것보다, 구체적이고 목적이 뚜렷한 한 번의 실천을 통해서 더 많은 것을 배울 수 있음을 확신한다. 아이들은 때로 어른들보다 이런 사실을 더 쉽게 깨닫는다. 대규모의 어느 대학생 수양회의 강연에 아들 노아를 데리고 간 적이 있다. 노아는 인디 록밴드가 연주하는 긴 찬양에 이어진 내 강연을 여러 번 관찰한 후 말했다. "아빠, 저는 이해가 안 돼요. 아빠는 저기서 하나님께 귀 기울이고 인신매매 피해자를 돌보는 일에 대해서 이야기하는데, 그 후 사람들은 모두 들은 내용과는 전혀 상관없는

---

* 가족 중심의 실험이 아니라면 때로 어린 자녀를 둔 가정이 그룹 실험에 전적으로 참여하기란 어려운 일이다. 우리는 가능하면 어린아이들도 참여할 수 있는 실험을 만들거나, 어린 자녀를 둔 부부들이 참여할 수 있도록 아이들을 돌볼 사전준비를 갖추도록 권면한다. 가정생활과 뚜렷한 목적을 가진 육아 역시 강력한 공동체의 실천이 될 수 있다.

일을 하기 위해 건물을 나서잖아요." 우리는 좋은 가르침과 공동체가 함께 실천할 기회가 마련된 환경을 가능한 한 많이 창조할 필요가 있다.

최근 나는 아들 이사야와 주말을 함께 보냈다. 우리는 예수 그리스도의 삶을 묵상하며 침묵 기도의 시간을 갖고 노숙인과 식사하며 교제하는 실험에 참여했다. 처음에 이사야는 그곳에 가는 걸 망설였다. 활동적인 열세 살 아이에게 한 시간이 넘는 기도 시간은 그다지 흥미롭게 들리지 않았을 것이다. 정신질환이나 중독으로 고통당하는 노숙인들과 함께하는 시간이 편안할 것 같지도 않았다. 그러나 하나님 앞에 잠잠히 머무르는 스스로의 능력에 이사야 자신도 놀랐고, 아버지인 나 또한 그랬다. 쉼터에서의 아침식사 시간에 우리 부자는 지난 몇 년 동안 거리에서 살아온 유진이라는 친절한 노인 곁에 앉았다. 유진은 우리와 활발한 대화를 나눈 후에 우리를 자신이 사는 곳으로 초대했다. 이사야의 눈은 모험에 대한 기대감으로 반짝거렸다. 우리는 성큼성큼 빠르게 걷는 유진을 따라 고속도로 가의 나무와 덤불 숲 사이에 숨겨진 야영지를 향해 1.6킬로미터 정도를 걸어갔다. 유진은 방수포와 버려진 가구로 만든 집으로 우리를 인도하며 울타리 넘는 법을 가르쳐 주었다. 또한 낡은 승합차 좌석으로 사용되었던 소파에 앉으라고 권한 후, 레모네이드를 대접하며 마치 귀한 손님처럼 우리를 맞아 주었다. 우리는 일회용 스티로폼 컵을 샴페인 잔처럼 쥐고 각자 축배를 들고 감사 기도를 드렸다. 유진은 자기 집에 손님으로 와주어서 얼마나 감사한지 모른다며 눈물지었다.

그의 집을 떠나기 전에 그는 이사야에게 야구 모자를 선물해 주었고, 돌아오는 길에는 아내와 사별한 후로 술과 우울증에 맞서 힘겹게 싸우고 있음을 이야기해 주었다. 그 주말에 우리 부자는 기도와 우정에 대한 놀라운 경험을 했다. 그리고 세상에는 하나님의 임재를 확연히 발견할 수 있는 두 곳이 있음을 깨달았다. 바로 조용한 기도의 시간과 고통당하는 사람의 얼굴이다.

대학 시절에 나는 처음으로 다른 사람과 함께 순종하는 일의 능력을 깨달았다. 어느 날 심리학 수업 후에 나는 우리가 배우는 다양한 정신질환에 대해 친구인 포레스트와 토론을 했다. 그러다 문득 중증 정신질환을 앓는 사람들은 몹시 외롭겠다는 생각이 들었다. 예수님의 도를 따르는 제자로서 그들의 친구가 되는 것이 당연하게 느껴졌다. 포레스트는 곧바로 몇 통의 전화를 걸었다. 일주일 후 우리는 어느새 캠퍼스에서 채 1.6킬로미터도 떨어지지 않은 주립 정신병원 청소년 병동의 황량한 벽돌 건물 앞에 서 있었다. 함께 체커(실내에서 두 사람이 64개 농담濃淡의 사각형이 표시된 판에서 하는 놀이-역주)를 하고 미식축구 공을 주고받으면서 우리는 부모를 살해한 아이들, 심한 학대를 당하거나 버림받은 아이들을 알아 갔다. 자신이 귀신들렸다고 확신한 어느 청년은 자기를 위해 기도해 달라고 간청했다. 평소의 안전지대에서 멀리 벗어나 있었던 나는 그곳의 분위기에 빠른 속도로 적응해야만 했다. 그들의 이야기를 들으며 이전에 미처 깨닫지 못한 깊은 사랑이 내 안에서 샘솟는 걸 느꼈다. 나는 그 어느 때보다 살아 있음을 생생히 느끼며 병원에서 나왔다.

어떤 사람들은 이런 순종의 실천을 **실험**이라고 표현하는 것이 불편지도 모른다. 그러나 예수님께 순종하는 일이 창의적이라는 사실을 기억한다면 도움이 될 것이다. 이에는 사랑의 나라에서 살아가기 위해 하지 말아야 할 일과 해야 할 일 모두가 포함된다. 우리는 이러한 순종의 실천을 **실험**이라고 명명함으로써 "주를 기쁘시게 할 것이 무엇인가"엡 5:10를 여전히 발견하는 중임을 인식한다. 바로 지금 행할 바를 찾아보는 것과, 무엇을 해야 할지 이론적인 고민에 그치는 것은 전혀 다른 문제다. 실천은 선과 아름다움을 향한 우리의 비전과 열망을 가시적으로 이루어 가는 방법이다요일 3:18. 우리는 성령의 음성에 귀 기울이며 어떤 실천이 가장 유익할지 아직 모르는 채로 한발씩 불완전한 순종의 걸음을 옮기는 모험을 한다. 어떤 사람에게 효과적인 실천이 다른 사람에게는 그렇지 않을 수 있다. 예를 들어, 외향적인 사람에게는 침묵과 고독의 확장이 깊은 깨우침을 주는 반면, 내향적인 사람은 사람들과 관계를 맺는 모험을 통해 더 큰 영향을 받을 수 있다. 마찬가지로 인생의 한 시기에 유익했던 실천이 다른 시기에는 그렇지 않을 수 있다. 실천은 목표를 향한 방법일 뿐 목표가 될 수 없다. 그러므로 우리는 어떤 행동이 하나님께 가장 깨어 있고 사랑의 능력을 얻을 수 있는지를 발견하는 과정에서 시행착오를 겪는다. 그 즐거운 실험의 삶으로 우리는 부름 받았다.

_____ 실험의
수준과 종류

당신에게도 나처럼 하나님과 동행하는 여정에서 순종하며 경험했던 작은 모험 이야기들이 많이 있을 것이다. 앞서 언급한 바처럼 예수님의 제자들은 항상 예수님의 가르침을 실천하는 모험을 감수하는 삶을 살아왔다. 이 책의 목표는 이런 과정을 더 잘 의식하고 의도적으로 개발해 나가며, 다른 사람들과 그 여정을 함께하도록 격려하는 데 있다. 지나온 경험과 실천을 돌아보면, 지금의 당신이 되기까지 일회적인 경험과 단기간의 프로젝트 그리고 오랜 기간 지속된 관계와 훈련이 복합적으로 작용해 왔을 것이다. 또 때에 따라 지인이나 가족, 평생의 친구와 각기 다른 곳에서 이 여정을 함께해 왔을 것이다. 이 책에서는 이처럼 다양한 관계, 다양한 헌신이 드러난 실험과 실천을 집중적으로 살펴본다.

개인 중심 실험
가장 기본적인 실험은 개인 중심 실험이다. 이 실험을 할 때는 앞으로 실천할 내용을 확인한 후에 함께할 친구를 두 명 이상 초대한다. 포레스트는 정신병원을 방문하는 일에 나를 초대함으로써 바로 이 실험을 실천에 옮겼다. 이것은 가장 빠르고 쉽게 시작할 수 있는 방법이기도 하다. 예수님이 함께 기도하기 위해 베드로와 야고보, 요한을 산 위로 초청하신 일을 생각해 보라. 개인 중심 실험의 경우, 당신이 가진 비전이나 생각을 빨리 실천에 옮길 수 있으며 아주 구체적인 필요와 질문에 맞춰 실험을 계획할 수 있다. 실제로 친구 대런과 나는 둘 다 하나님과 함께하는 시간을 확보하는 것을 훈련하고자 했지만 바쁜 일정 때문에 기도 시간을 가지기가 어려웠다. 우리는 매주 금요일 아침 7시마다 길모퉁이에서 만나 언덕 정상까지 조용히 함께 걷기로 약속했다. 대런이 나를 기다리고 있다는 사실은 일어나 기도하게 하는 동기가 되었다. 혼자였다면 아마 그렇게 하지 못했을 것이다. 함께하는 친구는, 혼자서는 너무 두렵고 어렵게만 보이는 일도 순종할 수 있도록 도와준다. 대니는 씨름하던 문제들 중에서도, 온몸을 마비시키는 심각한 비행공포증이 하나님 안에서 누려야 할 자유를 가로막는다는 사실을 깨달았다. 그녀는 친구인 로렌에게 두려움을 직면할 수 있도록 기도해 달라고 했다. 공항에 함께 가서 활주로에 안전하게 착륙하는 비행기를 지켜보며 침착을 유지하도록 격려해 달라고 부탁했다. 대니의 표현을 빌리자면, 그녀는 점차 "하나님께 맡기고 그분의 다스림을 받는 법"을 배워 갔다. 이제 그녀는 정기적으로 두려움 없이 비행기를 이용하고 있다.

그룹 실험

두 번째 종류의 실험은 그룹 실험이다. 소수의 친구들과 서로의 필요나 관심 사항을 확인한 후 함께 실천할 수 있는 일을 개발하는 것이다. 이것은 예수님이 열두 제자를 구속의 사역으로 부르신 일과 비슷하다. 또한 20대 초반의 친구들이 직업의 영역에서 하나님 나라를 추구하는 법을 탐구하며 무언가를 실천하는 것이나 부모들이 가족 영성 훈련을 위해 모임을 갖는 것이 여기에 해당한다. 그룹 실험은 더 많은 사람의 참여를 이끌어 내야 하므로 더 많은 토론과 협력과 지도력이 필요하다.

그룹 실험을 통해 우리는 더 활기찬 가정을 만들 수 있다. 트리시와 윈 부부는 아이들과의 협상 끝에, 30일 동안 가족 모두가 미디어 금식을 감행하기로 결정했다. 그들은 삶 전체를 장악하고 있는 텔레비전, 인터넷, 게임기, 개인용 휴대 기기들을 사용하지 않는 것이, 하나님을 위한 공간을 마련하며 가족 간의 친밀감을 회복하는 데 도움이 되는지 확인하고 싶었다. 트리시는 말했다. "채널 패키지를 일시 정지하려고 케이블 회사에 전화했을 때 윈은 거의 울 뻔했어요." 윈은 자신들의 실험을 깊이 성찰한 후 이렇게 말했다. "처음에 아이들은 주의를 다른 곳으로 돌리는 이어폰과 비디오 게임이 없다는 사실에 불만스러워 했습니다. 하지만 우리는 함께 게임을 하거나 산책을 하면서 더 많은 시간을 즐겁게 보내는 법을 점차 배워 갔어요. 오히려 평상시보다 더 많은 갈등을 겪었다고 생각합니다. 기계들에 매여 서로를 피하지 않았기 때문이죠. 결과적으로 골치 아픈 문제를 해결하기 위해 계속 노력해야만 했습니다." 미디어 금식을 했던 한 달 동안 트리시와 윈은 부부로서 다시 교감하게 되었고, 가족에게 헌신하는 삶을 새롭게 실천했으며, 열여섯 살 난 아들과 여러 차례 뜻깊은 대화를 나누었다.

열린 초대 프로젝트

열린 초대 프로젝트는 좀 더 복잡한 종류의 실험이다. 프로젝트나 함께할 실천을 개발하기 위해 사람들이 팀을 이루어 협력하는 형태로, 인도자들은 보다 많은 사람들이 참여할 수 있도록 초청한다. 이것은 예수님이 72인의 제자들을 세워 파송하신 것과 비슷하다. 전 세계에서 10억의 인구가 하루 2달러 이하의 돈으로 생활하는 현실을 알게 된 어느 교회 지도자들은, 교인들에게 2주 동안 하루 2달러의 식비로 생활하고 절약한 돈을 모아 아프리카 마을에 우물을 파는 일을 돕자고 제안했다. 이 프로젝트를 통해 더 큰 그룹에 속한 사람들이 불평등의 문제와 싸우기 위해 구체적인 일을 실천하고, 좀 더 글로벌한 경제관을 가질 수 있었다. 열린 초대 프로젝트는 예수님의 도를 "행하고 가르치도록"[마 5:19] 공식적으로 제안할 뿐만 아니라, 행동에 기초한 영성 훈련을 더 광범위한 공동체에 도입하는 실제적인 방법이다. 이 프로젝트는 보통 공적으로 제안되기 때문에, 더 자세한 계획을 수립하고 조력자 팀을 구성하며 시설을 확보하고 필요한 예산까지도 수립할 필요가 있다.

　여기 조금 다른 맥락의 열린 초대 실험의 예가 있다. 나는 전에 한번 부유한 교외 지역의 대형교회에서 영성 훈련 교실을 공동으로 개설한 적이 있다. 매주 우리 팀은 부모들과 시간이 부족한 교외에 거주하는 전문직 종사자로 이루어진 대규모 그룹에서 할 수 있는 한두 가지의 구체적인 실험을 제시했다. 한 주는 좀 더 의미 있게 안식일을 지키도록 서로 도전했고, 또 다른 주에는 평소와 다른 방식의 쇼핑을 참가자들에게 권했다. 곧 지역 생산품이나 공정무역 상품을 구입하거나, 그들 도시에서 가장 가난한 사람들이 이용하는 가게에서 식료품을 구입하도록 했다. 또 다른 주에는 자가용을 타지 않고 걷거나 대중교통을 이용하며 계층의 경계를 넘어서도록 도전했다. 그다음 주 많은 사람들은 서로 발에 생긴 물집을 보여 주면서, 하룻동안 이동 습관을 바꿈으로써 무엇을 배웠고 누구를 만났는지 나누었다. 나는 사람들이 작은 실천에 참여함으로써 이루어 낸 변화를 보며 용기를 얻는다. 이 책에 일부가 소개되기도 한 열린 초대 실험들은 내가 시작 단계부터 도움을 주며 참여해 온 것들로, 대개 소규모 개인 중심 실험이나 그룹 실험으로서 효과가 입증돼 확대된 경우다. 이런 결과를 보며 우리는 더 폭넓은 대상에게 실험을 제안할 수 있다는 확신을 얻었다.

1회 실험 기간과 집중도의 면에서 다양한 실험이 가능하다. 1회 실험은 새로운 실천 방법을 신속하게 경험해 볼 수 있는 방법이며, 저녁 강습회, 1일 훈련, 주말 수양회 또는 1주 집중 과정으로 실행할 수 있다. 단기간만 헌신을 요구하므로 사람들이 초대에 가장 쉽게 응할 수 있는 실험이기도 하다. 예를 들어, 봉사 여행이나 피정 수양회 같은 1회 실험은 강력한 변화를 일으킬 수 있으며, 지속적으로 함께 실천할 수 있는 계기가 되며, 더 나아가서는 공동체 생활을 싹트게 할 수 있다.

단기 실험 단기 실험은 몇 주에 걸쳐 여러 차례 행해진다. 많은 경우 실험들은 몇 주나 몇 달에 걸쳐 지속적으로 실천할 때에만 유익이 드러난다. 시간을 넉넉히 잡되 사전에 그 기간을 정해 두면 강도와 집중도, 친밀감이 증가한다. 대부분의 사람들에게 4주에서 6주 정도 기간은 해볼 만하다는 도전의식을 불러일으키지만 한편으로는 그것이 그들이 낼 수 있는 현실적인 시간이다.

장기 실험 장기 실험은 수개월에서 1년, 또는 여러 해에 걸쳐 이루어지는 확장된 형태의 프로젝트나 그룹 공동의 실천이다. 장기 실험은 보통 단기 실험에서 가장 훌륭한 실천으로 검증되어 확장된 경우로, 공동체가 그 리듬을 지속적으로 공유하게 된다. 단기 실험에 참여했던 이들을 부족이라고 부르는 이웃 모임에 초대한다고 하자. 사람들은 그곳에서 매주 분명한 목적의식을 가진 공동체의 구성원이 되어 예수님의 도를 따르는 1년간의 실험에 참여한다. 더 나아가 일부 수도적인 그룹과 뚜렷한 목적을 가진 공동체는 특정한 장소에 함께 모여 그들의 목적을 실천에 옮기는 일에 평생 헌신한다.

실험은 대면 집단(사전적 의미로는 심리 치료를 위해 정기적으로 만나는 모임을 뜻함 - 역주), 강습회, 프로젝트나 개인적인 영성 훈련과 비슷해 보인다. 예수님의 삶과 가르침의 특정 측면을 연구할 때 어떤 방식이 최선인지에 따라 실험을 선택할 수 있다. 나는 종종 우리의 실험을 '배움의 실험실'이라고 부른다. 우리의 목표가 실제로 삶에서 더 많은 것을 배우고 그것을 지혜롭게 적용할 수 있는 공간을 창조하는 것임을 강조하기 위해서다. 예수님의 도를 실천하는 여정 가운데 우리는 모든 면에서 다양한 실험을 시도할 수 있다. 당신은 친구와 어떤 것을 실천할 수 있다. 아니면 그룹 실험에 참여하거나 더 공적인 성격의 또 다른 실천을 시작할 수도 있다. 함께하는 실험은 전염성이 강해서 매우 빠른 속도로 퍼져 나간다. 자신의 잠재력을 경험한 사람은 스스로 자기만의 실험을 해나가기 시작한다. 우리의 목표는 참여를 통해 전적인 변화와 성장이 일어나도록 서로 격려하고 도와주는 문화를 창조하는 것이다.

지친 이를 위한 안식

다양한 방식으로 제자도를 실천할 수 있다는 사실을 알게 되면, 사람들은 종종 부정적인 감정이나 죄책감 섞인 반응을 보인다. 그들은 이 같은 의문을 품는다. "정말 내가 그런 급진적인 변화를 이루어야만 하나요?" 아니면 좀 더 급진적인 방식의 순종을 금욕주의자나 성자가 되는 것쯤으로 이해한다. 다른 사람들은 바쁘고 분주한 일상의 틈바구니 속에서 어떻게 한층 더 심도 깊은 실천을 할 수 있을지 궁금해 한다. 어떤 사람들은 그저 그 가능성을 떠올리는 것만으로도 위축된다. 창조주의 구속 목적이 온전함을 회복하는 것이며, 따라서 삶의 모든 것이 중요하다면, 우리는 도대체 어디에서 시작하는 것이 좋을까?

만약 예수님의 도를 실천하라는 초대가 짐스러운 의무로만 다가온다면 우리는 그 말씀에 온전히 귀 기울이고 있는 것이 아니다. 랍비의 제안은 우리가 그토록 갈망하던 자유를 약속한다. "수고하고 무거운 짐 진 자들아 다 내게로 오라. 내가 너희를 쉬게 하리라. 나의 멍에를 지고 내게 배우라. 나의 마음은 온유하고 겸손하니 너는 영혼의 안식을 찾으리라. 나의 멍에는 쉽고 나의 짐은 가벼우니라"마 11:28-30. 이 같은 예수님의 초대에 대해 유진 피터슨은 이렇게 설명했다. "자연스런 은혜의 리듬을 배워라." 예수님의 도를 따르라는 초대는 바쁜 일상의 문제를 해결하거나 성공을 추구하는 데에는 그다지 도움이 되지 않는다. 반대로 우리를 바삐 서두르며 수고하고 지치게 만드는 세상의 방식에 대한 혁신적인 대안을 제공한다. 하나님은 주님께 온전히 순종하는 삶으로 우리를 초대하신다. 이 길은 우리 스스로 도달할 수 있는 그 어떤 길보다 만족스러우며 상상 이상으로 자유로운 삶이다. 우리는 자신을 다른 누구와도 비교하지 않고 어떻게 시작해야 하는지를 가르쳐 주시는 스승의 음성에 귀를 기울이며 사랑의 나라로 한걸음 더 나아가야 한다. 그것이 우리가 마땅히 해야 하며, 또한 능히 할 수 있는 일이다.

하나님의
평강이 되는 삶

화평하게 하는 자는 복이 있나니 그들이 하나님의 아들이라 일컬음을 받을 것임이요.

마태복음 5:9

작지만 지속적인 모험과 순종을 실천하는 사람은 누구나 예수님을 닮아 간다는 칭찬을 받는다. 네이트가 막 이스라엘 여행에서 돌아왔을 때 나는 그를 처음 만났다. 그는 1세기에 랍비 예수님을 따르는 삶의 의미를 더 깊이 이해하기 위해 갈릴리 언덕을 방랑했다. 네이트와 안드레아 부부가 사는 세계는 대규모 예배와 교회 예산, 남녀 성경 공부 모임, 안전하고 부유한 이웃에 둘러싸인 안전한 곳이었다. 그러나 하늘에서와 같이 땅에서도 하나님의 나라를 추구하는 것의 진정한 의미를 더 깊이 이해하고 깨달아 가면서, 그들은 자신들이 제한적으로 알던 지식의 경계를 넘어서기 시작했다. 네이트와 나는 복음서를 함께 읽으며 예수님이 제자들에게 명하신 모든 내용을 적어 내려갔다. 네이트 부부는 절반의 나눔을 실험하는 동안, 매주 자기 집에서 친구들과 모임을 갖고 소유의 절반을 나눠 줄 방법을 연구했다. 그 계획에 관심을 보인 친구들은(심지어 프로젝트의 일원이 아님에도) 일부러 들러서 기부할 물품을 주고 갔다.

새로운 시각으로 세상을 보자 그들 부부의 도움을 필요로 하는 세계가 보였다. 그들은 집에서 1.6킬로미터도 떨어지지 않은 공원에 모이는 일용직 근로자와 노숙인들에게 일요일 오후에 식사를 제공하는 모임을 만들었다. 또한 삶의 역경과 씨름하는 나이 든 노숙인 아주머니의 친구가 되어 주었다. 그리고 나중에는 그녀가 편안히 지낼 수 있도록 자신들의 집에 초대했다. 그 외에도 힘든 시기를 지나는 젊은 부부와 어려운 상황에 처한 친구들을 돌보며, 그들의 집은 웃음과 환대의 장소가 되어 갔다. 한 남자가 네이트와 내게 자신의 메타암페타민(필로폰이라는 이름으로 주로 알려진 약품-역주) 중독에 관해 이야기하던 순간을 나는 결코 잊지 못한다. 네이트는 그의 이야기에 깊은 관심을 보이며 집중해서 듣느라 개 한 마리가 자신의 신발을 흠뻑 적시는 것조차 알아차리지 못했다.

네이트와 안드레아 부부는 작은 것들을 순종하면서, 모험을 감수하는 삶으로 다른 사람들을 초청했다. 또한 아직 어린 세 자녀의 필요를 돌보고 주택 담보 대출을 갚아 나갔다. 그들은 안전한 이웃 만들기 캠페인, 낙서 지우기 활동, 노숙인을 위한 주 1회 무료 급식 제공 등의 운동을 조직함으로써, 예수의 도를 실천하는 삶과 일상적인 필요를 채우는 삶의 균형을 이루어 갔다. 시간이 흐르면서, 안식일, 침묵 수양회, 친구들과 함께한 휴가 등의 생활이 점점 안정되고 일관성 있는 리듬을 띠기 시작했다. 그들이 했던 일련의 프로젝트와 실험을 통해, 그들은 동일한 비전을 가진 사람들과 평생의 친구이자 동역자가 되었다.

절반의 나눔 운동을 통해 네이트 부부는 데이먼과 앨리스 부부를 만났고, 그들에게서 예수님의 가르침을 공통된 삶의 방식으로 통합하고자 하는 동일한 열망을 확인했다. 최근 기독교 신앙을 갖게 된 데이먼은 복음이 약속하는 역동적 삶과는 달리 출석 교회의 수동적인 행태에 환멸을 느꼈다. 그는 교회가 사회를 변화시키는 원동력이 되기보다는 주로 기존 문화의 포로가 되어 왔다고 평가했다. 데이먼과 앨리스 부부는 곧 새로운 실험을 시도하는 새로운 공동체에 속하게 되었다.

몇 년 동안 많은 실험을 함께한 후, 데이먼과 앨리스는 네이트와 안드레아 가족과 함께 가난하고 폭력 사건이 빈번한 오클랜드 동부의 한 동네로 이사했다. 그곳에서 그들은 샬롬이라는 새로운 공동체를 꾸리고 실험을 시작했다. 그들은 함께 오래된 집을 고치면서 이웃의 필요를 알아 갔다. 앨리스는 빈터에 아름다운 정원을 가꿨고, 데이먼은 이웃 아이들을 도와 자전거를 수리했다. 네이트는 직장을 그만두고 지역 공동체 센터를 열어 아이들을 위한 개인 학습 지도 프로그램을 운영하며, 위험에 처한 10대를 돕는 상담을 시작했다.

처음에 안드레아는 안전한 삶을 보장할 수 없는 모험을 시도하는 걸 망설였다. 그러나 폭력과 대를 이은 빈곤으로 고통당하는 여성과 어린아이를 위한 환대의 장소로 자신의 집을 제공하면서 참된 삶을 누리기 시작했다. 5년 전에 안드레아를 알았던 사람들은 한때 교외에 사는 소심한 엄마였던 그녀가, 사람들에게 점점 더 큰 사랑의 능력을 베푸는 용기 있고 긍휼이 넘치는 여성으로 바뀌리라고는 상상도 못했을 것이다. 랍비 예수님을 따라 살아가는 그들의 삶이 어디에 이를지에 대한 이야기는 이제 막 시작되었을 뿐이다.

_____ 토론

- **첫 번째 실천** 예수님의 도를 실천했던 초기 실험을 돌이켜보라. 창피하게 느껴지는가, 아니면 소중하게 느껴지는가? 그렇다면 그 이유는 무엇인가?
- **멘토** 예수님의 도를 실천하는 삶에서 당신에게 본이 되며 순종에 따르는 위험을 기꺼이 감수하도록 당신을 초청했던 사람은 누구인가?
- **실험** 순종의 실천을 실험이라고 부르는 것이 편안하게 느껴지는가? 그 이유는 무엇인가? 실험이라는 말이 불편하다면 달리 어떻게 부를 것인가? 그 이유는 무엇인가?
- **목적을 위한 방법** 한때 큰 변화를 일으켰으나 인생의 다른 시기에는 그다지 영향을 미치지 못했던 실천에 대해 생각해 보라. 무엇이 변했는가? 또 어떻게 그 변화에 적응했는가?
- **출발점** 부담 없이 참여할 수 있는 간단한 실험이나 실천으로 누군가를 초대했던 때를 생각해 보라. 그들은 어떻게 반응했는가? 그들의 참여는(또는 참여를 꺼려했다면 그것은) 당신에게 어떤 영향을 미쳤는가?
- **안식의 약속** 뚜렷한 목적을 가진 행동 지향적인 제자도가 가능하다는 사실에 어떤 생각이 드는가? 죄책감, 의무감, 흥분이 느껴지는가, 아니면 위축되는가? 자신의 느낌을 설명해 보라.

- **"나의 멍에를 지라."** 예수님을 랍비로 더 온전히 신뢰하기 위해 당신은 이제 무엇을 실천할 것인가?

적용

당신의 삶에서 안식과 자유에 대한 예수님의 약속과 현실의 피로감이 만나는 지점은 어디인가?
다음 성경 구절을 묵상하고 시간을 내어 아래 질문에 답해 보라.

> 수고하고 무거운 짐 진 자들아, 다 내게로 오라. 내가 너희를 쉬게 하리라. 나는 마음이 온유하고 겸손하니 나의 멍에를 메고 내게 배우라. 그리하면 너희 마음이 쉼을 얻으리니 이는 내 멍에는 쉽고 내 짐은 가벼움이라 하시니라 마 11: 28-30.

- 무엇 때문에 지치는가?
- 얼마나 무거운 짐을 지고 있는가?
- 인생에서 그토록 무겁게 느껴지는 것은 무엇인가?
- 가장 쉼을 갈망하는 영역은 어디인가?
- 랍비는 내게 무엇을 가르쳐 주시기를 원하는가?

3
공동의 실천을 위한 공간을 창조하라

영국 여왕이 아닌 다음에야 미술관에서 사는 사람이 있을까? 때로 미술관을 방문하겠지만 대부분 평생 한두 번에 그친다. 수십 년에서 수세기, 길게는 수천 년에 걸쳐 미술관은 예술가와 장인이 만든 최고의 역작을 전시하며, 한 나라나 문명의 역사를 보존해 왔다. 나는 질서 정연하고 권위가 넘치는 미술관의 모습과, 그곳에 전시된 예술 작품이 탄생한 장소 사이의 극명한 대조에 항상 매료되었다. 번쩍이는 대리석으로 만들어진 방에는 예술품이 전시되어 있고 보안요원도 상주하고 있다. 반면 그곳에 전시된 예술품은 임대료가 저렴한 지역에 자리 잡은 지저분한 창고나 사방에 물감 얼룩과 쓰레기가 가득한 작업실에서 탄생한 경우가 많다. 미술관의 가장 중요한 방문객은 예술품 후원자나 감정가가 아니라 물감 범벅인 작업복 차림의 예술가들이다. 그들은 선배 예술가에게 경의를 표하며 영감을 얻고자 미술관에 온다. 미술관은 예술이 무엇인지에 대한 기나긴 대화를 간직하고 있을 뿐만 아니라, 꿈을 향해 수고하는 예술가들의 공동체를 보존하고 있다. 예술가들은 언젠가는 자신도 그곳에 전시될 수 있을 만큼 가치 있는 작품을 만들기를 꿈꾼다. 그 결과 아직도 진행 중인 미술관에서의 대화에 자신들도 참여하게 되기를 바란다.

예수님의 도를 추구하는 사람에게 교회 건물, 의식 절차, 문서 기록, 기독교 정통 신학은 예수님의 도를 실천하는 데 필요한 영감을 주는 훌륭한 미술관 역할을 한다. 이를 통해 우리는 우리 자신이 지금까지 진행되어 왔으며 앞으로도 계속 전개될 대화의 일부라는 사실을 상기한다. 그 이야기 속에서 우리 시대의 지금 이곳에서 빛의 자녀요 12:36로 산다는 것의 의미를 깨달아 간다. 그러나 우리는 미술관에서 살고 있지 않다. 우리가 '작품'을 창조하는 곳은 책, 역사적인 제도, 또는 회중 집회처럼 깨끗하고 잘 정돈된 세계가 아니라 모래 투성이의 정리되지 않은 일상의 삶 그리고 사람과 사람의 관계 속이다. 그러면 이제 우리가 해야 할 질문은 이것이다. 우리는 이 끝나지 않은 이야기에 기여하기 위해 얼마나 용감하게 행동할 것인가?

당신이 설령 예술 애호가라기보다는 스포츠팬에 더 가깝다 해도, 중요한 사실은 우리가 관객이나 비평가뿐만이 아니라 경기에서 우승의 드라마를 만드는 선수로 지음 받았다는 사실이다. 여기 3장에서는 실천의 공동체를 만들어 가기 위한 구체적인 단계를 살펴보도록 하자.

누구와 함께 일할 것인가?

> 서로 돌아보아 사랑과 선행을 격려하며.
> 히브리서 10장 24절

> 하나님의 말씀을 너희에게 일러 주고 너희를 인도하던 자들을 생각하며 그들의 행실의 결말을 주의하여 보고 그들의 믿음을 본받으라.
> 히브리서 13장 7절

사람들은 역동적인 실천의 공동체에 대해 듣고 나면 종종 이렇게 묻는다. "도대체 어디에서 이런 일을 하고 싶어 하는 사람을 찾을 수 있을까?" 그렇게 묻는 이유는, 그들이 속한 모임에 나오는 사람들은 관심을 보이지 않을 거라고 지레짐작하기 때문이다. 어쩌면 이런 추측이 사실일지도 모른다. 그러나 그동안 내가 관찰한 바에 의하면, 사람들이 실천에 그다지 관심을 보이지 않는 주된 이유는 애초에 아무런 초대도 받지 못했기 때문이다.

미술관과 경기장의 비유로 돌아가 보자. 사람들은 대개 참가자보다는 관객의 자리에 익숙하다. 우리는 가장 일반적인 방식이 세상에 유익한 변화를 일으킬 수 있다고 생각하는 경향이 있다. 그러나 삶을 변화시키는 실천은 수백, 수천 명이 모인 방에서는 결코 일어날 수 없다. 또한 좋은 생각들을 이야기하는 데 그치고 행동으로 옮기지 않는다면 역시 변화가 일어나지 않는다. 우리가 함께 내리는 결정은 우리의 가치관과 변화에 대한 신념을 상당 부분 드러낸다. 이 책의 주요 전제는, 어떤 것을 창조하고 훈련하기 위해서는 미술관과 경기장 관객석보다는 작업실과 체육관에서 더 많은 시간을 보내야 한다는 것이다.

우리는 서로 실험의 계약을 다시 제시할 필요가 있다. 첫 번째, 관객이 아닌 참여자로서 계약을 재조정해야 한다. 처음 배움의 실험실에 참여하는 사람들은 적응하기까지 어느 정도 시간이 걸린다. 참여를 기대하고, 정직을 독려하며, 결단을 요구하고, 실천으로 초청하는 낯선 환경 때문이다. 대부분의 사람들에게는 이런 참여의 환경이 익숙하지 않기 때문에, 참여의 성격을 가능한 명확히 하는 것이 유익하다. 먼저 실험의 비전과 목표, 참가자를 향한 기대를 알려 주는 것이 유익하다. 부족 리더 중에 한 명은 이렇게 말했다. "이곳은 참여하는 사람의 존재감이 분명하게 드러나는 모임입니다. 따라서 당신이 없을 때 사람들은 당신을 그리워하게 될 것입니다."

두 번째, 공동체의 계약을 재조정해야 한다. 곧, 수동적인 소비자에서 헌신된 기여자로 변화하는 것이다. 사람들이 긴밀한 공동체를 이루어 함께 생활하며 일하던 과거에는, 일상의 삶 속에서 살아 숨쉬는 제자 훈련이 더 자연스럽게 이루어졌을 것이다. 그러나 이 시대처럼 극도로 유동적이고 분열된 사회에서 서로 교감하며 삶을 나누기 위해서는 가정에서조차 노력을 기울여야 한다. 우리 사회에서 일반적으로 '공동체'란 단어는, 누군가 나를 알아주고 관심을 가져주기 바라는 간절한 열망이 담긴 의미심장한 말이다. 그렇기 때문에 많은 사람들은 함께 교제하며 서로의 이야기를 들어줄 편안한 시간을 더 많이 필요로 한다. 그러나 공동체 자체를 제1의 목표이자 결과물로 약속하는 모임에서 우리는 이내 실망을 경험한다. 현실은 우리가 상상하는 친밀함의 이상에 결코 부합할 수 없기 때문이다. 사람들은 종종 공동체를 추구하여 배움의 실험실을 찾아온다. 그럴 때면 우리는 소속감이 중요하기는 하지만, 공동체는 그 자체로 최고의 목표가 될 수 없다는 사실을 인내를 가지고 설명한다. 공동의 비전과 활동, 실천과 헌신을 보일 때 공동체는 자연스럽게 뒤따른다. "어떻게 해야 내 필요를 채울 수 있을까?"를 묻는 태도로는 원하는 수준의 관계를 맺을 수 없다. 공동체는 공장에서 물건을 찍어 내듯 만들어 낼 수 없으며, 짧은 시간 동안 쉽게 만들어지지도 않는다. 참된 공동체는 오직 인내와 사랑 그리고 서로의 헌신을 통해 서서히 형성되어 간다.

세 번째, 지도자의 계약을 서비스 제공자에서 실무 전문가나 인도자로 재조정할 필요가 있다. 지도자는 그들이 단지 모임을 주도하고 사람들을 돌보며 소통하는 사람일 뿐만 아니라, 다른 사람들이 순종을 실천할 수 있도록 초청하는 전수자이며 훈련자라는 점을 인식해야 한다. 초기 사도들의 글을 보면, 지도자는 현재 속에서 하나님 나라의 실재를 구현하며 예수님의 도를 말과 행동으로 가르치는 사람이었다[히 13:7]. 자신이 한 번도 가본 적 없는 곳으로 누군가를 인도하는 일은 불가능하다. 실천의 공동체에서 지도자의 신뢰성은 예수님의 명령을 자기 삶에서 실천했던 실제 경험에 달려 있다. 이것은 지도자의 역할에 대한 변화를 의미한다. 지도자는 더 이상 "우리가 원하는 대로 해주는" 사람이 아니라, 요리나 운전, 운동을 가르쳐 주는 사람처럼 우리를 도전하고 훈련시키며 인도하는 수제자와 같은 존재로, 신뢰의 관계를 맺을 수 있는 사람이다. 우리는 기회가 있을 때마다 리더들이 팀을 이루어 연대하여 협력하며 인도하기를 권한다. 그 결과 실험을 시작하는 과정 자체가 공동의 실험이 된다.

사람들은 행동 위주의 실천 지향적인 접근이 기존의 영성 훈련에 어떻게 적용될 수 있을지를 종종 궁금해 한다. 어떤 모임이든 그 모임의 성격, 지도자와 참가자에 대한 기대에 일종의 동의나 가정이 이루어진다는 사실을 인식할 필요가 있다. 계약을 갑작스럽게 변경하는 건 친절하지 않으며 공정하지도 않다. 예수님의 도를 함께 실천할 기회는 점진적인 변화를 통해서도 충분히 만들어 갈 수 있다. 다음 질문은 기존의 모임에 좋은 출발점이 될 수 있다. "다음에 만날 때까지 각자 무엇을 실험해 볼 수 있을까요?"

모든 사람이 공동의 실험과 실천에 참여할 준비가 되어 있지는 않다. 따라서 이 운동에 참여할지 여부는 스스로 자유롭게 선택할 수 있어야 한다. 현재 교외에 위치한 중간 규모의 교회에서 시무하는 내 친구 알렉스는 영성 훈련에서 실천의 힘을 처음 깨닫고 난 후, 전 교인이 이 사실을 '받아들이도록' 노력해야 한다는 생각에 사로잡혔다. 그는 주일 아침 설교 때마다 하나님 나라의 실재에 대해 가르쳤고, 성도들에게 그가 생각해 낸 구체적인 실험을 행하도록 도전했다.

대부분의 사람들은 이러한 시도를 외면했다. 혹은 홀로 애쓰다 낙심하는 사람들도 있었다. 결국 알렉스는 접근방식을 바꿨다. 신뢰할 수 있는 친구 몇 명을 먼저 공동의 실험으로 초대한 후, 실천^{Praxis}이라는 이름의 단기 소그룹에 등록하도록 성도들을 초청했다. 처음 실험에 초대했던 친구들은 이 소그룹의 동역자가 되었고, 그 외 16명이 새로이 참여하기로 결정했다. 참여했던 사람들이 변화된 삶의 이야기를 나누기 시작하면서 동일한 생각이 교회 전체에 퍼져 갔고, 결국 이는 새로운 실험의 씨앗이 되었다.

예수님은 무엇을 행하고 가르치셨는가

나를 따라오라.
마가복음 1:17

예수님의 도를 실천하기 위해서는 먼저 그분이 행하고 가르치신 것을 깊이 생각해 보아야 한다. 과거에 예수님의 도를 가장 열광적으로 추구했던 사람들은 모두 이렇게 했다. 예수님의 가르침과 본 중에서 어떤 것이 가장 강렬하게 다가오는지 생각해 보라. 그것이 시작이다. 처음 어떤 실험을 시작했을 때 우리는 그 일이 그저 우연히 일어나는 것이 아니라, 빈틈없고 체계적이기를 원했다. 그래서 우리 소그룹은 다음의 질문에 유념하며 함께 복음서를 읽었다.

- **예수님은 자신에 대해 어떻게 말씀하셨는가?** 복음서의 저자는 예수님의 정체성에 대해 예수님 자신의 주장과 다른 사람들의 진술을 기록하고 있는데, 그 이야기들은 하나님의 사자이자 성육신한 하나님인 예수님의 유일무이한 권위와 진실성을 깨닫게 도와준다.
- **현실의 본질에 대해 예수님은 무엇을 가르치셨는가?** 예수님은 비유와 속담, 대화와 선포를 통해 삶의 실제 원리에 적용되는 참된 지식을 말씀하셨으며, 우리가 가진 고정관념에 의문을 제기하셨다.
- **예수님은 실제 삶을 통해 어떻게 가르침의 본을 보이셨는가?** 예수님은 자신의 가르침을 실제 삶에서 실천해 보이심으로써, 구별되고 설득력 있는 랍비이자 메시아의 표상이 되셨다. 그분은 모든 삶 속에서 사랑의 자취를 남기셨다.
- **예수님은 듣는 이들에게 무엇을 행하라 명하셨는가?** 예수님은 대체로 가르침을 삶에 어떻게 적용할지에 대해 구체적으로 명하셨다. 간혹 그 중 일부는 특정인을 향한 것이었으나("나귀와 나귀 새끼가 함께 있는 것을 보리니 풀어 내게로 끌고 오라"마 21:2), 대부분의 가르침은 예수님의 도를 실천하기를 열망하는 모든 사람에게 적용된다.

우리는 이 네 가지 질문을 통해 얻은 지식으로 절반의 나눔 프로젝트를 기획하며 그 방향성을 분명히 세워 갔다. 예수님은 실재하시는 하나님의 본질에 대한 심오한 주장을 펼치셨다. 거룩하신 하나님은, 수고하여 벌고 생산하며 소비하는 우리의 능력을 초월하여 우리를 돌보시는 공급자가 되실 뿐만 아니라 부요함의 근원이 되신다. 성경에는 예수님의 권위를 제대로 보여 주는 사건이 많이 기록되어 있는데 다음도 그중 하나다. 어느 날 예수님은 베드로에게 그들 몫의 세금을 내기 위해 물고기를 잡아오라고 명하셨다. 놀랍게도 잡힌 물고기 입 안에는 동전 하나가 들어 있었다 마 17:27. 우리는 예수님의 삶을 면밀히 관찰했다. 당시 예수님에게는 거할 곳이 없으셨지만 반대로 세상 모든 곳이 그분의 집이었다. 예수님은 단순하며 관대한 삶의 본을 보이셨고, 물질적인 부에 얽매이지 않고 사셨다. "사람의 생명이 그 소유의 넉넉한 데 있지 아니하니라"눅12:15고 도전적으로 선포하셨다. 예수님은 마침내 "두려워하지 말라", "걱정하지 말라", "네 소유를 팔아 가난한 이에게 주어라"고 말씀하시며, 실제로 삶 속에서 하나님의 부요하심과 공급하심을 누리며 살아가는 법을 구체적으로 가르치셨다. 예수님의 가르침과 권위를 보여 주신 방식, 제자들을 향한 구체적인 명령은 서로 결합되어, 다각도로 구체적인 실험을 계획할 수 있도록 도와준다.

 영성 훈련에 대한 실천 지향적인 접근은 실제 경험을 강조하기 때문에, 때로 성경의 중요성을 과소평가한다는 우려를 낳는다. 그러나 우리가 관찰한 바에 따르면 사실은 그 반대다. 예수님의 말씀을 실천하는 모임에서 성경의 중요성은 오히려 더 커진다. 성경 본문을 이해해야 그 말씀에 따라 행동할 수 있기 때문이다. 나아가 일상생활의 세세한 부분에 진실하게 성경을 적용하고자 하지 않는다면 성경을 올바로 이해할 수도 없다. 하나님은 우리가 창조주의 실재와 목적을 이해하고 순종의 모험을 행하며 살아갈 수 있도록 성경을 주셨다. 예수님은 실천하고자 하는 의지의 중요성을 거듭 강조하신다. "주여, 주여, 하면서도 어찌하여 내가 말하는 것을 행하지 아니하느냐?"눅 6:46. 야고보는 이 명령을 강조하며 다시 반복한다. "너희는 말씀을 행하는 자가 되고 듣기만 하여 자신을 속이는 자가 되지 말라"약 1:22. 사도 바울의 말에 따르면, 성경은 의롭게 살고 모든 선한 일을 할 준비가 되도록 우리를 가르치고 훈련시키기에 유익하다딤후 3:16-17. 성경을 연구하는 가장 큰 목적은 전문가 수준의 학식이나 지식을 쌓기 위함이 아니라, 순종하는 믿음과 깨달음을 얻기 위함이다. "감추어진 일은 우리 하나님 여호와께 속하였거니와 나타난 일은 영원히 우리와 우리 자손에게 속하였나니 이는 우리에게 이 율법의 모든 말씀을 행하게 하심이니라"신 29:29.

어떤 사람은 예수님의 가르침에 대한 깊은 관심과 헌신을 문자주의적 해석으로 여기며 그것이 우리를 율법주의로 오도할 수 있다고 생각한다. 그러나 사도 베드로는 예수님의 가르침을 '영생의 말씀'으로 인식했다요 6:68. 우리는 참된 지식에 근거한 예수님의 가르침을 신뢰하고 삶에 실제로 적용하란 부르심을 받는다. 예수님이 이런 명령을 내리신 목적은 자기 자신과 주변의 모든 사람을 방해하고 파괴하는 사고방식과 행동양식에서 우리를 자유롭게 하기 위해서다. 그러므로 "도대체 무엇을 해야만 하는 거지?" 또는 "얼마나 더 멀리 가야 하는 걸까?"라는 불평보다 "우리는 얼마나 자유롭고 진정으로 살아 있기를 원하는가?"와 같은 질문이 더 건설적이다. 예수님의 명령에 진실하게 순종함으로써, 우리는 어떤 나라에서 살기를 원하는지를 묻는 존재론적 질문에 직면한다. 하나님의 사랑의 나라와 이 세상 나라 가운데 우리는 어디에서 살고 싶은가? 이처럼 순종의 위험을 감수할 때, 우리 내면의 참된 태도가 드러나며, 하나님의 은혜를 더욱 깊이 경험하고, 성령님의 변화시키는 사역에 더욱 적극적으로 반응하기를 원하게 된다. 그로 인해 우리는 창조주로부터 참된 생명을 공급받는 법을 배우며 기꺼이 순종하게 될 것이다.요 15:5.

─────── 예수님의 도는
우리의 필요와 어떤 관련이 있는가?

> 무리를 보시고 불쌍히 여기시니 이는 그들이 목자 없는 양과 같이 고생하며 기진함이라.
> 마태복음 9:36

여기 우리가 의논해야 할 매우 중요한 질문이 있다. "예수님이 행하고 가르치신 것은 우리 삶의 실제적인 상황과 우리 세계의 필요와 어떤 연관이 있는가?" 우리는 절반의 나눔 운동을 기획하는 과정에서, 우리 문화와 내면에 이미 팽배한 소비 강박증과 두려움과 염려에 대한 깊은 고민에 빠졌다. 또한 필요하지 않은 물건을 계속 사들이고 빚을 더욱 쌓아 가며 일정한 생활수준을 유지하려고 안간힘을 쓰며 살아가는 우리 시대의 풍조에 대해 숙고해 보았다. 우리 소유의 극히 적은 부분만 나누어도 가난과 굶주림의 위기에 처한 전 세계 10억 인구를 살릴 수 있다. 이런 상황에서 우리는 예수님의 가르침이 돈과 소유에 관해 우리가 기존에 택해 왔던 방식들을 완전히 뒤집어 엎고 있음을 깨달았다.

실험을 기획하는 단계에서 어려운 점은 실험을 단순하게 유지하는 일이다. 이 단계에서는 이론적 가설이나 사회적 분석으로 교착 상태에 빠지기 십상이다. 우리는 새로운 모험을 함께 실천하고 예수님의 가르침에 전력투구하고 싶다. 우리의 관심이 다른 어떤 것에도 분산되지 않기를 원한다. 문화나 사람들의 성향에 대한 일반적인 논의에 머문다면 쉽고 편한 길이 될 것이다. 그러나 우리는 자기 삶의 필요와 문제를 구체적으로 인식해야 한다. 최근 나는 용서와 판단에 관한 예수님의 가르침을 연구하는 모임에 참여했다 마 7:1-5. 토론의 인도자는 티와 들보에 관한 예수님의 비유의 상징적 의미에 대해 몇 가지 흥미로운 논평을 했다. 그 후 함께 모여 충분히 오랫동안 성경 본문의 의미를 더 깊이 살펴보았다. 마침내 누군가 이렇게 물었다. "이 구절에 나온 예수님의 말씀을 우리 삶에 어떻게 적용할 수 있다고 보십니까?" 잠시 어색한 침묵이 흐른 후에 인도자가 말했다. "음, 저는 어떤 식으로 적용할 수 있을지 잘 모르겠네요." 나는 깜짝 놀라서 물었다. "여기에 모인 사람들 중에 누군가를 용서하지 못해서 계속 후회하며 살고 있는 사람이 있다면 손 들어 보세요." 방에 있는 거의 대부분의 사람들이 손을 들었다. "그러면 습관적으로 다른 사람을 판단하는 사람은 얼마나 될까요?" 나를 포함하여 모든 사람이 손을 들었다. 우리는 남은 시간 동안 어떻게 하면 용서하며, 쉽게 판단하는 습관을 고칠 수 있는지 구체적이고 근본적인 실천 방법을 고민했다.

예수님의 가르침이 우리 삶에서 어떤 의미를 띠고 실천으로 드러나기 위해서는 자신에 대해 어느 정도 제대로 파악하고 있어야 한다. 우리는 진리의 실험이라 명명한 배움의 실험실에서 처음 모일 때, 서로 두 가지 질문을 던진다. 하나님 나라에서 좀 더 풍성한 경험을 누리며 살아가지 못하도록 방해하는 것은 무엇입니까? 앞으로 40일 동안의 실험을 통해, 당신의 인생을 영원히 변화시킬 수 있는 실천은 무엇일까요? 의견을 나누는 사람들을 보며 나는 항상 감탄한다. 우리는 정직하고 투명하게 행동할 거란 기대를 받고 있을 때 비로소 그렇게 행동할 수 있다. 진정성은 노력해서 얻어야 하는 특별한 성질이 아니다. 그것은 생전 처음 만난 사이에서도 서로 본을 보이며 실천할 수 있는 가치다. 익명의 알코올중독자 모임, AA [Alcoholics Anonymous]는 이와 같은 사실을 잘 보여 준다.

당신이 거주하는 지역 사람들의 필요와 갈망 그리고 전 세계가 한 가족으로서 직면하고 있는 문제를 인식하는 일 또한 중요하다. 지금처럼 모든 것이 쉽게 변하고 온라인의 가상문화가 익숙한 세계에서 흔치 않은 일이기는 하지만, 이것은 한 지역에 뿌리 내리고 그 지역에 헌신하는 것을 의미한다. 지역 사회에서 변호사로 일하고 있는 내 친구 폴 스팍스는 자주 다음과 같은 수사적修辭的인 질문을 던진다. "일흔 번씩 일곱 번이라도 용서할 만한 타당한 이유가 있어서 계속 친밀한 관계를 유지하는 사람이 과연 누가 있겠어요?" 하나님의 이야기를 자신의 이야기 그리고 자신의 지역과 그 지역에 거주하는 이들의 이야기와 통합할 때, 여기에서 열매를 맺는 생명력이 흘러나온다. 이런 요소들 간에 통합이 이루어지지 않는다면 예수님의 도를 실천하려는 노력은 그 영향력과 일관성, 타당성을 잃게 된다.

모든 문화에는 사랑의 나라에 대한 갈망이 담겨 있다. 내가 거주하는 샌프란시스코 지역의 경우, 많은 사람들은 좀 더 창의적이고 예술적이기를 갈망한다. 그들의 갈망 속에서 초월성에 대한 필요를 느낀다. 따라서 하나님의 이야기인 신학은 종종 예술적인 관점에서 탐구된다. 우리는 이와 같은 실험을 '창의성 일깨우기'라고 부른다. 많은 사람들이 단순한 삶을 살고, 더 깊은 관계를 경험하기를 소망한다. 이러한 필요를 반영하는 실험의 경우, '단순한 삶'이나 '공동체의 창조'라고 명명할 것이다. 작은 자를 돌보라는 예수님의 가르침을 따르겠다는 깨달음은 노숙인, 인신매매 문제와 이웃의 안전을 지키는 프로젝트로 옮겨진다. 우리는 다음과 같은 질문을 던짐으로써 그 사실을 깨닫는다. "우리 도시에서 소외되고 배고프고 목마르며 헐벗고 외로운 사람은 누구일까?" 우리는 각자 자신이 사는 지역에서 배우는 학생이 될 수 있다. 그리고 예수님의 가르침이 개인적인 필요뿐만이 아니라 우리 지역과 그 주민들의 힘겨운 싸움과 어떻게 연결되는지를 더 깊이 깨달아 갈 수 있다.

───── 예수님의 도를 실천하기 위해
어떤 행동을 취할 수 있을까?

너희는 나를 불러 주여, 주여, 하면서도 어찌하여 내가 말하는 것을 행하지 아니하느냐?

누가복음 6:46

실천의 공동체를 창조하는 네 번째 단계는 구체적인 실험과 공동의 실천을 개발하는 일이다. 실험은 보통 함께 기도하고 연구하며 자유로이 토론하는 사람들로 이루어진 핵심 그룹으로 시작된다. 성령님께서 모임의 성장을 갈망하는 우리를 구체적인 실험으로 인도하실 것임을 신뢰한다. 일부 실험은 "네 소유를 팔아 가난한 이에게 주라"는 말씀처럼 정해진 한 가지 명령에 맞춰 기획된다. 반면 어떤 실험은 연관된 여러 가르침을 한데 아우른다. 우리는 공동체의 창조라고 명명한 배움의 실험실에서 매주 "서로 속하라"는 예수님의 가르침 중 한 가지를 실험한다. 예를 들어, "서로 화해하라", "용서하라", "판단하지 말라", "원수를 사랑하라"와 같은 것들이다. 또한 급증하는 폭력 문제처럼 공적인 필요나 관심사에 따라 또 다른 프로젝트를 추진한다. 핵심 그룹이 단순 명료한 계획안을 만들어 낸 후 더 광범위한 청중들을 초청한다. 그리고 시행착오를 거쳐 훌륭한 실험을 이루는 몇 가지 기본 요소를 파악한다.

훌륭한 실험에는 새로운 실천뿐만 아니라 일정 기간 동안 굳어진 습관의 변화가 따른다. 나는 한때 "서로 사랑하라. 내가 너희를 사랑한 것같이 너희도 서로 사랑하라"요 13:34는 명령을 실천하는 실험 그룹에 속해 있었다. 우리는 재빨리 "일주일 동안 누군가에게 친절을 베풀기 위해 최선을 다하라"와 같은 의견을 내놓았다. 그러나 초기 발상은 대개 진부했다. 우리는 예수님이 보이신 사랑의 행동은 개별적인 사건에 그치지 않고 평생 동안 일관되게 유지하신 삶의 태도였다는 사실을 이해하지 못했다. 그래서 모든 관계 가운데 우리의 실천이 얼마나 사랑을 표현할 수 있을지를 고민하면서 서로를 더욱 자극했다. 얼마 후 우리는 단순하고 새로운 결론을 얻었다. 모든 사람을 하나님의 시각으로 바라보기로 결심한 것이다. 만나는 모든 사람이 하나님의 사랑받는 자녀이자 우리의 형제자매임을 깨닫기 위해 잠시 멈춰 의도적으로 그 눈을 바라보기로 약속했다.

훌륭한 실험에는 강도 높고 깊은 헌신이 뒤따른다. 규칙적이고 반복되는 실천은 단 한 번의 실천보다 더 큰 변화의 잠재력을 갖고 있다. 실험에는 도전적인 행동들로 이루어진 일상의 반복적인 실천이 수반된다. 예를 들어, 매일 원수를 위해 기도하고, 6주 동안 매주 한 번 그들을 축복하는 실험을 할 때, 한 번쯤 그들과 함께 식사하는 것을 고려해 보라. 사람들을 실험에 초청할 때 우리는 프로젝트와 이것에 대한 기대를 분명히 설명한다. 막연하고 모호한 실험은 마찬가지로 막연하고 이해할 수 없는 결과를 낳는다. 우리는 참여의 서약과 때로는 개인별로 차등을 둔 재정 기부를 요청한다. 일반적으로 참가비를 지불할 때 사람들은 더 진지하게 참여하며, 배움에 대해 더 큰 기대와 개방적인 태도를 갖는다.

훌륭한 실험에는 실천과 성찰을 위한 공간이 존재한다. 실험을 진행하고 깨달음을 나눌 공간이 없다면 대부분의 사람들은 지속적으로 새로운 실천을 적용하거나 대담하게 새로운 순종의 걸음을 옮기는 걸 어려워 한다. 주말과 주중 집중 과정을 제외한 나머지 실험과 프로젝트는 대부분 4주에서 6주간 운영되며, 매주 모이는 소그룹 프로젝트 모임과 대규모 그룹 실천이 이에 포함된다. 일관성과 신뢰도를 함께 갖춘 소그룹 모임은 변화를 이루어 낼 뿐만 아니라, 혼자서는 큰 부담으로 다가올 모험도 기꺼이 감수하도록 도와준다.

──────── 어떻게 우리의 발견을
지속적인 삶의 리듬에 통합할 수 있을까?

형제들아 너희는 함께 나를 본받으라. 그리고 너희가 우리를 본받은 것처럼 그와 같이 행하는 자들을 눈여겨보라.

빌립보서 3:17

우리는 1회성 프로젝트로 공동의 실험을 시작했다. 그러나 프로젝트가 성공하자, 함께 실험을 지속하기 원하는 핵심 그룹이 형성되었고, 이 그룹은 마침내 자신을 구별된 공동체로 인식하기 시작했다. 이듬해 우리는 예수님의 삶과 가르침에서 얻은 한 가지 핵심 주제에 기초하여, 2개월마다 하나씩 새로운 실험을 만들어 냈다. 그리고 각각의 실험을 마칠 때마다 스스로에게 이렇게 물었다. "우리가 배운 것들 중에서 일상의 지속적인 리듬에 반영하기 원하는 것은 무엇인가?" 그리고 지난 한 해 동안의 경험과 통찰을 통해서 배운 바를 목록으로 정리했다. 시간이 흐르는 동안 자연스럽게 확인된 일곱 개의 주제는 우리 공동체의 핵심 가치가 되었고, 우리는 매년 함께 이를 서약한다.

> 창조주에게 순종하고
> 피조세계를 섬기며
> 서로 공동체를 이루어
> 모든 것을 사랑으로, 모든 것을 사랑으로
> 소유를 간소화하고
> 생명을 위해 기도하며
> 세상에서 창조적으로 살아가며
> 모든 것을 사랑으로, 모든 것을 사랑으로
> 라이언 샤프, 2007

우리 실험 중 일부는 훌륭한 기획으로 나름 좋은 성과를 거두기도 했지만 성공한 일부를 제외한 나머지는 기획이나 시행 모두 결함 투성이의 실패작들이다. 그러나 우리는 성공만큼이나 실패를 통해서도 많은 것을 배웠다. 우리는 뭔가를 시도하고, 실패해도 그 실패로부터 뭔가를 배우고, 좌절하지 않고 다시 시도할 수 있는 기회를 가졌던 것이 자랑스럽다. 한두 번 실험에 참여하고 마는 사람들이 있는 반면, 어떤 사람들은 결국 실험을 주도하고 새로운 모임을 시작하는 핵심 그룹의 일원이 된다. 우리는 이와 같은 변화가 일어날 수 있는 포용력이 넘치는 공간을 함께 일구어 내기를 소망한다. 여기에 우리의 성공 요소 몇 가지를 소개한다.

- **이야기** 살아가는 동안 사랑이 더욱 풍성해지고, 자신의 정체성을 더 확실히 발견해 가며, 치유를 경험하고, 더 나은 선택을 하고 있는가?
- **풍성함** 우리의 모임으로 새로운 사람들을 초청하며 환영하고 있는가? 지도자들은 새로운 실험과 모임을 시작할 힘을 얻고 있는가?
- **실험의 수준** 우리의 실험은 조직적이며 참가자들에게 단순 명료하게 느껴지는가? 계획한 바를 성취했는가?
- **간증** 우리의 실험은 하나님 나라의 경이로움과 아름다움, 능력을 이 사회에 드러내고 있는가?
- **결과물** 우리의 실험은 이야기, 시, 예술 작품, 노래, 신문 기사, 웹사이트 등과 같은 결과물을 통해 다른 사람들에게 영감을 주고 그들이 자신의 실험을 할 수 있도록 준비시키는가?
- **선지자 됨** 우리의 활동은 깊은 대화와 헌신을 이끌어 내고 있으며 외부의 반응을 불러일으켰는가?

언뜻 보기에 실천의 공동체를 창조하는 것은 너무 진지하거나 실패하기 쉬운 임무처럼 보인다. 그러나 이는 예술 작품을 창조할 때나 시합을 앞두고 운동 연습을 할 때처럼 훈련과 기발함, 즐거움과 재미의 요소가 모두 포함된 과제일 뿐이다. 하나님은 기뻐 뛰고 웃으며 즐겁게 가는 모험으로 우리를 초청하신다. 우리는 하나님이 초청하시는 그 모험을 통해 '빛의 자녀'로서 살아가는 의미를 발견한다.

_____ 토론

- **미술관에서 작업실로** 당신은 자신의 영적인 삶이 미술관과 같다고 생각하는가? 아니면 예술가의 작업실과 같다고 생각하는가? 그 이유는 무엇인가?
- **동역자를 찾아서** 당신 삶 속에서 함께 실험하며 동역할 수 있을 것 같은 인물은 누구인가?
- **계약의 변화** 깊이 있는 삶의 연륜에서 흘러나오는 영적 지도력을 어디에서 경험했는가? 당신이 속한 신앙 공동체와 맺은 계약은 공동의 실천에 참여할 수 있도록 도와주는가, 아니면 걸림돌이 되는가? 공동의 실천을 위한 공간을 창조하기 위해서는 공동체와의 계약을 어떻게 재조정해야 할까? 그 이유는 무엇인가?
- **예수님의 행함과 가르침** 예수님의 가르침 가운데 가능한 한 많은 것들에 대해 자유롭게 토론해 보라. 가장 강렬하게 다가오는 가르침은 무엇인가? 또 가장 어렵게 느껴지는 것은 무엇인가? 가장 참여해 보고 싶은 것은 어떤 것인가? 예수님의 가르침은 삶의 원리에 대한 당신의 통념에 어떤 도전을 주는가?
- **성경의 역할** "일상의 삶에 진심으로 적용하고자 시도하지 않는다면 성경을 올바로 이해할 수 없다." 당신은 이 진술에 대해 어떻게 생각하는가? 동의하는가, 아니면 반대하는가? 그 이유는 무엇인가? 어떻게 하면 문자적인 이해에 그치거나 율법주의에 빠지지

않고 예수님의 가르침에 순종할 수 있는가?

- **정직과 자기 인식** 당신의 삶 속에 실재하는 어려움과 필요를 다른 이들에게 열어 보이는 것이 쉬운가, 아니면 어려운가? 안전하고 신뢰할 수 있는 환경을 창조하는 데 필요한 요소는 무엇인가?
- **사람과 장소** 당신이 거주하는 지역의 문화를 어떻게 묘사할 수 있을까? 어떤 필요와 가치, 갈망이 표출되고 있는가? 세상의 힘겨운 싸움 가운데 임하는 하나님의 치유를 향한 갈망을 느끼는 곳은 어디인가?
- **삶의 리듬** 당신이 가장 중요하게 여기는 가치를 담고 표현하고 있으며, 다른 사람들과 공유하기 원하는 일상의 리듬과 실천에는 어떤 것이 있는가?

─────── 적용

집중하는 법 배우기 다음 한 주 동안 마태복음이나 누가복음 가운데 하나를 선택하여 전체 본문을 읽고, 다음 질문에 답해 보라.

- 예수님은 자신에 대해 어떻게 말씀하셨는가?
- 현실의 본질에 대해 예수님은 어떻게 가르치셨는가?

- 예수님은 듣는 이들에게 무엇을 행하라고 명하셨는가?
- 예수님은 삶을 통해 어떻게 가르침의 본을 보이셨는가?

시간 여유가 있다면 요한복음도 읽어 보라. 문체와 쓰인 목적 면에서 상당한 차이를 보이는 요한복음은 다른 복음서의 메시지를 어떻게 보완하고 있는가?

4
영성 형성의 비전을 제시하고 구체적으로 접근하라

이기기를 다투는 자마다 모든 일에 절제하나니, 그들은 썩을 승리자의 관을 얻고자 하되 우리는 썩지 아니할 것을 얻고자 하노라. 그러므로 나는 달음질하기를 향방 없는 것같이 아니하고 싸우기를 허공을 치는 것같이 아니하며, 내가 내 몸을 쳐 복종하게 함은 내가 남에게 전파한 후에 자신이 도리어 버림을 당할까 두려워함이로다.

고린도전서 9:25~27

스콧은 파티 중에 치즈와 빵을 가지러 부엌에 온 나를 찾아왔다. 최근 사업차 갔던 모로코 여행에 대해 이야기한 후에 그는 몸을 숙여 작은 목소리로 말했다. "그건 그렇고, 자네들의 작은 '실험'에 대해 들었네.… 매우 흥미롭더군."

"누가 그 이야기를 하던가?" 내가 물었다. "우리는 비밀을 지키려고 노력했는데."

"발 없는 말이 십 리 간다는 거 알잖나? 꽤 강도 높다고 들었네. 그래, 자네들은 어떤 것을 포기하고 있나?"

"음, 그건 무엇을 포기하는지의 문제가 아닐세. 작은 변화가 어떤 차이를 만들어 내는지 확인하기 위한 실험이라네. 우리 네 사람은 40일간 육류 섭취, 미디어, 자위행위를 금하며 옷장의 옷가지 수를 제한하기로 서약했어. 또 산상수훈을 외우기로 약속했다네."

깊은 인상을 받은 듯한 스콧은 이렇게 말했다. "와! 그걸 다 어떻게 생각해 낸 건가?"

"어느 날 밤, 우리는 좀 더 집중력과 추진력을 가지고 살아가고 싶다는 이야기를 하는 중이었네. 우리 주의를 흐트러뜨리며 시간을 점유하는 것들과 스트레스를 해소하기 위한 일부 불건전한 습관에 대해 깊이 생각해 보게 됐지. 우리는 이 실험이 하나님께 더 깨어 있고 사람들에게 열린 태도를 갖는 데 도움이 될 거라 생각했다네. 각각의 서약은 우리 각자가 벗어나려고 애써 온 문제나 변화의 시도와 관련이 있다네."

"그래, 미디어와 자위행위를 금지하는 것은 이해한다 해도 육류 섭취는 왜 금하는 건가?" 그는 내 앞에서 두 개째 소시지를 먹는 것에 대해 사과하며 물었다.

"우리는 식단이 삶의 나머지 부분에 어떤 영향을 미치는지 궁금했다네. 사람들이 육류를 섭취하면서 더 공격적이 되고 그로 인한 특권의식 또한 커지지 않을까 하는 의심이 들었어. 육류를 생산하기 위해 전 세계의 자원 중 부적절할 정도로 많은 양을 써 버리고 있기 때문이지. 전 세계의 대부분의 사람들은 우리처럼 그렇게 자주 고기를 먹을 수 없다네."

"그러면 지금까지 자네가 발견한 것은 무엇인가?"

"충분한 영양과 단백질을 섭취하고 있는지 더 주의해야 했지만 몸이 전보다 가벼워진 걸 느껴. 하지만 평소 운동을 즐기는 친구들은 정말로 힘들어 했지."

"사실 내게는 '미디어 금식'이 가장 어렵게 느껴지는군. 구체적으로 어떤 내용인가?"

"텔레비전과 영화를 비롯해, 업무 이외에는 컴퓨터와 인터넷 사용을 금지하는 걸세. 우리 모두 기도하고 묵상하며 다른 사람들을 돌보기 위한 시간을 찾기 위해 고군분투해 왔네. 그렇기 때문에 잠시 미디어 사용을 금한다면 진정 가치 있게 여기는 것을 추구할 여유가 생기리라 생각한 거지. 이제 나는 가족과 더 많은 시간을 보내고 책을 더 많이 읽으며 충분한 수면을 취하고 있네."

"내가 수전과 텔레비전을 보며 얼마나 많은 시간을 보내는지 떠올리기도 싫네. 인터넷 중독이라는 점도 분명하지. 그런데 궁금한 게 있는데, 옷장의 옷가지 수를 제한하기로 한 이유는 뭔가?"

"자네도 알다시피 우리 네 사람 가운데, 특히 내가 패션과 외모에 꽤 관심이 많은 편이 아닌가. 그건 그렇고 참 멋진 부츠로군. 어디서 구했나?"

스콧은 바짓단을 올려 종아리까지 오는 이탈리아산 디자이너 부츠를 보여 주었다. "고맙네. 이번 모로코 여행에서 돌아오는 길에 파리에 들러 산 거야."

부츠를 칭찬해 준 후 나는 원래의 질문으로 되돌아왔다. "어쨌든 아침에 일어나 무엇을 입을지 고민하지 않고 매일 똑같은 옷을 입는다면 삶에 단순함이라는 요소가 더해질 거라 생각한 거야. 월 초에 우리는 나머지 옷을 모두 상자에 넣어 창고에 보관하고 각자 두 벌의 옷과 한 벌의 운동복만을 남겨두었지."

"그렇다면 이런 실험이 정확히 어떤 면에서 도움이 된다는 건가?" 스콧은 여전히 회의적인 태도로 물었다.

"매일 똑같은 옷을 입으며 행복을 위해 더 많은 것이 필요하지 않다는 사실을 상기시키는 거지." 스콧의 얼굴 표정을 보니 모든 것이 매우 이상하게 들리기 시작했다는 걸 알 수 있었다. "자네 왜 그러나?"

"아무래도 좀처럼 익숙하지 않아서 말이야. 그리고 솔직히 조금은 율법주의처럼 들리네. 우리 부모님이 속했던 그리스도인 모임에서는 춤, 음주, R등급 영화(성인 보호자 없이 17세 이하는 관람 불가인 영화 등급–역주), 주일 수영 금지 등 많은 규칙을 구성원들에게 부과했지. 나는 우리 세대가 이제 막 그 모든 규칙을 극복하고 더 큰 은혜와 자유를 경험하기 시작했다고 생각했네."

"무슨 뜻인지 알겠네. 다른 사람에게 규칙을 부과하고, 그들을 판단하는 기준으로 삼을 때 강압적이 되기 쉽지. 그러나 더욱 가치 있는 삶을 만들기 위해 스스로 한계를 설정하는 삶에는 진정한 능력이 있다네. 우리는 이런 절제하는 삶에 대해 즐겁고 유쾌한 태도를 가지려고 노력하는 중일세. 내 경우, 오랫동안 변화에 저항했던 일부 영역이 빠르게 바뀌고 있네. 또 함께하는 사람들이 있으니 약속을 지키기가 생각보다 쉬웠다네."

"그러면 이 40일의 기간이 끝나면 어떻게 되는 건가? 육류 섭취, 자위행위 그리고 장시간 텔레비전 시청을 다시 하는 건가?"

나는 이렇게 대답했다. "우리는 지금 배우고 있는 바를 함께 이야기하기 위해 매주 한 번씩 모이고 있네. 우리 모두 식습관과 구매 습관을 바꾸고 성적인 면에서도 절제하기를 여전히 바라지만 이러한 실천이 더 이상 도움이 되지 않는다고 여긴다면 굳이 지속할 의무는 없다네. 그저 어떻게 하면 더 나은 경계를 정할 수 있을지 숙고 중이지. 예를 들어 우리 가운데 어떤 사람들은 미디어 사용 시간을 매주 서너 시간 정도로 제한하고 육류를 일주일에 14번이 아닌 네 번 정도만 섭취하는 걸 고려하고 있네."

거실에서 연주자들이 악기를 조율하는 소리에 우리의 대화는 갑자기 중단됐다. 마이크를 통해 들리는 소음 너머로 스콧은 내 귀에 대고 말했다. "나라는 사람이 그런 종류의 목적 지향적인 삶에 어울리는지는 잘 모르겠네. 하지만 자네한테는 이 일이 효과가 있는 것 같군. 자네들이 가진 영향력과 동지애가 매우 부럽군."

영성 훈련의 구체성

옛부터 신실한 영성을 추구하는 사람들은 내면과 육체를 훈련하는 방법을 연구하며, 위대한 목적을 위해 그들의 삶을 기꺼이 바쳤다. 초대교회 시대, 예수님의 도를 따르던 변론가, 사도 바울은 제자들에게 다음과 같이 썼다. "망령되고 허탄한 신화를 버리고 경건에 이르도록 네 자신을 연단하라. 육체의 연단은 약간의 유익이 있으나 경건은 범사에 유익하니 금생과 내생에 약속이 있느니라" 딤전 4:7-8. 훈련이란 우리 능력이 미치는 범위 안에서 구체적인 노력을 통해 불가능한 것을 성취해 나가는 활동이다.* 우리는 마치 운동 경기를 연습하고 피아노 치는 법을 배우는 것처럼, 연습과 훈련을 통해 전에는 결코 할 수 없었던 일을 해낸다. 훈련에는 일상적인 일이나 반복된 습관을 의식적으로 바꾸려는 노력이 필요하다. 다시 말해, 어떤 것은 절제하고 또 어떤 것은 새로이 참여할 필요가 있다. 훈련은 우리의 몸과 마음과 영혼을 하나로 연결해 같은 목표를 향해 나아가도록 인도해 준다. 즉, 우리가 창조된 목적대로 사랑이 모든 것의 원리가 되는 온전한 삶을 살 수 있도록 도와주는 것이다.

어느 날 밤, 누군가 다급히 현관문을 두드렸다. 우리 공동체를 종

---

* Dallas Willard, *The Great Omission* (San Francisco: HarperSanFrancisco, 2006), p. 30, 「잊혀진 제자도」, 복있는사람, 2007.

종 방문하던 그레그였다. 그는 조언이 필요하다고 말했다. "저는 정말 곤경에 처해 있습니다. 저를 위해 기도해 주시면 좋겠어요." 함께 시원한 밤 공기 속을 걸으며 그가 말했다. 그리고 자신이 편하게 만나고 있는 한 여성과 최근 성관계를 갖게 된 일과 헤어진 여자 친구에게 빌린 수천 달러를 포함해 점점 늘어나는 빚으로 가중되고 있는 불안감과 스트레스를 설명했다. "제발 하나님께 저를 이런 나쁜 습관에서 벗어나게 해달라고 기도해 주세요." 나는 고질적인 문제에 대해 마법 같은 해결책을 찾는 그레그의 성향을 알기에 어떤 대답을 주기가 망설여졌다. 그리고 데이트와 재정과 관련된 그의 행동에 대해 조심스럽게 물었다. "여성을 대할 때 당신이 정한 경계는 무엇입니까? 빚을 어떻게 해결할지 계획은 있나요?" 우리 모두가 더러 그랬던 것처럼, 그레그는 자신의 선택이 어떻게 현재의 고통의 원인이 됐는지 직면하기를 거부했다. "제가 할 수 있는 일을 하면서 변화가 일어나길 바란다면 몇 달, 아니 몇 년이 걸릴 거예요. 하지만 저는 지금 당장 해결책이 필요해요." 그는 이렇게 소리쳤다. 나는 미안해하며 이렇게 말했다. "당신이 요청하는 방식으로는 당신을 위해 기도하지 않을 겁니다. 왜냐하면 하나님이 이미 당신에게 주신 능력을 사용해 보기 전에는 하나님이 당신을 도우실 것인지 알 수 없기 때문입니다."

그 후 의식적인 훈련과 실천이 얼마나 도움이 될지 생각해 보라고 제안했을 때 그레그는 극도로 부정적인 반응을 보였다. "하나님이 그렇게 일하실 리 없어요." 그레그는 하나님이 머리를 각목으로 내리치는 식으로 인생의 변화를 일깨우기 위해 갑작스런 혼란을 불러일으키는 이해할 수 없는 분이라고 생각했다. 인생의 가장 밑바닥이나 죽음 직전, 다메섹 도상에서의 경험은 하나님의 특별한 선물이며, 하나님이 우리의 삶을 전적으로 변화시키시는 여러 가지 방법 중 일부에 지나지 않는다. 하나님은 우리에게 직접 상상하고, 계획하며, 방향을 설정하고, 목표를 선택하며, 비전과 가치, 목표에 따라 체계적으로 일할 수 있는 능력을 주셨다. 하나님은 살아서 역사하시며 성령의 능력과 협조하는 우리의 의식적이고 적극적인 선택을 통해 영광을 받으신다.

물론 작은 분홍색 알약 하나를 먹거나 기도 한 번으로 지난 몇 년간 우리가 선택한 결과가 깨끗이 지워지고 마치 마법처럼 놀랍게 바뀔 수 있다면 더할 나위 없이 좋을 것이다. 그러나 그렇게 된다면 우리가 "하나님보다 조금 못하게 하시고 영화와 존귀로 관을 씌우신" 존재이며, 하나님이 친히 그 손으로 행하시는 일을 '다스리는 자'라는 매우 중요한 진리를 놓치게 될 것이다.시 8:5-6 우리 각 사람은 구체적인 행동을 통해 어떻게 살아가고, 무엇을 생각하고 느끼며, 시간을 어떻게 사용할지 자유로이 선택할 수 있는 힘과 주권과 능력을 부여받았다. 새로운 방식으로 자신의 능력을 사용하는 법을 배울 때 치유를 일으키는 변화가 일어난다. 우리가 할 수 있는 일을 행한다면, 창조주 하나님은 우리가 할 수 없는 일을 우리 안에서 행하실 것이다. 하나님의 은혜는 우리의 행동이나 노력과 배치되지 않는다. 그러므로 초대교회 시대, 예수님의 제자인 사도 바울은 다음과 같이 말했다. "항상 복종하여 두렵고 떨림으로 **너희 구원을 이루라.** 너희 안에서 **행하시는** 이는 하나님이시니, 자기의 기쁘신 뜻을 위하여 너희에게 소원을 두고 행하게 하시나니"빌 2:12-13, 저자 강조. 우리는 '구원을 받는' 과정 중에 있으며 아직 복음이 온전히 임하지 않은 현재를 살고 있다고전 1:18. 예수님은 서로 양립하는 두 나라, 곧 하나님 나라와 이 세상 나라에 대해 말씀하셨다. 사도 바울은 이를 빛의 나라와 어둠의 나라로 묘사했다골 1:12-13. 우리는 '헛된 행실'을 물려받았고 이를 답습하며 오랫동안 어둠의 나라에서 살아왔다벧전 1:18.

먼저 변화가 필요한 낡은 습관이 무엇인지 고민하며 다시 새로운 길을 꿈꾸기 시작해야 한다. 현재 하나님으로부터 생명을 넉넉히 공급받고 있다 해도, 우리의 몸과 마음, 영혼은 파멸의 길을 선택하도록 길들여져 왔다. 하나님은 음란, 부정, 사욕, 악한 정욕, 탐심, 분함, 노여움, 악의, 비방, 부끄러운 말, 거짓말과 같은 옛 행위를 '벗어 버리고' 긍휼, 자비, 겸손, 온유, 오래 참음, 용서, 사랑, 감사의 새로운 행위로 '옷 입도록' 우리를 초청하신다골 3:5-17. 우리의 내면과 육체는 하나님의 사랑의 나라에서 더욱 충만한 삶을 살기 위해서 다시금 체계적인 훈련을 받아야 한다롬 6:13. 예를 들어, 사람들이 본래 가진 파괴적인 성향을 다루는 것을 돕기 위해 예수님께서는 매우 실제적인 방법으로 접근하셨다. 마태는 이렇게 기록했다. "만일 네 손이나 네 발이 너를 범죄하게 하거든 찍어 내버리라. 장애인이나 다리 저는 자로 영생에 들어가는 것이 두 손과 두 발을 가지고 영원한 불에 던져지는 것보다 나으니라"마 18:8. 비록 선동적인 문구를 사용하고 있지만 이 메시지가 강조하는 바는 분명하다. 자신의 어두운 성향과 깨어짐을 직면하기 위해서 필요하다면 무엇이든 해야 한다는 것이다. 예수님은 또한 이렇게 말씀하셨다. "누구든지 나를 따라오려거든 자기를 부인하고 자기 십자가를 지고 나를 따를 것이니라"^{막 8:34}. 인내와 훈련, 고통은 영적 성장과 발전에 따르는 불가피한 현실이다.

이제 변화의 필요를 깨달았고, 절제와 참여의 훈련을 통해 자신의 문제를 다루는 법을 배웠던 두 사람의 예를 살펴보자.

에밀리 에밀리는 자신을 광적일 정도로 사교적인 성향을 지닌 '지나치게 감정적인 사람'으로 묘사했다. 그녀는 마비될 만큼 심각한 불안과 힘겹게 싸워 왔다. 일할 때를 제외하면 항상 전화기를 붙들고 있든지, 친구들을 직접 만나서 자신의 염려를 토로했다. 애정결핍을 보이는 자신의 모습에 지친 그녀는 좀 더 큰 확신을 갖고 살기 원했다. 그래서 실험을 하며 정서적인 안정을 얻기 위해 노력하기로 결심했다. 가장 먼저 사교적인 외출을 매주 하룻밤으로 제한했고, 매일 아침 30분씩 기도하며 감사 일기를 쓰기로 서약했다. 그리고 자신이 쓰는 부정적인 염려의 말을 더 잘 깨닫기 위해 친구들에게 도움을 구했다. 친구들은 그녀에게서 부정적인 말을 듣게 되면, 감사의 내용 다섯 가지를 이야기하도록 요청했다. 처음에는 홀로 있는 침묵과 고요의 시간이 두려웠다. 그러나 시간이 지나면서 기도하고 일기를 쓰는 시간은 그녀의 불안정한 감정 상태와 극단적인 성향에 영향을 미치는 내면의 문제를 이해하게 해주었다. 그녀는 자신의 두려움을 하나님께 전적으로 맡기는 법을 배웠다. 또한 신뢰할 수 있는 상담자와 함께 새롭게 드러난 또 다른 문제를 해결하기 위해 용기를 냈다.

케빈 케빈은 인터넷 포르노를 강박적으로 이용하면서 어려움에 처했다. 일탈을 반복하면서 그로 인한 죄책감과 우울증, 무력감을 느꼈다. 그는 행동 자체에 집중하기보다 중독에 영향을 미치는 다른 요인을 찾아보기로 했다. 그러면서 자신이 보통 다른 가족이 모두 잠든 늦은 시간에 스트레스 해소를 위해 포르노를 시청한다는 사실을 발견했다. 그는 저녁식사 후에 컴퓨터를 켜지 않고 매일 아침 일찍 일어나 운동을 하며 밤 10시에는 잠자리에 들기로 서약했다. 이 약속을 지키면서 케빈의 포르노 사용 빈도수는 급격히 줄었다. 이른 아침의 운동은 훌륭한 스트레스 해소법이 되었고 밤 10시에 잠잘 준비를 하는 데 도움이 되었다. 그리고 컴퓨터 사용을 제한함으로써 저녁 시간을 더 건설적이고 사교적인 일에 쓸 수 있음을 발견했다. 케빈은 유혹의 순간에 무력감을 느꼈지만 애초에 다른 요인들을 통제하며 유혹에 빠질 가능성을 줄일 수 있다는 사실을 발견했다.

────── 사랑의 나라에서 사는
　　　　삶의 비전

그룹 실험 초기에 새로운 것들을 실천하는 데에는 많은 노력이 들었다. 예전보다 훨씬 엄격한 훈련이 필요했다. 그 과정 중에 처음으로 배운 교훈 가운데 하나는, 사실 우리는 약속을 잘 지키지 않으며 "옳다", "아니다"라고 정직하게 말하지 않는 성향을 가졌다는 점이다 마 5:37. 때로 우리는 분명한 근거에 의해서가 아니라, 단지 그것이 위험하며 진보적이고 극단적으로 보인다는 이유로 실험을 선택한다. 아니면 새로운 실천을 채택하는 것에 너무 집중하느라 애초에 그것을 선택한 이유를 잊고 만다. 시간이 흐르는 동안, 우리는 실험과 실천을 향한 위대한 비전을 기억하는 일이 얼마나 중요한지를 배웠다.

우리는 예수님의 도를 실천하며 사랑의 나라가 이 시대에 이루어질 수 있다는 비전에 감동을 받는다. 예수님은 생명을 '풍성히' 얻게 하려고 오셨다고 말씀하셨다요 10:10. 또한 하나님과의 관계가 회복된 상태인 영생을 현재도 경험할 수 있으며 영원히 누릴 수 있다고 말씀하셨다요 17:3. 우리 생명의 근원과 힘은 하나님의 생명이다. 간단히 말해, 예수님의 도는 하나님 나라에서 사는 삶이다. 우리는 이것을 실제로 경험하며 살도록 창조되었다. 구약 성경에 나오는 가장 중요한 두 가지 명령은 온몸과 마음을 다해 창조주 하나님을 사랑하고신 6:5, 자기를 사랑하듯이 이웃을 사랑하라는 것이다레 19:18. 다시 말해, 우리는 정의를 행하고 인자를 사랑하며 겸손히 하나님과 행하도록 지음 받았다미 6:8.

예수님은 하나님 나라에서 사는 삶에 대한 상상력과 열망을 일깨우기 위해 듣는 사람과 직접 연관된 비유와 이야기를 사용하셨다. 주님은 종종 "하나님 나라는 … 와 같다"는 말씀으로 시작해서 "커다란 나무로 자라나는 조그만 씨앗", "반죽 전체를 부풀게 하는 누룩" 또는 "잃어버렸다 다시 찾은 양 한 마리" 이야기로 나아가신다. 우리는 빵을 만들고 농사를 짓는 일에 익숙하지 않기 때문에 하나님 나라에서의 삶을 떠올리게 해줄 새로운 심상이 필요하다. 내가 가장 좋아하는 표현 중 하나는 하나님 나라가 … 춤과 같다는 것이다.

창조의 새벽 이후 하나님의 노래가 온 세상에 울려 퍼졌다. 우리는 이 노래를 듣고 리듬에 맞춰 각자 고유한 춤을 추도록 창조되었다. 대부분의 피조물이 하나님의 노래에 맞춰 본능적으로 춤추는 반면, 우리 인간은 노래를 듣고 반응할지 여부를 선택한다. 우리는 점차 하나님의 노래에 귀 기울이기를 멈췄고, 결국 노래의 가사와 음률을 듣지 못하게 되었다. 그리고 서로를 공격하게 만드는 폭력적인 리듬의 다른 노래를 발견했다. 원래의 춤은 기억 속에서 점점 희미해졌지만, 여전히 우리의 마음속에는 그 춤에 대한 갈망이 남아 있다. 시인과 선지자들은 우리에게 그 노래를 일깨워 다시 춤추게 하기 위해 보냄을 받았다. 마침내 하나님의 아들이 오셔서 우리의 들리지 않는 귀를 치료하여 다시 하나님의 노래 리듬에 맞춰 춤출 수 있도록 가르쳐 주셨다. 그분은 우리를 치유하기 위해 큰 대가를 치르셨다. 처음에는 적은 무리의 사람들이 참으로 아름답고 생명력이 넘치는 음악을 듣기 시작했고, 하나님의 노래에 매료된 그들은 더 이상 자신의 음악에 맞춰 춤추는 것을 원하지 않게 되었다. 점점 많은 사람들이 결국 온 세상을 매혹시킬 춤을 추고 있다. 우리는 같은 노래를 듣고 거룩한 아리아의 리듬에 맞춰 움직이는 큰 무리가 될 것이다.

뱅그라(펀자브 지방의 민속 음악과 팝 음악을 접목한 춤곡 - 역주)부터 살사, 플라멩코, 폴카에 이르기까지 전통 음악에 맞춰 열광적으로 춤추는 사람들의 모습은 다른 어떤 광경보다 감동적이다. 나는 하나님의 노래에 맞춰 춤추는 법을 배워 간다는 비유를 좋아한다. 그것은 변화가 점진적인 과정임을 깨닫게 해주기 때문이다. 당신은 음악 소리에 깨어나 서서히 리듬에 맞춰 몸을 움직이는 법을 배운다. 춤을 추라는 말에 대부분의 사람들은 고민한다. 정말 춤을 춰도 될까? 내가 춤추는 법을 기억할까? 몸을 움직이려고 애쓰는 내 모습을 다른 사람들이 보아도 괜찮을까? 배움의 실험실에서는 종종 음악을 틀고, 조명을 낮추고, 모든 사람을 일으켜 세워 이 비유를 자연스럽게 경험하도록 초대한다. 음악의 리듬을 느끼도록 사람들을 격려하고 직접 몇 가지 간단한 동작을 다소 우스꽝스럽게 보여 준다. 처음에는 조금 망설이지만 사람들은 점차 자신을 잊고 팔과 다리, 엉덩이를 움직이기 시작한다. 방에 모인 사람들은 이내 노래의 리듬에 따라 부드럽게 움직인다. 사람들은 자신이 얼마나 자유롭고 풍부한 표현력을 가졌는지를 깨닫고 놀란다.

의식적인 실험과 실천을 통해 우리는 음악을 듣고 반응하고 움직이며 다시 하나님의 노래에 맞춰 춤추는 법을 배운다. 예수님의 도를 실천하는 데 있어, 하나님 나라의 비전은 음악이며 예수님의 가르침은 댄스 스텝이다. 예수님의 본과 가르침은 사랑의 나라에서의 삶이 어떤 것인지를 우리에게 보여 준다. 나는 친구들과 함께 복음서, 그중에서도 특히 공관복음서(마태, 마가, 누가복음)를 연구하며 예수님의 제자가 되는 법에 대한 구체적인 가르침이 40개에서 50개 정도 있다는 것을 발견했다(이에 대해서 2부에서 더 자세히 살펴볼 것이다). 우리는 많은 가르침을 추적해서 찾고 기억하는 일이 쉽지 않음을 곧 깨달았다. 그래서 이러한 가르침을 정리하여 분류할 수 있는 '틀'을 찾기 시작했다.

예수님의 가르침은 인간의 경험 가운데 다섯 가지 기본 주제를 다룬다. (1) 정체성(나는 누구인가?), (2) 존재 목적(나는 왜 여기에 존재하는가?), (3) 안전(어떻게 살아남고 형통할 것인가?), (4) 공동체(어떻게 서로 속할 것인가?), (5) 자유와 평강(유혹과 고통에 대해 무엇을 할 것인가?). 이러한 주제는 신약의 서신서와 주기도문에 잘 나타나 있어 쉽게 기억할 수 있다. 예수님이 가르치신 기도에는 우리가 창조된 삶의 비전이 담겨 있다. 그래서 예수님은 이를 따라 기도하라고 제자들에게 가르치셨을 것이다.마 6:9-13. 여기 예수님이 가르치신 삶의 모습이 있다.

1. 정체성 · "하늘에 계신 우리 아버지여, 이름이 거룩히 여김을 받으시오며."
창조주는 우리 곁에서 항상 우리를 돌보신다. 우리는 누구인가? 우리의 호흡보다 더 가까이에 계시는 창조주 하나님은 우리를 매우 사랑하신다. 우리는 혼자가 아니며 버림받지 않았다. 하나님의 자녀라는 이유만으로 사랑과 보살핌을 받는다. 사랑받기 위해 노력하고 하나님께 빌거나 설득하려 애쓸 필요가 없다. 우리에게는 이 땅에서의 부모가 존재하지만, 우리 본향의 진정한 부모는 영원한 하나님 아버지Abba시다. 우리는 영원한 부모이신 하나님과 친밀한 연합을 이루고 생명을 공급받도록 지음 받았다. 다른 어떤 것도 우리에게 완전한 만족을 줄 수 없다. 우리는 우리를 창조하신 하나님이 항상 우리에게 가장 관심을 기울이고 계신다는 점을 신뢰하며, 구원자이며 스승이신 예수님께 전적으로 순종한다. 우리가 "하늘에 계신 우리 아버지, 아버지의 이름을 거룩하게 하시고"라는 말로 기도하는 이유도, 부름 받은 목적도 바로 이런 삶을 살기 위해서다. 예수님의 제자는 삼위일체 하나님과 교감을 나누는 가운데 정체성을 찾는 법을 배운다.

2. 존재 목적 · **"나라가 임하시오며 뜻이 하늘에서 이룬 것같이 땅에서도 이루어지이다."** 우리는 영원하신 하나님의 숭고한 뜻과 치유하는 사랑을 이루기 위해 지음 받았다. 우리는 왜 여기에 존재하는가? 보라! 창조주 하나님은 깨어진 것을 회복하시며, 모든 사람이 존재의 근원으로 돌아오도록 초청하신다. 우리는 자신이 원하는 것을 행할 때가 아니라, 창조주의 열망과 창의력에 온전히 순종할 때 가장 깊고 큰 기쁨과 만족을 발견하도록 창조되었다. 우리는 이 세상의 빛이다. 그중에서도 특히 가난한 자, 약한 자, 고통당하는 자들에게 하나님의 치유와 정의, 사랑을 가져오는 사역자다. 따라서 위대한 사람이 되거나 신뢰를 얻고자 고민할 필요가 없다. 하나님 아버지는 우리가 사랑으로 섬기는 선한 일을 보실 뿐만 아니라 알고 계신다. 우리는 하나님의

통치가 우리 삶의 여정 가운데 우리가 향하는 모든 장소, 만나는 모든 사람에게 임하기를 구할 수 있으며, 또한 하나님이 회복하신 자유가 흘러넘치리라고 기대할 수 있다. 우리가 "아버지의 나라가 오게 하시며 아버지의 뜻이 하늘에서와 같이 땅에서도 이루어지게 하소서"라고 기도하는 이유도, 부름 받은 목적도 바로 그런 삶을 살기 위해서다. 예수님의 제자는 하나님의 창조와 회복의 사역을 가장 중요한 우선순위로 삼는 법을 배운다.

3. 안전 · "오늘 우리에게 일용할 양식을 주시옵고." 하나님은 우리에게 필요한 모든 것을 풍성하게 공급하신다. 어떻게 살아남으며 형통할 것인가? 우리는 창조주의 부요하심에 의지해 계속 살아가며 창조주 하나님은 우리가 구하는 것을 주시기를 기뻐하신다. 항상 필요한 것을 받기에 탐욕을 부릴 필요가 없으며 우리의 소유를 함께 나눌 수 있다. 미래나 죽은 후에 일어날 일을 비롯해 어떤 것도 걱정하거나 두려워할 필요가 없다. 오직 보이는 것에만 의존해 살아가며 재물을 쌓는 이들을 질투할 필요가 없다. 우리는 우리의 참된 필요를 공급하시는 분을 알기에 자족과 감사의 마음과 관대한 태도로 자유롭게 살아간다. 우리가 "오늘 우리에게 일용할 양식을 주시옵고"라는 말로 기도하는 이유도, 부름 받은 목적도 바로 그런 삶을 살기 위해서다. 예수님의 제자는 창조주가 공급하시는 자원으로 살아가는 법을 배운다.

4. 공동체 · "우리가 우리에게 죄 지은 자를 사하여 준 것같이 우리 죄를 사하여 주시옵고." 무한한 사랑의 근원을 가까이하면 우리가 서로 맺는 관계도 온전히 변화될 수 있다. 어떻게 서로 속할 것인가? 우리는 다른 사람들과 함께 나눌 수 있는 영원한 사랑의 근원을 가졌으며, 무한히 사랑받고 있다. 또한 하나님께 용서받았기에 부당한 일을 당할 때에도 용서할 수 있는 힘을 얻는다. 깨어진 관계는 회복될 수 있으며, 서로 평화를 누리며 살아갈 수 있다. 사랑은 분노와 쓴 마음, 정욕과 판단하는 마음 없이 살도록 우리에게 자유를 준다. 우리는 서로 진실하고 정직하게 대하며, 약속을 지키고 심지어 우리를 이용하고 미워하는 사람조차 사랑하며 축복할 수 있다. 사랑은 모든 것을 넉넉히 이기기 때문이다. "우리가 우리에게 죄 지은 자를 사하여 준 것같이 우리 죄를 사하여 주시옵고"라고 기도하는 이유도, 부름 받은 목적도 바로 그런 삶을 살기 위해서다. 예수님의 제자는 사랑받는 자이기에 또한 사랑하는 법을 배운다.

5. 자유와 평강 · "우리를 시험에 들게 하지 마시옵고 다만 악에서 구하시옵소서." 우리는 유혹을 이기며 고통 가운데에서도 평강을 누릴 수 있다. 유혹과 고통에 대해 우리가 무엇을 할 수 있을까? 우리와 함께하시는 창조주 하나님의 실재와 권능에 눈뜨라. 우리에게는 어떤 장애물도 극복할 수 있는 힘이 있으며 감정이나 충동, 규칙과 규율의 횡포에 지배당할 필요가 없다. 지치고 피곤하며 스트레스를 받고 슬플 때 파괴적인 습관이나 강박증에 휘둘릴 필요가 없다. 우리는 어떤 유혹

이든 극복할 수 있고 어떤 어려움이든 견딜 수 있다. 우리가 가장 약한 그 순간에 은혜가 임하며 고통의 때에도 우리는 평강을 누릴 수 있다. 어떤 일도 우리를 영원한 사랑의 근원에서 떼어 놓을 수 없다. 우리가 "우리를 시험에 들게 하지 마시옵고 다만 악에서 구하시옵소서"라고 기도하는 이유도, 부름 받은 목적도 바로 그런 삶을 살기 위해서다. 예수님의 제자는 자기를 부인하고, 분열된 세상에서 어려움을 견디는 법을 배운다.

우리는 예수님의 희생과 부활의 기적을 통해 놀라운 삶을 살도록 부름 받았다. 하나님의 사랑의 나라에서 살아가는 삶에 대한 이 같은 묘사는 너무도 좋아서 사실이 아닌 것처럼 느껴질 수도 있다. 완전한 신뢰와 확신 속에 분노와 질투, 정욕 없이 매 순간 하나님의 사랑에 응답하며 살아가는 삶을 상상해 보라. 하나님 나라에서 사는 삶을 경험하기 위한 첫 번째 단계는 실현 가능한 일에 대한 비전을 품고 이를 소원하는 것이다. 다음과 같이 마음에 품은 뜻을 말하는 것 또한 도움이 된다. "나는 하나님의 사랑받는 자녀로서 하나님과의 친밀감을 맛보기 원합니다. 또한 세상에서 하나님의 창조와 구속 사역에 동참하기 원합니다. 걱정과 질투, 정욕 없이 살아가기 원합니다. 내가 용서와 사랑을 받은 것처럼 다른 사람을 용서하고 사랑하기 원합니다. 유혹에 맞서 싸우며 승리하고 고통의 때에 하나님의 평강을 느끼기 원합니다."

예수님의 도를 실천하는 것은 하나님의 사랑의 나라에서 사는 삶을 상상하고 열망하며, 그 실재를 누리고 살아가기 위해 우리의 내면과 행동으로 분명한 변화를 일으킬 때 시작된다. 우리는 이어지는 다음의 두 질문에 대답하라는 부르심을 받는다. 우리는 무엇을 원하는가? 그리고 누구를 찾기 원하는가?

_____ 토론

- **가속도 얻기** 이번 장의 앞부분에서 소개된 40일 실험에 대해 읽어 보라. 어떤 생각과 느낌이 들며, 어떻게 반응하게 되는가? 다른 사람들과 연대하여 이와 같은 순종의 위험을 감수했던 적이 있는가?

- **은혜와 수고** 하나님 나라의 삶을 경험하기 위한 우리의 노력과 그리스도의 사역으로 값없이 얻은 하나님의 은혜 사이에는 어떤 관계가 있는가?

- **훈련의 역할** 영적 성장을 위해 육체적, 정신적 훈련이 필요한 이유는 무엇인가?

- **하나님 나라** 예수님의 도를 실천하도록 이끌어 주는 하나님 나라의 비전을 어떻게 설명할 것인가?

- **경험** 예수님의 가르침에서 다음의 다섯 가지 기본적인 질문을 어떻게 소개하고 있는지 토론해 보라.
    - 정체성(나는 누구인가?)
    - 존재 목적(나는 왜 여기에 존재하는가?)
    - 안전(어떻게 살아남으며 형통할 것인가?)
    - 공동체(어떻게 서로 속할 것인가?)
    - 자유와 평강(유혹과 고통에 대해 무엇을 할 수 있는가?)

- **열망** 하나님 나라에서의 삶은 비전과 열망에서 시작된다. 예수님은 자주 사람들에게 이렇게 물으셨다. "내가 너희에게 무엇을 해주기 원하느냐?" 돌아가며 이 질문에 서로 답해 보라. 예수님이 당신을 위해 무엇을 해주시기 원하는가? 하나님 나라에서의 삶을 통해 전적인 변화가 일어나기를 가장 열망하는 곳은 어디인가?

_____ 적용

다른 사람을 위해 주기도문으로 기도해 보라 주기도문이 우리가 창조된 삶을 요약하고 있다면, 자신과 서로를 위해 이 기도를 드리는 것은 사랑의 나라에서의 삶에 대한 열망을 표현하고 훈련하는 강력한 방법이 될 수 있다. 짝을 지어 서로 눈을 바라보며 각자의 상황에 맞게 말을 바꾸어 주기도문으로 기도하라. 예를 들어, 다음과 같이 기도할 수 있다. "하나님, 주님은 브라이언의 참된 부모이십니다. 그가 하나님의 사랑받는 자녀로서 자신의 정체성을 깨닫고 오늘 하루 매 순간 주님의 임재를 깨달을 수 있도록 도와주세요."

정체성 "하늘에 계신 우리 아버지여 이름이 거룩히 여김을 받으시오며."

존재 목적 "나라가 임하시오며 뜻이 하늘에서 이루어진 것같이 땅에서도 이루어지이다."

안전 "오늘 우리에게 일용할 양식을 주시옵고."

공동체 "우리가 우리에게 죄 지은 자를 사하여 준 것같이 우리 죄를 사하여 주시옵고."

자유와 평강 "우리를 시험에 들게 하지 마시옵고 다만 악에서 구하시옵소서."

5
실천은 어떻게 우리를 변화시키는가

내면과 밖을 향한 변화의 여정

> 하나님의 나라는 말에 있지 아니하고 오직 능력에 있음이라.
>
> 고린도전서 4:20

영적 성장이라는 말은 고독한 자기 성찰과 기도에 관한 고전 읽기, 정기적으로 영적 지도자를 방문하는 일을 떠올리게 한다. 우리는 나이가 들수록 이런 활동에 더 큰 관심을 가지며, 의도하든 아니든 주로 내적인 삶에 초점을 맞추는 경향이 있다. 영적 성장에서 내적인 여정은 분명히 중요하다. 그러나 내적인 여정과 예수님의 도를 능동적, 공동체적으로 추구하는 것 사이에는 긴장이 유지되어야 한다.

영적 성장이 진행 중이라면, 예수님을 따르는 제자도의 내적인 측면과 외적인 측면을 서로 어떻게 통합할지에 대해 이해할 필요가 있다. 예를 들어, 봉사와 같은 '외적인 훈련'을 하다 보면, 좀 더 용기 있게 사랑을 표현하기 위해 내면의 변화가 필요한 영역을 깨닫게 된다. 또한 기도와 같은 내적인 훈련이 올바로 행해질 때, 우리는 행동으로 사랑을 나타내라는 성령님의 촉구를 더 잘 깨닫는다.

초대교회 시대 제자들의 삶에서 내적인 실천과 외적인 실천이 함께할 때 하나님의 능력과 어떻게 상호작용을 일으켜서 전적인 변화를 일으키는지 적절히 묘사해 주는 예화가 있다. 베드로와 요한은 기도하기 위해 성전으로 올라가는 중에 문 옆에서 걷지 못하는 걸인을 보았다. 그가 돈을 달라고 구걸했을 때 베드로는 이렇게 말했다. "은과 금은 내게 없으나 … 나사렛 예수 그리스도의 이름으로 걸으라." 베드로가 일으켜 세우자 그의 다리는 기적처럼 힘을 얻었다. 또한 함께 "걷기도 하고, 뛰기도 하며, 하나님을 찬송하며" 성전 뜰 안으로 들어갔다.행 3:1-10.

이 이야기의 자세한 내용은 우리에게 몇 가지 깨달음을 준다. 첫 번째, 독실하고 훈련된 유대인이었던 베드로와 요한은 정해진 기도 시간에 성전으로 향하는 길이었다. 두 번째, 그들은 함께 갔다. 세 번째, 베드로는 가진 돈이 없었다. 아마도 예수님이 예전에 가르치신 대로 가진 것을 모두 나누어 주었기 때문일 것이다. 또 베드로는 예수님을 본받아 소외된 사람의 필요를 보고 행동을 촉구하는 성령님의 음성에 귀 기울이는 법을 배웠다.

이 장에서는 내적인 훈련과 외적인 훈련이 역동적으로 함께할 때, 어떻게 개인의 변화뿐 아니라 사회 변화까지 이루어 내는지를 열린 초대 실험을 통해 보여 주고자 한다.

★ ★ ★

지금처럼 전 세계가 하나로 긴밀하게 연결되어 개인의 선택이 지구 반대편에 있는 사람에게까지 영향을 미치는 세상에서 "네 이웃을 네 몸과 같이 사랑하라"는 말은 무슨 뜻일까? 노예 해방Abolition 프로젝트는 바로 이 질문에서 시작되었다. 이 프로젝트는 지역을 넘어 전 세계적인 문제가 된 인신매매를 다루고자 기획된 6주간의 실험이었다. 현재 전 세계 인구 가운데 약 2,700만 명이 노동 착취나 성 노예업으로 인한 해악을 입고 있는 것으로 추정된다. 몇몇 사람들은 실험 시작에 앞서 인신매매 문제에 대해 스스로 공부하는 시간을 가졌다. 그리고 피해자를 위해 봉사하고 후원하기 위해 할 수 있는 일을 확인하려고 지역 단체 대표들을 만났다. 우리의 목표는 참여자가 자비로우며 상황에 대해 제대로 알고 행동하는 사람이 되도록 돕는 것이었다. 이와 더불어 프로젝트에 초대한 이들과 공유할 목표와 일을 목록으로 정리했다.

1. 사랑과 정의, 지지에 대한 예수님의 가르침을 어떻게 적용할지 고민하라.
2. 인신매매 문제와 그 규모에 관해 책 읽기와 조사, 근린 지역 걷기와 같은 활동을 통해 더 많은 정보를 얻으라.

3. 우리의 개인적인 선택이 노예화 문제에 어떤 영향을 미치는지 조사하고 공정 거래 무역에 기여하기 위해 일상의 소비 방식을 변화시키라.
4. 근린 지역을 평가하고 성 매매업에서 빠져나온 이들을 돕는 단체를 지원함으로써 피해자를 구체적으로 돌보라.
5. 거주 지역, 지방자치 단체, 중앙정부의 담당 공무원에게 편지를 써서 피해자들에 대한 정치적인 지지를 표명하라.
6. 피해자들을 돕는 단체에 시간과 재정 후원을 하고 인식 개선과 모금 캠페인을 통해 친구들의 도움과 후원을 요청하라.
7. 인신매매 피해자와 압제자를 위해 매주 금식하며 기도하라.

우리 가운데 대부분의 사람들은 인신매매 문제에 대해 이미 긍휼의 마음을 품고 있다. 우리가 매일 구입하는 물품이 사실 노예 공급 구조를 통해 생산된다는 사실도 알게 되었다. 또한 기업이나 공공기관에 편지를 쓰는 일이 지지를 표명하는 중요한 방법이라는 사실도 알았다. 그러나 이 프로젝트를 통해 우리는 연대감과 추진력 그리고 우리가 가진 모든 선한 생각을 실천에 옮길 수 있는 조직을 얻었다.

우리는 노예 해방 프로젝트 기간 동안 스트립클럽과 안마 시술소로 유명한 지역 인근의 차이나타운에서 모였다. 그 지역의 많은 곳에서는 인신매매와 연관된 불법적인 성 매매업이 성행하고 있었다. 서로 거칠게 실랑이하며 싸구려 마약을 파는 사람들, 길 한복판에서 다투는 사람들의 비참한 모습을 마주치지 않고서는 건물 안에 들어갈 수도 없었다. 저녁 7시 10분이 되자 부족 지도자 가운데 한 명인 대니가 정중히 모임의 시작을 알렸고 모두가 함께 이 기도를 드렸다.

> 저를 주님의 치유와 정의의 사역자로 삼아 주소서.
> 고통당하는 그들과 함께 울게 하시고
> 목소리조차 낼 수 없는
> 우리의 형제자매를 위해 말하게 하소서.
> 사랑이 탐욕에 승리하는
> 그 싸움에 함께하겠습니다.
> 사로잡힌 이들을 위해 저를 사용하여 주시고
> 노예로 살아가는 모든 이들이 자유를 얻을 때까지
> 해방자를 더 많이 보내 주소서.

대니는 몇 마디 격려의 말을 건넨 후에 점검을 위해 20분간 소그룹으로 모이게 했다. 모든 인도자들은 토론을 원활하게 진행하기 위해 목록에 있는 간단한 질문을 사용했다.

- 여러분은 일주일 동안 소비 방식을 변화시키겠다는 약속을 얼마나 지켰습니까?
- 기도와 금식 시간은 어땠습니까? 그리고 어떤 종류의 금식을

선택했습니까?
- 일주일 동안 인신매매에 관해 조사하며 알게 된 가장 중요한 사실에 대해 이야기해 보십시오.

사라가 다시 모일 시간임을 알렸을 때 방 안은 이야기 소리로 여전히 웅성거리고 있었다. 그리고 다음 한 주간 우리가 봉사할 단체의 직원들이 그 지역의 인신매매 피해자를 어떻게 도울 수 있을지 설명하기 위해 와 있었다. 그들은 우리 사회에 존재하는 여성의 성 착취를 고착화하는 신화를 설명했다. 그런 신화 가운데 하나는 여성들이 몰래 섹스를 즐기고 재정적으로 돈벌이가 된다는 이유로, 자발적으로 성 매매업에 종사하기로 결정한다는 것이다. 한 사회복지사는 모든 매춘 여성이 그런 것은 아니어도 거의 대부분이 강요와 속임수, 절망적인 재정 상황이나 중독 때문에 성 매매에 연루된다고 말했다. 그녀는 이렇게 말했다. "이 여성들은 국경을 넘어 짐짝처럼 옮겨지거나 국내에서는 가족이나 남자 친구 때문에 강제로 성 매매업에 몸담게 된 인신매매의 피해자들입니다." 그녀는 또한 이렇게 말했다. "두 번째 신화는 성 산업의 수요자인 남성과 관련된 사회 경제 배경과 문화 배경에서 기인합니다. 많은 남성이 다수의 파트너와 성 관계를 맺으면 더 정력적이고 남자다워진다는 잘못된 인식을 가지고 있습니다."

나는 이야기를 듣고 몹시 동요되어 인터넷 상에 급히 이런 글을 썼다. "성과 관련하여 인신매매 문제에 접근할 때 중요한 측면은 문화 가운데 널리 퍼져 있는 남성성과 성에 관한 신화에 맞서는 것이다. 여성은 대상화되는 것이 아니라 사랑받고 소중히 다루어지기 원한다. 진정한 남성성은 성적으로 얼마나 많은 여성을 정복하느냐가 아니라 상대방을 존중하고 정절을 지키는 것으로 나타난다. 예를 들어, 포르노는 개인의 도덕성 문제일 뿐만 아니라 정의와 인권과 관련된 문제다."

발표에 이은 짧은 질의응답 후에, 사라는 피해자 여성의 예로 잘 알려진, 요한복음 4장에 나온 예수님과 우물가 여인의 이야기를 설명했다. "여성이 쉽게 이혼당하고 이용당하기 쉬웠던 남성 중심의 사회에서 이 여인은 결혼하지 않은 남성과 친밀한 관계를 맺고 함께 살고 있습니다. 이것은 다섯 명의 전 남편에게 이혼당한 후 그녀가 느낀 절망감 때문이었을 것입니다. 소외당하고 명예롭지 않은 여성만이 하루 중 가장 더운 시간에 물을 길러 나올 것입니다. 예수님은 그녀와 이야기를 나누면서 그녀의 존엄성과 가치를 인정해 주셨습니다. 그럼으로써 기존 문화와 정반대의 방법으로 이 '부정한' 사마리아 여인을 사랑하셨습니다."

사라는 그곳에 모인 사람들에게 짝을 이루어 거리로 나가 우리 시대의 사마리아 여인을 찾아보도록 권했다. "예수님이 그러셨던 것처럼 누군가를 만나 그녀의 존엄성과 가치를 발견하도록 노력하십시오."

나는 애덤과 함께 건물을 떠나 교차로를 향해 빠르게 걸어갔다. 우리는 어느새 안마 시술소 앞에 서 있었다. 나는 망설이며 굳게 닫

힌 철문 위의 초인종을 눌렀다. 잠시 후 소리를 내며 잠금 장치가 열렸다. 우리는 계단을 내려가 내부를 가리고 있는 건물 모퉁이를 돌아 거리의 시선이 차단된 대기실로 들어갔다. 짙은 화장을 하고 하이힐을 신은 란제리 차림의 60대 초반의 여성이 반갑게 우리를 맞이했다. "안마를 받고 싶으신가요?" 그녀는 이렇게 묻고는 요금에 대해 설명하며 덧붙여 말했다. "여러분께 봉사할 예쁜 소녀들이 많이 있답니다." 우리는 정중히 양해를 구하고 서둘러 계단을 뛰어 올라갔다. 내 마음은 산산이 부서져 내렸다. 성 매매의 세계로 들어가는 것이 이렇게 쉬울 줄 누가 알았겠는가? 우리는 굳게 잠긴 문 뒤에 있는 팔려 온 소녀들로부터 겨우 몇 발자국 떨어진 곳에 서 있었다.

몇 분 후 프로젝트에 참여하는 두 명의 여성이 똑같이 초인종을 눌렀지만 그들은 다음과 같은 퉁명스러운 답을 들었다. "지금 바빠요. 딴 데 가서 알아보세요." 이로써 그 사업의 참된 본질이 치료보다는 성적인 데 있다는 우리의 의심이 증명됐다.

열여덟 살 소녀의 스트립쇼를 보러 오라고 건장한 남자들이 호객 행위를 하고 있었다. 우리는 그 스트립클럽을 지나 아래쪽으로 계속 걸어갔다. 나는 문을 지키는 남자들 뒤에 수줍게 서 있는 어린 두 여성의 눈을 들여다보았다. 10대 특유의 여드름 자국을 가리기 위해 짙은 화장을 하고 있었지만, 하이힐과 미니 드레스 차림으로도 결코 숨길 수 없는 자의식의 흔적이 그들의 표정에 남아 있었다. 9시 정각에 우리는 탐험의 기록을 비교하기 위해 다시 캐머런 하우스에 모였다. 사라는 잠시 홀로 시간을 가지며 방금 경험한 것에 대한 기도시를 써보라고 요청했다. 다음은 내가 썼던 글의 일부다.

> 하나님, 마음이 무너져 내립니다. 50달러면 밀입국 여성의 겁먹은 손에서 30분간의 유희를 살 수 있는 도시에 살고 있다는 사실 때문에 제 심장은 무너져 내립니다. 영화표 한 장 값도 안 되는 돈으로 열여덟 살의 소녀가 존엄성을 벗어 던지는 것을 볼 수 있는 동네에 살고 있다는 사실에 마음이 깨어집니다. 집에서 컴퓨터와 휴대전화로 은밀하고도 싼 값에 이 가운데 어떤 것이든 간접적으로 참여할 수 있는 시대를 살고 있다는 사실 때문에 제 마음은 무너집니다. 저 자신부터가 사마리아 여인을 존중하는 마음과 인간을 상품화하고 무시하는 시대 성향 사이를 오갔다는 것을 알기에 마음이 무너집니다. 인간을 노예화하는 기저에는 사랑과 신뢰, 정절로는 얻을 수 없는 것을 소유하고 싶어 하는 탐욕이 존재하고 있음을 알기에 마음이 상합니다.

기도시를 함께 읽고 직접 경험한 이야기를 전하면서 방 안의 분위기는 손에 잡힐 듯이 고조되었다. 몇 명은 울기 시작했고 어떤 이는 사람을 물건으로 간주하는 자신의 충동에 직면했으며, 또 다른 이는 탐욕스런 행위로 인해 그 존엄성을 짓밟은 여리고 여린 소년소녀의 삶의 실상을 깨닫고 동요했다.

우리가 모인 건물은 젊고 용감했던 선교사 도널디나 캐머런Donaldina Cameron의 이름을 따서 붙인 건물이었다. 1870년대 그녀는 성 매매의 목적으로 샌프란시스코로 팔려 온 소녀들을 구출하는 일을 시작했다. 모임을 마치고 3층 건물의 계단을 내려가 도널디나가 소녀들의 '주인'들로부터 그들을 숨겼던 지하 터널로 향했다. 앞서 간 해방자들이 사마리아 여인을 환대하고 지키며 돌봤던 장소를 보기 위해 우리는 차례대로 비좁은 통로를 기어 내려갔다.

────── 변화의
　　　　역동성

내가 만물을 새롭게 하노라!
요한계시록 21:5

앞에서 설명한 열린 초대 그룹 실험의 예에서, 그날 저녁 모임에 드린 기도, 소그룹 점검과 토론, 성경의 가르침, 새로운 정보, 실천 지향적 반응, 창조적인 성찰과 같은 다양한 요소들을 파악했을 것이다. 이날 모임은 유달리 가슴 아픈 시간이었지만, 우리는 어떤 실험이든 가능하면 변화의 다양한 측면을 살펴보고 통합적으로 접근하고자 애썼다. 다음은 실험을 기획할 때마다 유념하려 애썼던 실험의 역동성을 설명한다.

1. **변화는 새로운 비전을 통해 일어난다** 변화는 진정 새로운 비전과 믿

음, 관점에서 시작된다. 우리는 그룹 실험에서 기존의 문화에 반대되는 하나님 나라의 실재를 경험할 특별한 방법을 찾는다. 하나님이 우리가 사는 세상에서 살아 역사하시며 치유와 정의의 사역자로 우리를 부르신다는 비전은 노예 해방 프로젝트에 대한 동기 부여가 되었다. 우리가 공유한 행동과 실천의 동기가 되는 더 큰 비전을 서로에게 지속적으로 상기시키는 일은 유익하며 꼭 필요한 일이기도 하다. 비전이 명시된 기도문을 만들어 모임을 시작하고 마치는 시간에 반복하라. 그것은 우리가 왜 이런 일을 행하는지 그 이유를 깨닫게 도와준다.

2. 변화는 새로운 경험을 통해 일어난다 우리는 행동을 통해 예수님의 도를 실천하는 참뜻을 이해하게 된다. 새로운 장소에 가고 새로운 사람을 만나며 새로운 활동을 함으로써 겪는 불안정은, 변화를 위한 공간을 창조할 수 있도록 도와준다. 자신이 가진 가설과 신념에 도전하는 새로운 경험을 통해 우리는 두려움에 직면하고, 우리 안에 이미 소유했지만 그동안 미처 깨닫지 못했던 자원과 능력을 깨닫게 된다.

만약 우리가 건물 안에만 머물러 있거나 안전하고 편안하기만 한 이웃을 만났다면 노예 해방 프로젝트가 어떻게 달라졌겠는가. 우리는 직접 경험한 이야기를 듣고 인신매매가 일어나는 장소를 확인하며 피해 당사자를 만나면서, 행동의 필요성을 더 절감하고 실천의 기회를 한층 더 시급하고 구체적으로 찾게 되었다. 성경은 실제 사람과 장소에 적용될 때 비로소 더욱 살아 있고 더 깊은 의미를 갖게 된다. 우리는 현실과 직접 맞닿은 생생한 경험을 통해 이론과 수사학의 세계에서 벗어나, 서로 나눌 수 있는 살아 있는 이야기를 갖게 된다. 우리는 사도 요한이 묘사한 하나님의 실재를 직접 경험하기를 원한다. "태초부터 있는 생명의 말씀에 관하여는 우리가 들은 바요, 눈으로 본 바요, 자세히 보고 우리의 손으로 만진 바라"요일 1:1. 프로젝트가 완료된 이후에도 일부 참가자들은 성 매매를 금지하고 피해자를 지원하는 일에 더 깊이 관여하게 되었다.

3. 변화는 새로운 사고방식과 행동방식이 정착될 때 일어난다 우리는 원래 본능과 습관을 가진 피조물로, 우리의 사고방식과 행동방식은 우리의 정체성을 결정짓고 삶을 변화시킨다. 우리는 노예 해방 프로젝트 기간 동안, 새로운 시각으로 세상을 보고 다양한 실험을 시도해 보라고 제안했다. 일주일에 하루를 금식하고 소비 방식을 바꾸며, 성 산업에 몸담고 있는 이들을 긍휼의 마음으로 바라보도록 강하게 권면했다. 봉사와 금식과 같은 참여와 절제의 훈련은 우리의 본능적인 반응에 대한 깨달음을 줄 뿐만 아니라, 보다 새롭고 건강한 선택을 내릴 수 있도록 도와준다.

4. 변화는 소그룹 활동과 성찰을 통해 일어난다 다른 사람들과 함께 실천할 때 변화가 일어날 가능성이 훨씬 더 커진다. 예수님은 제자들에게 기도와 안식일 준수를 자주 언급하셨다. 또한 복음 전파와 치유

를 위해 제자들을 팀으로 보내셨다. 우리는 대부분 용기와 훈련 경험이 없고, 변화와 성장을 원하는 마음이 부족하다. 그런 면에서 특히 소그룹으로 수행된 노예 해방 프로젝트는 안전하고 지혜롭게 행할 수 있는 실험이었다.

 소그룹으로 갖는 자기 성찰의 시간은 우리가 경험하는 새로운 선택과 모험에 대하여 책임감과 토대를 제공한다. 우리는 내면의 변화를 성찰하며 배운 바를 더 온전히 통합시킨다.

 프로젝트를 시행하는 과정에서 많은 사람들은 여러 가지 문제와 어려움에 봉착했다. 어떤 사람들은 금식을 지키지 못하고 약속한 소비의 변화를 이루지 못했음을 소그룹에서 고백했다. 또 어떤 사람들은 피해자를 향해 느낀 슬픔에 압도되어, 새로이 하나님의 평강과 위로를 추구하는 법을 배워야 했다.

 자연스럽게 경험한 바를 성찰하는 사람들이 있는 반면에, 도움이 없으면 그들의 경험에서 의미 있는 결론을 도출해 내기 힘든 사람들도 있다. 이런 경우, 적절한 질문을 던지는 것이 도움이 된다. "당신이 약속을 지키지 못하게 방해하는 것이 무엇입니까?" 또는 "하나님은 당신이 두려움에 직면하는 것을 어떻게 도와주실 수 있을까요?" 우리는 서로가 배운 바를 통합하고 성찰하도록 돕기 위해 가능하다면 시 쓰기 연습처럼 창조적인 활동을 포함시킨다.

 "매년 저는 점점 나쁜 사람이 되어 가는 것 같아요." 스물다섯 살이 되어 복잡한 성인의 삶과 씨름 중인 재키는 이렇게 탄식했다. "어렸을 때는 지금보다 자주 제가 선을 행하고 하나님을 기쁘시게 하고 있다고 느꼈어요." 그렇다고 재키가 이전에 더 훌륭한 사람이었던 것은 아니다. 단지 자신에 대해 제대로 알지 못했을 뿐이다. 우리는 참된 자신의 모습을 발견할 때 더 깊은 내면의 변화를 추구한다. 자기 인식은 하나님을 알아가는 방향으로 나아가는 첫걸음이다. 다음 질문은 이전의 내용에서 더 깊이 들어간다. "창조주 하나님은 나를 어떤 곳으로 초청하시는가?" "예수님의 도를 행하기 위한 다음 단계의 실천은 무엇인가?"

현재의 나와 본래 하나님이 창조하신 나 사이의 차이를 발견할 때 우리는 좌절하거나 포기하기 쉽다. 그러나 다른 한편으로 자기 인식을 선물로 여길 수도 있다. 또한 지금과 다른 삶을 살고자 하는 신념을 우리의 모든 것을 아시는 주님의 친절한 초대로 보는 법을 배울 수 있다.

5. 변화는 훌륭한 본과 인도를 통해 일어난다 프로젝트를 인도하기 위해서는 높은 수준의 자산資産과 전문성을 확보한 팀을 구성하는 것이 중요하다. 분명한 지도력이나 비전 없이 뭔가를 실천하려고 대규모의 사람들이 우왕좌왕하는 모습을 상상해 보라. 실천 단계들을 진행하는 소규모의 협력 그룹을 만들면, 모임에서 어떤 일을 할지 결정하기 위해 시간을 허비하지 않고 자유롭게 활동하며 실천에 집중할 수 있다. 따라서 프로젝트에서 다른 사람들이 의미 있는 경험을 하도록 돕기 위해서는 그 주제와 관련한 경험, 신뢰도, 기술과 자신감을 어느 정도 갖춘 인도자를 확보하는 일이 매우 중요하다.

6. 변화는 수많은 실패와 좌절, 실수를 겪으며 지속해 갈 때 일어난다 아마 시술소에서 나이 든 여성과의 그 짧고 어색한 대면 이후 나는 의문에 빠졌다. 나는 정말 그녀를 하나님의 사랑받는 딸로 대했는가? 아니면 충격을 받고 깜짝 놀라서 또는 겁이 나서 그렇게 빨리 그 자리를 떠난 걸까? 일부 참가자들은 노예 해방 프로젝트를 마치고 인신매매가 이루어지는 현장을 방문한 후로 깊은 실망감을 나타냈다. "우리가 정말 무언가를 이루긴 한 걸까요?" 그들은 의심했다. "우리는 고작 수박 겉핥기식으로밖에 이 문제를 다루지 못했어요." 이런 것들은 고민을 계속해 가고 나아갈 방향을 정하는 데 유익한 의문들이었다.

우리는 성공만큼이나 실패를 통해서도 많은 것을 배우고 성장한다. 실패와 실수는 새로운 실천을 위한 훈련의 밑거름이 된다. 시행착오를 통해 배우되, 멈추지 않고 계속 노력한다면 사실상 어떤 것도 실패가 아니다. 새로운 존재방식과 행동방식을 실험하다가 미숙함에 놀라서는 안 된다. 무엇이든 가치가 있는 일은 처음에 시행착오를 겪을 수도 있다. 랍비의 사랑의 도를 따르는 것에 관한 한, 우리는 모두 초보자일 뿐이다.

우리는 복음서에서 예수님의 제자들이 열심히 노력함에도 불구하고 '실패하는' 모습을 자주 본다. 한번은 제자들과 무리가 논쟁하고 있는 현장에 예수님이 나타나셨다. 사람들이 제자들에게 귀신 들린 소년을 데려왔지만 제자들은 그 소년을 고칠 수 없었다. 예수님은 격노하셔서 귀신에게 떠나갈 것을 명하셨다. 이후 제자들은 예수님께 물었다. "우리는 어찌하여 능히 그 귀신을 쫓아내지 못하였나이까?" 예수님은 이렇게 말씀하셨다. "기도 외에 다른 것으로는 이런 종류가 나갈 수 없느니라"막 9:14-29. 제자들은 당시 자신들이 무엇을 모르는지조차 깨닫지 못했지만 이 실망스러운 경험을 통해 하나님의 능력을 더 의지하는 법을 배웠다.

노예 해방 프로젝트를 수행하며 우리가 배운 놀라운 교훈 가운데 한 가지는, 모두가 한마음으로 하나님의 긍휼을 실천할 때에도 어려움을 겪는다는 점이었다. 우리는 프로젝트의 운영과 구체적인 부분의 책임 소재, 누가 앞장서서 인도할 것인지, 또 우리의 기여도나 전문성이 적절하게 평가되고 있는지에 대해 서로 의견차가 있었다. 프로젝트에 몸담고 가까이에서 함께 일할 때 개인의 상처와 불안정하고 깨어진 모습은 더 쉽게 드러난다. 이런 현상은 충분히 일어날 수 있는 문제다. 우리는 이런 상황을 다음과 같이 설명한다. "당신이 도장을 선택한 것이 아니라 도장이 당신을 선택한다." 변화는 프로젝트 자체를 통해서도 일어나지만, 팀으로 일하며 갈등을 통해 성장하는 가운데에서도 일어난다.

7. 예수님의 형상을 닮아 가는 변화는 성령의 능력으로 일어난다 노예 해방 프로젝트의 한 참가자는 의식적인 실천과 공적인 활동에 초점을 두는 대신, 인신매매 피해자와 압제자를 위해 기도하는 데 더 많은 시간을 투자해야 한다고 생각했다. "성령님은 어떻게 하고요?" 그녀는 조금 흥분해서 이렇게 질문하며, 우리의 노력이 하나님의 일하심을

제한하고 있다고 주장했다. 우리는 실천과 성령님의 사역을 잘못된 이분법으로 판단하지 말라는 도전을 받는다. 모든 것이 "하나님께 달렸고" 또한 "우리에게 달려 있다." 예수님은 제자들에게 가르침을 실천하고 성령님의 인도하심과 능력을 의지하라고 말씀하셨다. 예수님의 형상을 닮아 가는 변화가 일어나는 모든 순간에 성령님은 일하신다. 우리 안에 계신 성령님의 사역에 온전히 순종하기 위해 우리는 할 수 있는 모든 일을 행하고, 기도하며, 하나님의 인자하심이 또 다른 이를 변화로 인도하시길 기대해야 한다. 이와 같은 삶을 살도록 우리는 부름 받았다.

8. 변화는 마음에서 시작된다 노예 해방 프로젝트에 참여했던 어떤 사람들은 피해자들이 안마 시술소에서 어떤 대우를 받는지 알게 되자, 당장이라도 문을 부수고 무력을 써서라도 소녀들을 구해낼 태세였다. 우리는 그렇게 해서는 문제가 해결되지 않으며 여성들을 오히려 더 위험에 빠뜨릴지도 모른다고 설명하며 그들을 진정시켜야 했다. 프로젝트를 진행하며 얻은 고통스럽지만 뜻깊은 통찰 가운데 하나는, 인신매매가 인간의 정욕과 탐욕이 얼마나 퍼져 있는지를 보여주는 분명한 예라는 사실이었다. 공급과 수요의 순환에 연관된 각 사람이 예전과는 다른 선택을 할 때 비로소 의미 있는 치유가 일어날 것이다. 우리 또한 새로운 선택을 할 수 있다. 당신과 나는 인신매매에 직접 참여하지는 않는다. 그러나 우리 모두는 소비자로서 안전한 근로 환경에서는 도저히 제공할 수 없는 싼 가격의 상품과 서비

스를 얻기 원한다. 또한 사람을 상품으로 대상화하는 문화적 세태에 수동적이며 무관심한 태도로 임한다. 공공 정책과 여론의 변화는 물론 도움이 될 수 있다. 그러나 근본적인 원인은 인간의 마음속에 있다. 마음은 전 인격을 다스리는 중심부이며 생각과 감정, 행동을 결정한다. 예수님은 다음과 같이 말씀하셨다. "너희 보물이 있는 곳에 너희 마음도 있으리라"눅 12:34. 또한 이런 말씀도 하셨다. "이는 마음에 가득한 것을 입으로 말함이라"마 12:34. 우리의 행동은 마음에 품은 의도를 드러낸다. 비록 그룹 실천이 모든 사람을 변화시킨다고 보장할 수는 없어도, 적어도 변화가 일어날 수 있고 격려 받는 환경을 창조할 수는 있다. 실험은 마음의 혁신이 필요한 곳을 드러낸다. 실제적이고 참된 변화는 우리 존재의 중심에서 창조주의 뜻과 주권에 온전히 순종하는 법을 배울 때 일어난다. 내면의 변화는 안과 밖에서 모두 시작될 수 있다. 그러나 그러기 위해서는 항상 하나님의 뜻과 능력에 완전히 순종해야 한다.

_____ 토론

- **통합** 기도와 같은 내적인 실천과 봉사와 같은 외적인 실천 사이의 관계를 어떻게 설명할 것인가?
- **균형점 찾기** 외적인 행동주의와 내적인 훈련 중 어떤 것이 더 쉽게 느껴지는가? 이 둘 사이에 긴장이 느껴지는가? 그렇다면 이를 어떤 방식으로 경험하고 있는가? 이 두 측면 사이에 존재하는 긴장을 다루는 더 나은 방법이나 다른 방식이 있는가? 당신은 그것을 어떻게 다루겠는가?
- **노예 해방 프로젝트** 이번 장에서 묘사된 노예 해방 프로젝트 중에서 가장 흥미롭고 호기심이 생기는 측면은 무엇인가? 또는 당신에게 생긴 의문이나 걱정거리는 무엇인가? 당신이 참여했던 비슷한 실험을 묘사해 보라. 아니면 이와 같은 실험에 참여한다면 어떤 모습일지 상상해 보라.
- **필수 요소** 노예 해방 실험을 하며 형성된 그룹 내 상호작용을 보면 어떤 점이 가장 눈에 띄는가? 이것은 당신이 속한 그룹의 활동과 얼마나 비슷하고 또 얼마나 다른가? 또 이를 통해 그룹 구성원들의 어떤 면이 성장했는가?
- **새로운 경험** 당신 인생에서 새로운 경험이나 모험이 온전한 변화를 일으켰던 때를 묘사해 보라.
- **실패** 순종의 모험을 감수했지만 결과에 실망했던 때를 떠올려 보

라. 어떻게 하면 실수를 딛고 또다시 새로운 것을 자유롭게 시도하는 환경을 창조할 수 있을까?

- **마음의 원인** 내면의 변화가 필요한 부분은 무엇이라고 생각하는가? 지금 당신의 태도를 어떻게 묘사할 것인가?

──────── 적용

예수님이 인종과 성, 사회적 계층의 경계를 넘어 사마리아 여인과 교감하셨던 이야기를 다룬 **요한복음 4장을 읽어 보라**. 그 이야기에 대해 토론하고 친구들과 소그룹으로 함께 실천해 보라. 만나서 이야기했던 사람들 중에서 당신을 보고 가장 놀랐던 사람은 누구인가? 당신의 부족 모임에서는 어떤 사람을 주로 경시하고 무시했는가? 이번 한 주 동안 문화, 사회, 경제적인 면에서 당신과 거리가 먼 누군가와 관계를 맺기로 약속하라.

6
그룹 실험의 시작과 인도

> 내 어머니와 내 동생들은 곧 하나님의 말씀을 듣고 행하는 이 사람들이라.
>
> 누가복음 8:21

아버지는 내가 다섯 살이 되자 자전거 타는 법을 배울 때가 됐다고 결정하셨다. 내가 자란 도시는 강과 호숫가를 따라 긴 포장도로가 있는 곳이었고, 아버지는 우리 가족이 함께 자전거를 타고 달리는 모습을 꿈꾸셨다. 아버지가 자전거 가게에서 곧게 뻗은 손잡이와 반짝이는 금빛 바나나 색 안장이 있는 금색 철제 슈윈 자전거를 사주신 것을 지금도 생생하게 기억한다. 별로 힘 들이지 않고 자전거 페달을 돌리는 아버지를 보아 왔던 나는 보도를 미끄러지듯 내달리며 집으로 돌아오는 내 모습을 상상했다. 그리고 새 자전거를 내려놓는 순간부터 빨리 타보고 싶은 마음에 조바심을 냈다. 내가 자전거에 오르도록 도와주신 아버지는 페달을 밟는 내 옆에서 안장을 꼭 잡고 나와 보조를 맞추어 달리셨다. 상상했던 모습 그대로였다. 그러나 아버지가 손을 놓으시자마자 나는 시멘트 바닥에 충돌했고, 무릎과 팔꿈치에 심한 찰과상을 입었다. 아버지는 나를 일으켜 세우시고, 내가 흐느껴 울며 포기하기 전까지 여러 번 다시 시도하게 하셨다. 자전거 타기는 생각보다 쉽지 않았다. 결국 우리는 자전거 가게로 돌아가 연습용 보조바퀴를 사왔고, 나는 그 후 몇 달 동안이나 그것을 달고 다녔다. 마침내 균형 잡는 법을 배우기까지 나는 백 번은 더 넘어졌다. 그러나 자전거 타는 법을 배우며 넘어진 일은 아버지와 자전거를 타던 따스한 기억에 비하면 아무것도 아닌 것처럼 느껴진다.

공동의 실천을 시작하고 인도하는 법을 배우는 일은 자전거 타는 법을 배우는 것과 비슷하다. 둘 다 연습이 필요하다. 배우는 동안에는 연습용 보조바퀴와 여러 번 넘어지는 경험도 필요하다. 때로 실패와 성공의 차이는 균형과 세부 방법의 이해에 달려 있다. 이 장에서는 우리가 실험을 시작할 때 알았으면 좋았을 몇 가지 사실과 더불어 그 세부 사항 가운데 일부를 살펴볼 것이다.

어디에서 시작할 것인가

실험 인도자가 첫 번째로 할 일은 영성 개발을 위한 공동의 실험에 헌신하는 것이다. 자신이 결코 가본 적이 없는 곳으로 누군가를 인도할 수는 없다. 인도자는 계속 이어지는 단기 실험이나 실천에 소그룹을 초대할 수 있다. 결국 이를 통해 더 많은 청중과 실험을 공유할 수 있다. 가장 좋은 방법은 개인 중심이나 그룹 참여로 실험을 시작하여, 열린 초대 실험에 필요한 자신감과 능력을 차차 키워 가는 것이다(2장의 내용을 보라).

두 번째 단계는 하나님 나라에서의 삶이 어떤 것인지, 또한 공동의 실천이 그 실재를 경험하는 데 어떻게 도움을 줄 수 있는지 비전을 공적으로 제시하는 것이다. 개인적인 실험을 몇 가지 더 시도해 보았다면 경험에서 우러난 직접적인 변화를 이야기함으로써, 다른 사람들에게 참여 의욕을 고취시킬 수 있다. 계속 실험을 제시하는 동안 당신과 관계를 맺고 있는 사람들과 공동체 안에 실천을 파급시켜 나갈 수 있다.

또 다른 접근방식은 현재 속한 모임 안에서 실천 지향적인 방법을 접목하도록 인도자와 교육자들을 훈련시키는 것이다. 다음 질문은 그 씨앗이 될 수 있다. "다음 모임까지 우리 삶에 복음의 실재를 적용하기 위해 구체적으로 실천할 수 있는 일을 한 가지 찾아보세요." 모임의 인도자들이 이 책과 같은 자료를 함께 읽고 토론한다면 좋을 것이다. 거듭 강조하자면, 예수님의 도를 실천하고 가르치도록 돕기 위해서는 먼저 행동과 실천에 기초한 배움을 경험해야 한다.

동역자 확인하기

새로운 일을 시작하는 것은 두려운 일이지만, 홀로 이를 행할 경우는 더더욱 그렇다. 실천에 대한 비전을 공유하고 신뢰할 만한 동역자 한두 명을 확보하는 일이 얼마나 중요한지는 아무리 강조해도 지나침이 없다. 동역을 통해서 우리는 기술과 지혜의 방대한 원천뿐만 아니라, 이 일을 함께할 수 있는 잠재적 참가자를 더 많이 얻을 수 있다. 남녀 대표가 각각 존재한다면 이상적이다. 이제 막 리더십을 개발해 가는 한두 명의 훈련생을 포함할 수도 있다. 혹시 잠재적 참가자가 아무도 없다 해도, 동역자와 그 일을 시작하는 것 자체만으로도 공동의 실험이 될 수 있다.

내가 참여했던 열린 초대 실험은 보통 주 동역자 두 명과 두세 명의 조력자를 따로 세웠다. 팀을 구성할 때 고려해야 할 몇 가지 중요한 질문이 있다. 첫째, 우리의 삶에서 이 실천을 훌륭히 인도할 충분한 시간과 안정감을 확보하고 있는가? 많은 사람들은 첫 번째 열린 초대 그룹 실험에서 실천을 인도하는 일에 예상보다 더 많은 시간과 노력을 투자해야 한다는 사실을 발견한다. 둘째, 모집과 계획,

조직, 운영 능력 같은 기술을 가지고 있는가? 큰 규모의 모임을 인도하며 안간힘을 쓰기보다는 작은 모임으로 시작하여 자신감과 신뢰를 쌓아 가는 편이 더 낫다. 활동을 시작하기 위해 전문가가 될 필요는 없지만 팀 내에 조금이라도 사전 경험을 가진 사람이 있다면 유익할 것이다. 실험해 보고 싶은 활동이 당신에게도 낯선 것이라면, 초대한 참가자들에게 처음부터 그 사실을 알리고, 전문가처럼 나서지 말라. 셋째, 따뜻하고 안전한 환경을 제공할 필요성과 분명한 방향을 세울 필요성 사이에 균형을 유지하는 리더십을 올바로 이해하고 있는가? 앞에서 모임을 인도하는 일이 익숙한 사람들은 때로 팀으로 협력하는 체제에 잘 적응하지 못한다. 또한 부정적인 리더십을 경험한 사람들은 그 반작용으로 분명한 방향을 제시해야 할 상황에서도 망설일 수 있다. 당신의 리더십의 강점과 약점을 숙지하라. 다음의 질문이 그 사실을 파악하는 데 도움이 된다. "예수님을 따르는 훈련에서 더욱 진실해지고 있으며, 다른 사람들에게서 더 좋은 평판을 얻고 있는가?" 진정성과 신뢰감을 주는 리더십은 살아 있는 경험에서 비롯된다. 그럴 때 우리는 다음과 같이 자신 있게 말할 수 있다. "내가 그리스도를 본받는 자가 된 것같이 너희는 나를 본받는 자가 되라" 고전 11:1.

실험의 기획

동역자를 확인한 다음 단계는 실험을 기획하는 것이다. 몇 가지 의견을 놓고 함께 기도하며 자유롭게 토론하라. 선택 사항을 살핀 후에, 가장 큰 추진력을 가지고 있고 모두가 동의한 한 가지 안(案)을 확인하라. 실험을 처음 인도할 때 가장 좋은 방법은 익숙한 실천으로 시작하는 것이다. 첫 번째 실험부터 문제가 생긴다면 모임의 역동성이 떨어지고, 실험 문화가 정착된 이후에 실행하는 편이 나았을 일을 초반부터 소모함으로써 계획 과정이 한층 늘어난다. 이 책의 2부에 소개한 실험들을 검토한 후 당신의 팀에 가장 적합한 실험을 고른다면 좋은 출발점이 될 것이다. 그러나 이 책이나 다른 곳에 나온 실험을 할 때는 당신의 모임과 상황에 맞춰 수정할 필요가 있음을 유념하라.

연구해 보고 싶은 예수님의 비전과 가르침에 이름을 붙이고, 또한 그 주제가 개인의 필요와 공동의 관심사와 어떻게 연결되는지를 알아보라. 예수님이 가르치신 주기도에는 인간 경험의 다섯 가지 기본 주제인 정체성, 존재 목적, 안전, 공동체, 자유와 평강의 삶이 요약되어 있다. 당신은 이미 그 내용을 잘 알고 있거나 그중 한두 가지를 추구하는 모임에 속해 있을 것이다. 우리는 으레 예수님의 가르침 중에서 관심이 있는 측면을 강조하거나, 반대로 어떤 측면을 무시하는 경향이 있다. 균형 잡힌 영적 성장을 추구하기 위해 우리는 이 다섯 가지 주제를 모두 반영한 연간 실험 주기표를 만들었다. 우리는 매년 주기표에 따라 예수님의 구체적인 가르침을 연구하고 공동의 실천을 개발한다. 실험 초기에는 예수님의 구체적인 명령을 묵상하는 일이 실제로 도움이 된다. 이어지는 2부에는 주기도문의 각 주제와 관련된 가르침을 요약한 내용을 실었다. 예수님이 제자들에게 명하셨던 실천의 내용을 볼 때마다 나는 당혹감과 경이로움을 느낀다. 우리는 온전한 사람이 되는 새로운 삶의 길로 부름 받았다.

일단 주제와 함께 공동의 실천을 결정하면 실험의 세부 사항을 전반적으로 생각해 볼 수 있다. 프로젝트의 주요 목표는 무엇인가? 한 번의 실천인가, 아니면 여러 주에 걸쳐 행할 것인가? 누구를 초청할 것인가? 모이기에 가장 적합한 장소는 어디인가? 모임에서 함께 실천할 일은 무엇이고, 참가자 개인이 할 일은 무엇인가? 우리는 초기에 실험을 너무 복잡하게 만드는 실수를 범했다. 우리는 사람들에게 위압감을 주기보다는 중요한 한두 가지로 실천 사항을 제한하는 편이 더 낫다는 사실을 배웠다.

마지막으로 계획한 바를 실행하기 위해 동역자 개개인이 어떤 일과 역할을 감당해야 할지 결정하는 일은 매우 중요하다. 또한 실험 종료 시점을 정해 둔다면 스트레스와 혼란을 피할 수 있다. 참가자들에게 시간과 자원에 대한 신뢰감을 주려면 사전에 모임을 잘 준비해야 한다. 목적이 분명한 실험과 실천의 문화를 정립하려면 어느 정도 형식을 갖추는 것이 유용하다.

_____ 실험으로의
			초대

실험 세부 사항에 관해 자유롭게 토론한 후에, 그 모임에 초청한 사람들과 공유할 비전과 목표, 구체적인 내용을 간략히 설명하는 글을 작성하라(부록에 나와 있는 몇 가지 예를 살펴보라). 사람들을 실험에 참여시키는 가장 효과적인 방법은 편지나 전화를 통해 개별적으로 초청하는 것이다. 또한 일반 대중을 대상으로 한 공개 성명서나 소셜네트워킹 매체를 통해 더 많은 사람들에게 프로젝트를 알릴 수 있다. 보통 온라인 등록이 가능한 웹페이지에 실험을 연결하여 등록과 참가비 납부 방법을 명시한다. 명확하고 간결한 초대로 모임 전에 실험의 비전과 기대하는 바를 참가 대상자들에게 쉽게 설명해 주기 위해서다.

우리는 준비되지 않은 사람의 참여나 억지로 하는 실험이 그다지 효과적이지 않다는 값비싼 교훈을 얻었다. 사람들에게 참여할 기회를 주는 것은 중요하다. 어떤 사람이 참여하기로 결정하고 또 불참하기로 결정하는지를 보면 아마 놀랄 것이다. 모든 사람이 분명한 목적을 가진 공동의 실천에 준비되어 있지는 않다. 강도 높은 헌신을 요구하는 상황과 참여하지 않고도 소속감을 약속해 주는 또 다른 상황 가운데 한 가지를 선택하라고 한다면 대부분의 사람들은 노력이 그다지 필요하지 않은 일을 선택할 것이다. 소속감을 느끼기 원하는 충동과 실제 소속되기 원하는 열망 사이에 갈등이 생기는 건 필연적이다. 우리는 공동의 실천으로 서로를 초청할 때, 명백한 길에 대한 가부 간의 답을 요구한다. 예수님의 말씀을 들으려고 수천 명이 구름같이 모였지만, 그중 수백 명이 질문하기 위해 남았으며, 또 그 가운데 단지 몇 십 명만이 제자가 되기로 결정했다. 이와 같은 이유로 예수님은 자신의 가르침이 가족 안에 분쟁을 일으킬 거라고 말씀하셨다 마 10:34-35. 예수님의 도를 실천하는 것은 항상 소수의 운동으로 남을 것이다. 이것은 복음의 능력으로 온전히 변화되는 모험을 행하도록 서로 끊임없이 '복음을 전하는 것'을 의미한다.

하나님의 사랑의 나라에 대한 삶의 비전을 함께 나누고 예수님의 가르침을 실천하는 상황으로 사람들을 초청하는 것은 복음을 선포하는 한 방법이 된다. 대위임령을 통해 예수님이 제자들에게 주신 복음 전파의 사명은 제자도에서 분리해 낼 수 있는 별개의 사안이 아니었다. 예수님은 제자들에게 "너희는 가서 모든 민족을 제자로 삼아 … 세례를 베풀고 … 내가 너희에게 분부한 모든 것을 가르쳐 지키게 하라"고 말씀하셨다 마 28:19-20. 서구의 복음주의가 위기에 직면한 것은 복음에 대한 지식이 부족했기 때문이 아니었다. 다음처럼 질문하게 만드는, 온전히 변화된 사람이 부족했기 때문이다. "어떻게 당신은 그토록 놀랍고 새로운 삶의 방식을 발견했습니까?"

당신은 예수님의 가르침을 실제로 '시도해 보도록' 그 누구든 초청할 수 있다. 그룹 실험이나 공동의 실천에 참여하기 전에 반드시 예수님을 믿을 필요는 없다. 예수님의 첫 제자들조차 예수님이 누구시라는 중요한 사실을 점차 배워 갔다. 예수님에 대한 확신은 그분의 가르침이 실제 삶에서 어떤 영향을 미치는지를 확인하면서 더욱 커져 갔다.

몇 년간 우리의 실험은 세 종류의 사람들을 매혹시켜 왔다. (1) 제자도에서 더 깊이 성장하기 원하는 교회 구성원, (2) 예수님을 따르고자 하는 열망을 가졌지만 주류 기독교에 회의적인 탈교회주의자, (3) 예수님의 도에 대한 호기심을 발전시켜 온 탈기독교 추구자. 이 세 종류의 사람들이 모두 안전함을 느낄 수 있는 환경을 조성할 방법을 찾기란 어려운 일이다. 우리의 언어와 접근방식은 어떤 사람에게는 너무 기독교적이고, 어떤 사람에게는 그다지 논리적이지 않으며, 또 어떤 사람에게는 불편하고 지나치게 정직하며 불쾌한 현실을 그대로 보여 준다. 모두가 뒤섞여 공존하며, 자신들의 안전지대를 완전히 벗어난 환경은 전적인 변화의 잠재력과 힘을 지닌 공간이 될 수 있다.

창조성 일깨우기 모임의 첫 번째 날 밤에 중년의 동성애자 이선은 자신을 최근 예수님께 호기심을 갖게 된 전직 티베트 불교 승려라고 소개했다. 그는 교회의 예배와 다르게 보이고 탐험하기 안전해 보이는 다른 곳과도 달라 보인다는 이유로 이 프로젝트에 등록했다고 말했다. 내가 '타나크'The Tanakh(유대교 경전을 뜻하며 히브리 성경을 구성하는 세 장르의 책을 합쳐 요약해서 부르는 이름 – 역주)에 실린 성경 구절을 인용하자, 다른 참가자들은 당황한 것처럼 보였다. 그러나 이선은 이렇게 외쳤다. "당신이 구약 대신 타나크를 인용한 것은 제게 뜻깊은 일입니다. 제가 가진 유대교 유산을 존중해 주신 것에 감사드립니다."

3개월 후 이선은 또 다른 배움의 실험실에 등록했다. 그는 모임을 시작하는 날 저녁에 목에 걸린 켈트 십자가를(십자가 중심부에 원 모양 고리가 달린 십자가 - 역주) 자랑스럽게 보여 주며 자신이 그리스도인이 되었다고 전했다.

──── 모임의 인도

실천을 인도할 때 나는 동역자들과 장소를 준비하고, 팀원들과 함께 점검하며, 다른 참가자들보다 먼저 도착해서 기도하려고 노력한다. 우리는 보통 일정표, 성경 구절, 토론 질문, 과제물, 다른 참고 자료가 실린 두 쪽 분량의 인쇄물을 준비한다. 이것은 우리가 협력적인 접근 방식을 중요하게 여기고, 더 많은 사람들이 모임을 이끌 준비가 되기를 원하기 때문이다. 그래서 우리는 모일 때마다 팀의 모든 사람들에게 뚜렷한 역할을 맡기려 한다. 실험을 인도하기 위해서는 몇 가지 기본적인 사항들을 점검해야 한다. 곧 오리엔테이션, 비전의 공유, 구체적인 훈련과 실천의 인도, 소그룹 진행, 환대, 준비 및 정리, 모임의 운영 사항을 준비해야 한다. 실험에 참가한 사람이 예닐곱 명 이상이라면, 점검과 일부 훈련을 위해 소그룹으로 모일 필요가 있다. 그래야 모든 사람들이 실제 실험 과정과 경험을 나눌 때 적절한 '자기

몫의 시간'을 가질 수 있다.

첫날 밤, 우리는 차와 조촐한 건강식 간식거리를 제공하며 따뜻한 분위기를 조성하려고 애쓴다. 또 모임 이틀 전에는 참가자들에게 확인 이메일을 보내, 정해진 날에 모임을 시작할 계획임을 알린다. 환영 인사와 기도를 드린 후에는 모인 사람들에게 자기 소개와 프로젝트에 관심을 갖게 된 동기를 이야기해 주기를 요청한다. 이후 15-20분가량 프로젝트의 비전과 목표, 참가자들에 대한 기대를 설명하고, 질문을 받으며, 이해가 부족했던 부분을 명확히 할 기회를 갖는다. 여러 주 동안 실험을 하게 될 경우, 참가 서약서에 서명할 것을 요청한다. 만약 실험에 온전히 헌신하는 것이 불가능하다고 느낀다면 첫 번째 모임 이후에는 참석하지 않아도 괜찮다는 사실을 강조한다(부록의 예를 보라). 또 참여하기로 결정한다면 모임에 매번 참석하는 것이 중요함을 강조한다. 우리는 과거의 경험을 통해 한두 주 후면 5-10퍼센트의 참가자들이 중도에 탈락할 것임을 알고 있다.

실험 초기에는 가능한 한 많은 사람을 참여시키는 일에 지나치게 몰두했기 때문에, 결국 실험 도중에 사람들이 쉽게 떨어져 나가는 현상이 발생했다. 당연히 이 사람들은 우리의 비전과 소망을 제대로 이해하지 못했고, 다른 사람들이 행했던 실천을 완수하지도 못했다. 그래서 소그룹 점검 시간은 불편해질 수밖에 없었다. 이 같은 참가자들은 모임의 역동성을 약화시켰다. 결국 우리는 추진력과 집중력을 유지하기 위해서는 모임의 출입 지점을 분명히 해야 한다는 사실을 배웠다.

여러 주 동안의 모임에는 항상 기도와 비전의 재선포, 소그룹 점검, 현장 실천이나 훈련이 포함된다. 우리는 그룹 실험을 시작하는 일이, 아는 바를 이야기하거나 사람들에게 해야 할 일을 지시하는 것 이상으로 복잡하고 미묘한 기술임을 깨달았다. 가장 중요한 목표는 정보의 공유가 아니라 서로를 실천으로 초대하는 일이다. 사전에 프로젝트에 대해 충분히 숙고하지 못했을 때에는, 새로운 실천에 함께 참여하지 못하고 그저 오랫동안 아이디어에 대한 토론으로 시간을 허비하는 경향이 있다. 우리의 비전을 행동으로 옮기고 실천하기 위해서는 모임에 필요한 요소만큼이나 그에 따른 정보도 공유하려고 애써야 한다. 대부분의 사람들이 이미 풍성한 삶을 누리고 있기에, 우리 모임에서는 조용히 둘러앉아 깨달음을 위한 질문에 답하고 시를 쓰는 것처럼 사소해 보이는 경우에도 함께하며 실천의 측면을 극대화하는 법을 주로 배웠다.

모임이 끝날 때마다 우리는 함께 모여 과제의 방향을 제시하고 서로를 격려한다. 우리는 모든 동역자들에게 사람들을 격려하고 모임에서 발생한 문제를 다루기 위해 서로 '조언'할 기회를 주려 한다. 모임을 가진 다음날에는 모임에서 사용한 인쇄물의 복사본, 모임을 요약한 짧은 글, 개인 실천을 계속 유지하는 데 도움이 될 만한 또 다른 조언이 담긴 후속 메시지를 참가자들에게 보낸다. 아무리 약속을 지키려는 목적의식이 투철한 사람이라 해도 대부분 시간이 지나면 쉽게 잊어버린다. 그래서 우리는 사람들이 약속을 가능한 쉽게 기억하도록 기대와 소망을 반복해서 전달하는 법을 배웠다.

─────── 평가

마지막 모임을 시작하거나 집중 과정을 마칠 때 우리는 각자 10-15분 정도 평가서를 작성하는 시간을 갖는다. 평가 후에는 종종 포트럭 식사(각자 음식을 조금씩 가져와서 나눠 먹는 식사 - 역주)를 갖기 때문에 사람들은 즐거운 마음으로 평가서를 작성한다. 함께 모여서 충분한 의견을 나누고 진지하게 평가하면, 그 후에 있는 그룹 대화 시간을 잘 준비할 수 있다. 평가서에는 실천의 결과에 대한 참가자들의 깨달음을 돕는 질문 그리고 모임을 조직한 사람에게 가장 효과적인 활동과 앞으로 개선해야 할 사항에 대한 정보를 전달하는 공간이 포함되어 있다(부록에 실린 예를 보라). 사람들이 직접 경험한 긍정적인 결과는 이후의 실험에서 더 폭넓은 참여를 싹트게 하는 나눔의 씨앗이 된다. 전적인 변화를 깊이 경험한 참가자들은 종종 다음해의 비슷한 실험에서 동역자가 된다.

─────── 실수로부터
배우기

이 책과 같은 방법론을 다룬 책에는 즉각적인 성공을 약속하는 기술에 대해 그럴듯한 그림을 보여 주려는 유혹이 있다. 그러나 당신도 나와 같다면, 손쉬운 대답과 특효약에 지쳤을 것이다. 실제 삶은 언제나 더 엉망이라는 걸 알 테니. 그래서 이 책의 초기 독자들은 이렇게 말했다. "우리는 성공한 이야기를 듣고 싶은 게 아니에요. 오히려 실수로부터 더 많은 것을 배울 수 있어요." 이 책에 실린 예들은 몇 년 동안 공동의 실천을 행하는 공동체를 창조하면서 겪었던 초기의 실수, 설익은 개념, 실패한 시도들을 기록한 것이다. 돌이켜보면 나는 이를 통해 추진력과 이후의 성공에 필요한 균형을 유지하는 법 그리고 그러한 경험을 유익하고 귀중하게 여기는 법을 배웠다. 실험을 시작하며 배우는 가운데 실수할 수 있다. 우리는 승리뿐 아니라 실패까지도 남김없이 나누어, 당신이 이전에 우리가 했던 실수를 피하고 공동체에 보탬이 되는 새로운 실수를 경험하며 공동의 실천으로 온전한 변화가 일어나는 모습을 경험하기를 바란다.

정체됨

공동의 실천을 위한 공간을 창조하며 겪는 최초의 어려움 한 가지는 내면의 갈등을 극복하는 일이었다. 우리는 보통 막다른 길에 도달했음을 발견할 때까지 새로운 길을 찾지 않는다. 새로운 탄생은 종종 남겨진 것에 대한 슬픔에서 비롯된다. 내가 실험을 이끌기 위해 노력하기 시작한 이면에는 이전에 배운 복음의 제한된 관점에 대한 답답함과, 배운 것을 온전히 실천할 수 없다는 절망이 있었다. 더 나은 이야기와 통합된 길이 가능하다는 것을 깨달았을 때 나는 소망과 분노를 동시에 느꼈다. 모든 모임은 반발과 부정적인 상태로 정체될 위험이 있을 뿐만 아니라, 많은 경우 여정에서 파괴를 필연적으로 경험한다.

  열매가 없는 것 같았던 길을 가며 후회 속에서 살아갈 때, 새롭고 창조적인 실천을 향한 긍정적인 추진력을 얻기란 어려웠다. 그러나 나처럼 새로운 길을 추구하며 실험을 인도하려고 애쓰던 친구와 동료들 모임에서 도움을 받았다. 우리는 변화를 경험하는 동안 체계적으로 일을 추진하기 위해 3개월간 매주 한 번씩 모였다. 서로 질문을 하고 성경을 연구하며 새로운 것을 실험했다. 이러한 과정을 함께 거치는 동안 우리는 견고해졌고, 혼자가 아님을 깨달았으며, 슬픔을 함께하고 새로운 가능성을 꿈꾸도록 지원해 주는 환경을 얻었다.

  친구 매트가 재성찰의 과정에서 정체되어 있었을 때를 기억한다. 매트와 킴 부부는 대형 교회의 리더로 여러 해를 섬긴 후에 매우 회의적으로 변했다. 교회 활동과 프로그램을 도우며 많은 시간을 보냈지만 그들은 깊은 외로움을 느꼈고, 같은 신앙 공동체에서 그들과 더 친밀한 관계를 맺기를 원하는 사람이 정말로 있기는 한지 의문이 들었다. 킴이 셋째 아이를 유산하자 이러한 회의는 더 깊어져 갔다. "도대체 우리가 영적으로 성장하는 데 실제로 도움이 되는 게 있기는 한가요?" 그들은 이렇게 물었다. "우리는 아이들을 키우고 주택 융자금을 갚아 가며 압박감 속에서 조급함과 얽매임을 느낍니다. 우리가 느끼는 내면의 고통이 또 다른 설교 시리즈나 성경 공부로 정말 치유될 수 있을까요?" 매트는 오랜 시간 나와 함께 산책하며 내면에서 커져 가는 좌절감과 환멸을 자주 토로했다. 그리고 한번은 이렇게 물었다. "예수님이 우리 삶 전체에 전적인 변화를 일으키셨다면 왜 더 이상 그런 경험을 하지 못하는 걸까요?" 나는 그에게 체제에 대한 비판 대신 창조적인 변화를 일으키는 새로운 실천 방법에 관심을 집중해 보라고 제안했다. 그 시기에 매트의 가족은 초기 부족 실험 가운데 하나에 참여하면서 그들이 진정 추구하는 바가 가족과 이웃의 일상에 더욱 깊이 뿌리내린 영적인 실천임을 점차 깨달았다. 친구와 이웃을 집으로 초대해 식사를 함께하고 공동체를 세우며 기도와 예배를 가족의 자연스러운 일상의 리듬으로 포함시키는 법을 배워 갔다. 스스로 성장해 갈 수 있고 친구와 이웃, 외로운 사람들과 함께 공동의 실천을 만들어 갈 수 있다는 사실을 깨닫자, 교회로 인한 그들의 불안과 좌절감은 희미해졌다.

당신 혼자만 자신이 걸어온 여정에 의심이나 의문을 품었던 것은 아니다. 대다수가 어느 정도는 실망감과 힘겹게 싸우거나 하나님과 하나님 나라에 대한 근시안적인 이해로 넘어진다. 이런 일이 생길 때 이전의 신앙을 순진하다 치부하고 불확실성을 부정하거나, 일반화된 성숙한 신앙 개념에 자신을 맞추기 위해 의문을 억누를 수 있다. 아니면 정체된 상태에서 벗어나기 위해 적극적으로 행동하며, 실망감과의 힘겨운 싸움에서 공동의 실천을 만들어 낼 수 있다. 비슷한 소외감을 느끼는 친구들과 모임을 만들고, 내면의 의문과 의심을 해결하기 위해 여섯 번에서 여덟 번 정도 만나라. 소리 내어 불만을 말하는 것에 시간 제한을 두라. 치유와 회복의 과정에 신뢰할 수 있는 인도자로부터 도움을 받는 것이 좋다. 예수님의 도를 적극적으로 실천할 때, 내면의 부정적인 마음과 실망감의 소리가 작아진다는 것을 발견한다.

조직과 목적성

공동의 실천을 위한 공간을 창조하는 일에 참여하며 내가 넘어서야 했던 가장 어려운 장애물은 조직에 대한 두려움이었다. 하나님의 사랑의 나라에서 더불어 살아가는 삶을 추구하는 데 목적의식이 얼마나 중요한지를 깨닫기까지 퍽 오랜 시간이 걸렸다. 나는 본래 창조적이며 열린 생각을 좋아하고 프로그램보다는 관계를 더 중시하는 편이다. 나의 20대와 30대 초반의 삶은 대부분 "함께 어울리며 예수님을 사랑하는" 것만으로 예수님같이 될 거라는 가정 하에, 직접적인 지도를 받지 않고 체계적인 노력도 별로 하지 않은 채 그냥 흘러갔다. 이제 와 돌이켜보니 그 원인의 일부는 지금도 여전히 내 안에 간직하고 싶어 하는 이상주의에서 비롯되었다. 하지만 그 주된 이유는 당시 내가 삶에 대해서 순진했었을 뿐만 아니라 삶의 실제 원리에 대해서도 제대로 이해하지 못했기 때문이었다. 나는 관계를 중시하는 체계적인 조직에서 어떻게 변화와 성장을 일구는 건강한 환경이 창조되는지를 이해하지 못했다. 그래서 슬프게도 많은 사람에게 상처를 주었다.

나와 함께 일하는 많은 지도자들은 큰 열정과 비전을 가졌고, 목적이 뚜렷하고 실천 지향적인 모임을 인도하며, 이를 실천에 옮기기 위해 애쓰고 있다. 지도자가 직면한 가장 큰 유혹 중 하나는 배움을 삶 속에 실천하는 분명한 길을 제시하지 않은 채로 단지 새로운 생각을 이야기하고 비전을 공유하는 데 그치는 것이다. 대화는 중요한 실천이지만 결국 행동으로 이어지지 않는다면, 생명력이 없기에 열매를 맺을 수 없다. 전인격적인 제자도의 공간을 창조하는 데 있어서 리더십을 새롭게 이해하는 일은 매우 중요하다. 이제 지도자들은 모임을 주최하며 사람들을 돌보고 소통을 돕는 사람일 뿐만이 아니라, 순종과 실천을 설득력 있게 제시하는 전수자이자 코치로 스스로를 인식해야 한다. 제자를 삼는 가장 좋은 방법은 예수님께 구체적으로 순종하고, 다른 사람들을 동일한 여정에 초청하는 것이다. 목회자들 또한 사역의 상당 시간을 다른 사람들과 함께 일하며 하나님 나라의 가치를 실천하는 일로 업무 내용을 재조정할 수 있다.

항상 초심으로

내가 직면했던 세 번째 문제는 자신을 지도자로 인식한다 해도, 사람들을 실천의 길로 인도하는 일에 준비되어 있는 건 아니라는 것이었다. 내가 가진 성경 지식과 목회자로서의 경험, 신학 교육은 예수님이 행하고 가르치신 것을 실천하도록 사람들을 인도하는 데 거의 도움이 되지 않았다. 그 사실에 대한 깨달음 때문에 이 세 번째 문제를 더 깊이 절감하게 되었다. 하나님 나라의 여정에서 신뢰성은 지식이나 공적인 업적이 아니라 예수님의 도를 실천하고 가르치며 살아낸 경험에서 나온다[마 5:19]. 사람들이 실험을 시작하며 보통 범하는 실수 중 하나는, 실제 경험보다는 지식이나 이상에 근거해 인도하려고 애쓴다는 것이다. 어느 날 나는 남은 생애 동안 정말로 내가 소원하던 이상적인 제자가 되게 해줄 깨달음을 경험했다. 훌륭한 지도자는 헌신된 지도자라는 사실이다.

초기의 나와 마찬가지로 많은 사람들은, 인도자는 마치 배울 필요가 없다는 듯이 실천 과정에서 한걸음 물러나 다른 사람들을 가르치려고만 했다. 제자 삼는 일은 사이드라인 밖에서 지켜보며 계속 훈련을 지시하는 스포츠 코치의 일과는 다르다. 사람들은 당신이 '안'에 있는지 아니면 '밖'에 있는지를 느낄 수 있다. 자신은 적극적으로 참여하지 않으면서 다른 사람을 위해 뭔가를 할 수는 없다. 그것은 내가 생각하는 실험이 아니다. 여전히 나는 하나님의 사랑의 나라에서 살아가는 삶에 대해 배울 것이 훨씬 더 많기 때문이다. 물론 전수자로서 나는 그 과정을 인도하는 일을 돕는 한편, 다른 사람의 모본으로서 모험을 감수하며 순종의 기준을 세운다. 따라서 인도자는 방 안에 있는 어떤 사람보다 헌신되어 있고, 적극적으로 참여하며, 투명해야 한다. 아마도 예수님이 제자들에게 그들 자신을 '랍비' 또는 '선생'으로 부르지 않도록 경고하신 것은, 초보자의 자세가 제자가 되는 유일한 길이기 때문일 것이다. 나는 과거에 초보자였고 지금도 여전히 초보자다.

우리는 공동의 실천에 대한 신학적이고 실제적인 입문 과정을 다루었다. 이제 예수님의 가르침을 좀 더 구체적으로 연구할 때다. 이어지는 2부에서는 사랑의 나라에서의 삶을 정체성, 존재 목적, 안전, 공동체, 자유와 평강의 차례로 다루고 있다. 그룹 실험을 시작하고 인도하는 데 있어 상상력을 움트게 해줄 공동의 실천에 대한 실제 예들도 실려 있다. 이제 자전거를 타고 달릴 시간이다.

_____ 토론

- **자전거 타기** 자전거 타는 법을 배우던 때를 돌아보라. 완전히 배우기까지 얼마나 시간이 걸렸는가? 균형을 잃을 때 어땠는가? 당신이 배움에 헌신하게 된 것은 무엇 때문이었는가? 실수가 예수님의 도를 실천하는 것을 배우는 과정의 일부가 되는 이유는 무엇인가?

- **동역자 확인하기** 실험에 착수할 때 당신과 함께 그 일을 할 수 있다고 생각되는 세 명을 떠올려 보라. 당신은 이 팀에 어떻게 기여할 것인가? 어떤 능력이 필요할 거라고 생각하는가?

- **실험의 기획** 이 책을 읽으며 어떤 실험에 가장 매력을 느꼈는가? 이 실험은 당신의 상황에 맞춰 어떻게 수정되어야 하는가?

- **초청** 당신과 가까운 사람이나 모임 중에서 공동의 실천에 관심을 가질 가능성이 있는 사람은 누구인가? 그들이 어떤 질문을 할 거라고 생각하는가? 당신의 생각을 가장 잘 소개할 수 있는 방법은 무엇인가?

- **참여** 이러한 실험에 참여하기 위해서는 반드시 그리스도인이어야 한다고 생각하는가? 공동의 실천에 참여하기를 원치 않는 이들에 대해 어떤 생각이 드는가? 공동의 실천에 누군가를 초청하는 일은 복음을 전하는 것과 어떤 점에서 비슷한가?

- **모임의 인도** 다음 역할 중에서 어떤 것이 편안한가? 그 이유는 무

엇인가?

    — 실험의 소개와 비전의 제시

    — 구체적인 훈련과 실천의 인도

    — 소그룹 내에서 상호작용을 돕는 일

    — 환대

    — 준비와 정리

    — 모임 운영

- **장애물 넘어서기** 이번 장에서 확인한 장애물 중에서 당신에게 해당되는 것은 무엇인가? 예수님의 도를 실천하고 인도하는 일에는 어떤 어려움이 있을 것 같은가?

──────── 적용

실험에 대한 토론 한두 명과 함께 모여 다른 사람을 초대할 실험에 대해 자유롭게 토론해 보라. 당장은 토론 과정에 집중하라. 이후에 정말 그것이 당신이 시도하고 싶은 실험인지 결정할 수 있다. 다음 질문을 토론의 길잡이로 사용하라.

- 정체성, 존재 목적, 안전, 공동체, 자유와 평강 중에서 어떤 측면을 실험해 보고 싶은가?

- 예수님의 가르침 중에서 공동의 실천을 통해 구체적으로 탐구해 보고 싶은 가르침은 무엇인가?
- 이러한 가르침은 우리가 세상에서 느끼는 필요나 고민과 어떤 관련이 있는가? 예수님의 가르침은 우리의 고정관념이나 습관 중에서 어떤 것을 뒤집어 놓는가?
- 예수님이 말씀하신 하나님 나라의 실재를 누리며 살아가기 위해, 당신은 어떤 행동이나 실천을 채택할 것인가?
- 1회 실험, 단기 실험, 장기 실험 중 어떤 것인가?
- 개인 중심 실험, 그룹 실험, 열린 초대 프로젝트 중 어떤 형태가 가장 효과적인가?
- 실험의 주요 목적은 무엇인가?
- 누구를 초청할 것인가?
- 이 실험에 착수한다면 우리는 각자 어떤 역할을 맡게 될 것인가?

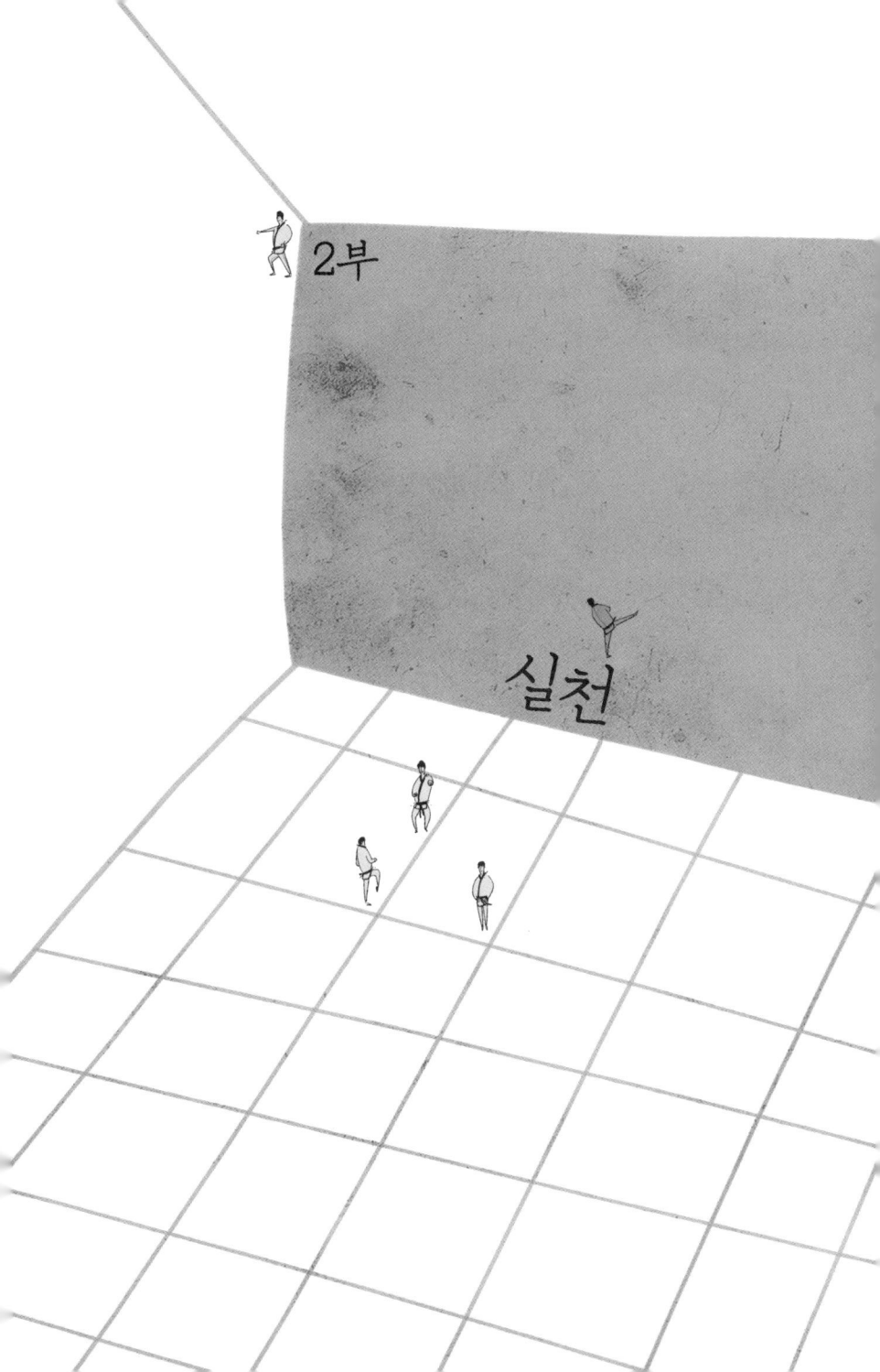

7
정체성에 대한 실험

나는 누구인가

무릇 하나님으로 인도함을 받는 사람은 곧 하나님의 아들이라. 너희는 다시 무서워하는 종의 영을 받지 아니하고 양자의 영을 받았으므로 우리가 아빠 아버지라고 부르짖느니라. 성령이 친히 우리의 영과 더불어 우리가 하나님의 자녀인 것을 증언하시나니.

로마서 8:14-16

동트기 전
도시의 거리는
고요합니다
주님을 생각하며
집을 나서서

한적한 곳
주님 어루만지시는 그곳으로 향합니다
항상 함께하시는
우리 모두의 아버지
이른 아침의 고요 속에
한 치로 나뉜
지상과 영원
뛰는 가슴속에서
희미하게 들리는
주님의 부르심
고요하라
나를 깨우는
초대
그 작은 속삭임에 복종합니다
따뜻하고 촉촉한 입맞춤처럼
땅을 덮는
습기 머금은 차가운 공기 마시며
안개에 싸입니다
나의 소원은
주님의 갈망을 이루어 드리는 것이니
주님의 음성과
주님의 어루만지심에

나를 내어드립니다
하루를 잉태하는
비옥한 씨앗을 품은
하나의 꿈
안식일의 쉼, 그 유산으로
나를 활짝 열어 드립니다
마크 스캔드렛, 2007. 7. 29.

처음 만났을 당시 명망 있는 기독교 지도자였던 디터는 창조적이며 성공한 개척자의 본을 보이는 감동적인 인물이었다. 최근 그는 갑작스런 뇌졸중으로 언어 장애, 마비 등의 심각한 장애를 입었다. 찬양예배를 통해 사람들에게 하나님에 대한 깨달음과 가르침을 주는 그의 탁월한 은사와 능력을 감안했을 때 뇌졸중은 말 그대로 치명적이었다.

돌연 사역과 정체성을 잃는다면 과연 나는 어떻게 대처할 것인가? 디터의 집으로 운전해 가며 든 생각이었다. 나는 그가 차에 오르자 어색한 침묵을 질문과 의미 없는 말들로 채우려 애썼다. 디터는 나를 향해 천천히 몸을 돌리고는 말했다. "천천히 … 말해 주게! 천천히 … 하자고. … 나와 … 이야기하면 … 긴장이 … 풀릴 … 거야 … 알겠나?"

우리는 카페에 마주 앉아 서로 의사소통하기 위해 애썼다. "지금은 겨울이라네." 그가 말했다. "봄, 여름의 새로움은 날 들뜨게 했네.

가을은 역시 화려했지. 그러나 지금 여기는 어둡고 춥다네. 언젠가 자네도 이곳을 지나게 될 걸세. 봄이나 여름이 언제 다시 올지 모르는 채로 말이네." 그의 눈에 눈물이 차오르는 걸 보자 내 눈에도 눈물이 고였다.

"그렇다면 자네는 지금 어디에서 하나님을 발견하고 있나?" 나는 조금 망설이며 물었다.

"설명하기 어려운 문제로군. 나는 이제 나를 향한 하나님의 사랑을 그 어느 때보다 잘 알고 있다네. 내게 가족과 친구는 정말 소중하며, 서로 사랑하고 사랑받는 일 또한 매우 중요해졌네. 여기에 있는 음식과 음료, 햇빛, 잠을 자고 개를 산책시키는 일처럼 사소한 것들을 나는 사랑한다네."

디터는 최근에 찍은 사진 몇 장을 보여 주며 기뻐했다. 언어를 초월한 아름다움을 전달하는 놀라울 만큼 단순한 사진이었다. 디터는 크나큰 대가를 치렀지만, 이를 통해 인생의 계절을 지나는 동안 고통을 감내하고 사랑받는 자녀로서의 정체성을 온전히 받아들이는 법을 내게 가르쳐 주었다.

누구를 알고 무엇을 성취했는가에서 의미를 찾으며 할퀴듯 서로를 상처 입히는 세상에서 우리의 참된 정체성은 하나님의 축복과 사랑을 받는 자녀라는 사실에 있다. 바로 그것을 발견하기 위해 우리는 부르심을 받는다.

뜰과 한적한 곳에서:
예수님은 어떻게 하나님 아버지와의
친밀함의 본을 보이셨는가

예수님이 세례를 받으신 장면에서, 우리는 하나님이 우리를 창조하신 목적인 하나님과의 친밀한 연합에 대한 강렬한 상^像을 본다. 예수님은 물에서 나올 때 이런 음성을 들으셨다. "이는 내 사랑하는 아들이요, 내 기뻐하는 자라"^{마 3:16-17}. 그 후 성령님은 예수님을 하나님 아들로서의 정체성이 시험을 당하는 광야로 인도하셨다. 40일이 지난 후, 예수님은 '아버지의 일'을 할 준비를 마친 하나님 아들로 당당하게 나타나셨다. 이후로도 예수님은 종종 뜰과 한적한 곳으로 물러가셨다. 체포당해 고문을 받고 십자가형에 처해지기 직전의 가장 힘겨운 순간에도, 예수님은 뜰로 가셔서 무릎을 꿇고 끝까지 기도하셨다. "아버지, 내 뜻이 아닌 오직 아버지의 뜻이 이루어지게 하소서." 미처 드러나지 않았던 예수님의 고독한 삶은 그분의 담대한 사랑과 희생의 원동력이 되었고, 마침내 세상에 그 가치를 증명했다.

★ ★ ★

어느 추운 겨울의 이른 아침, 나는 차가운 안개에 휩싸인 도시의 전경이 내려다보이는 언덕에 올랐다. 그곳에 오르는 동안 예수님이 세례 받으실 때 위에서 들려온 말씀을 묵상했다. 그리고 말씀을 내 자신의 표현으로 바꿔 천천히 반복해 보았다. "아버지, 저는 주님의 자녀입니다. 주님은 저를 사랑하십니다. 또한 저를 기뻐하십니다."

도저히 사실이라고 믿기 어려울 정도로 좋은 처음 두 문장을 말하며 따뜻함과 편안함을 느꼈다. 그러나 세 번째 문장에 이르자 나는 숨이 멎는 듯했다. "주님은 저를 기뻐하십니다." 하나님 아버지는 예수님이 공적으로 중요한 일을 행하기 전에 이미 예수님을 기뻐하셨다. 하나님 아버지께서 이처럼 나로 인해 즐거워하며 기뻐하신다는 것이 가능한 일일까? 나는 진정 사랑받는 자인가?

창조성 일깨우기

우리는 창조주 하나님의 임재와 사랑으로 보전되는 경이로운 세상에서 살아간다. 그러나 대부분의 사람들은 언젠가 다음과 같은 질문을 하게 된다. "하나님은 어디에 계시는가?" 회의주의와 무신론의 시대에 우리는 혼자가 아니며 버림받지 않았다는 진리를 향해 나아가기 위해서는 용기와 노력이 필요하다. 예수님은 우리와 여기 함께하시며, 우리 삶에 적극적으로 개입하시고, 우리가 사는 세상에 평강을 주시는 하나님을 상상하고 믿으라고 강하게 도전하신다.

하나님의 사랑받는 자녀로서의 정체성을 발견하기 위한 비전: 우리는 누구인가?

우리는 호흡보다 더 가까이에 계신 창조주 하나님으로부터 친밀한 사랑을 받고 있다. 우리는 혼자가 아니고 버림받지 않았다. 하나님께 그분의 사랑을 간청하거나 설득할 필요가 없다. 우리는 하나님의 사랑받는 자이며 자녀이기에 하나님의 돌보심을 받는다. 우리에게는 '어머니', '아버지'라고 부르는 실제 부모님이 존재하지만, 우리의 진정한 본향의 참된 부모는 영원한 '아버지 하나님'Abba시다. 우리는 아버지 하나님과의 친밀한 연합을 위해 창조되었으며, 하나님으로부터 생명을 공급받는다. 세상의 어떤 것도 우리를 만족시킬 수 없다. 우리는 선생님이신 예수님을 믿음으로 온전히 따르며, 창조주 하나님이 항상 우리를 향한 가장 선한 뜻을 품고 계심을 믿는다. 우리는 이를 위해 기도하며 그에 합당한 삶을 살도록 부름 받는다. "하늘에 계신 우리 아버지여 이름이 거룩히 여김을 받으시오며." 예수님의 제자는 성삼위일체 하나님과의 사귐을 통해 자신의 정체성을 찾는 법을 배운다.

우리의 존재와 행위에 대한
예수님의 가르침

다음은 하나님의 사랑받는 자녀로서의 정체성을 수용하는 것에 대한 예수님의 가르침이다. 예수님이 "하나님의 본체의 형상"히 1:3이라는 주장은 예수님이 선지자와 계시자 가운데 유일무이한 존재임을 보여 준다. 또한 예수님의 삶과 희생은 참 사랑의 모습을 보여 주며, 우리가 창조주 하나님과 '하나'가 되는 방법을 보여 준다요 17:22-23. 복음서 기자는 예수님이 창조주의 실재와 권능과 사랑을 보여 주는 신뢰할 수 있는 사자라는 사실을 믿으라고 권면한다. 예수님은 역사 속에 실재하셨고 구약 예언을 성취해 보이셨다. 기사와 치유를 행하시고, 당시 종교 지도자보다 더 큰 권위로 말씀하시며, 죽은 자를 살리시고, 죽은 자 가운데서 살아나셨다. 예수님은 자신이 하나님 아버지와 친밀한 관계를 맺고 그분의 뜻에 순종하기 때문에 그런 능력을 행하실 수 있다고 말씀하셨다. 또한 예수님을 따르는 사람은 '이보다 더한 것'을 행할 것이라고 약속하셨다요 14:12.

이 시대 예수님을 추구하는 이들은 확신과 능력의 경험이 부족하다는 사실을 너무나 자주 확인한다. 이것은 우리가 여전히 예수님이 행하신 일을 통해 하나님 아버지의 임재 가운데 살아가는 법을 배워야 한다는 것을 의미한다. 사회 속에 팽배한 조급함과 산만함, 경쟁적인 기대 때문에 우리 삶 가운데 하나님을 위한 공간을 찾기가 어렵다. 어떻게 해야 "모든 것을 새롭게 하시는" 하나님의 능력 안에서 살아갈 수 있을까?

- 다시 새로이 꿈꾸라! 당신의 삶에 실재하는 하나님의 돌보심과 일하심에 깨어 있으라 "때가 찼고 하나님의 나라가 가까이 왔으니 회개하고 복음을 믿으라"막 1:15.

- 예수님이 창조주의 사랑과 구원의 능력을 주시는 신뢰할 수 있는 하나님의 사자임을 믿으라 "하나님께서 보내신 이를 믿는 것이 하나님의 일이니라"요 6:29.

- 예수님의 희생을 기억하며 존재의 근원 가운데 머물라 "내 안에 거하라. 나도 너희 안에 거하리라. 가지가 포도나무에 붙어 있지 아니하면 스스로 열매를 맺을 수 없음같이 너희도 내 안에 있지 아니하면 그러하리라"요 15:4-6. "내 살을 먹고 내 피를 마시는 자는 내 안에 거하고 나도 그의 안에 거하나니"요 6:56. "너희가 이를 행하여 나를 기념하라"눅 22:19.

- 예수님을 당신의 선생님으로 모시라 "나의 멍에를 메고 내게 배우라" 마 11:29.

- 하나님을 '아버지'라고 부르며 모든 것에 대하여 기도하라 "그러므로 너희는 이렇게 기도하라. 하늘에 계신 우리 아버지의 이름을 거룩하게 하시고" 마 6:9.

- 확신을 갖고 기도하되 미신을 버리라 "기도할 때에 이방인과 같이 중언부언하지 말라. 그들은 말을 많이 하여야 들으실 줄 생각하느니라. 그러므로 그들을 본받지 말라. 구하기 전에 너희에게 있어야 할 것을 하나님 너희 아버지께서 아시느니라" 마 6:7-8.

- 홀로 은밀히 기도하라 "너는 기도할 때에 네 골방에 들어가 문을 닫고 은밀한 중에 계신 네 아버지께 기도하라. 은밀한 중에 보시는 네 아버지께서 갚으시리라" 마 6:5-6.

상상력과 창조성 그리고 미적 감수성은 하나님의 사랑받는 자녀로서의 정체성을 일상생활 가운데 드러내는 강력한 도구가 될 수 있다. 특히 많은 사람이 자연과 단절되어 하나님의 선하심을 "직접 맛보며 확인하는 것"이 불가능한 속도로 살고 있는 이 시대에는 더욱 그렇다. 다음은 일상의 삶과 이야기 속에서 하나님을 발견하려고 애쓰고 있는 참가자들을 돕기 위해 기획된 실제 실험의 예다.

　방 안에는 향초와 갓 꺾은 꽃, 치즈 그리고 초콜릿을 입힌 딸기를 비롯해 먹음직스러운 음식과 음료가 차려져 있다. 남아시아의 악기 타블라(북인도의 대표적인 타악기로 농구공 정도의 크기이며 다섯 손가락을 이용해 두드리거나 누르거나 비벼 연주한다－역주)의 낮은 북소리는 수백 명의 손님들이 나누는 즐거운 대화 소리에 파묻혀서 거의 들리지도 않는다. '자연의 성찬'이라는 이름이 잘 어울리는 이 행사에서는 흙을 재료로 한 예술 작품이 방 전체에 전시되어 있다. 한가운데에는 그 행사에 참여한 예술가 18명의 도발적인 초상화 연작이 전시되었다. 사람들이 무대에 올라 시를 낭독하고, 음악을 연주하며, 자신이 쓴 이야기를 읽는 동안, 다른 사람들은 차례로 방 전체를 돌며 손님들을 안내한다.

　전시회를 겨우 6주 전에 준비하기 시작했다는 사실이 믿기 힘들 정도다. 교외 지역의 전업주부, 소매상인, 교사, 사회복지사, 실리콘밸리의 기술 전문가들이 한데 모인 이 그룹은 그 당시 창조성 일깨우기로 이름을 붙인 6주간 실험의 첫 번째 모임을 가졌다.

　캐스린은 2년 전 교회 출석을 그만둔 후로 소망과 염려를 동시에 안고 공동체 프로젝트에 등록했다. 그녀는 '그리스도인들'에게 실망한 상태였다. 하지만 그보다는 한창 인생의 어려운 때를 통과하며 하나님께 버림받았다고 느낀 탓이 더 컸다. 프로젝트가 시작된 첫날 저녁, 그녀는 비판적인 태도로 임했지만, 자신이 경험한 교회와 그 모임이 다르다는 사실에 놀랐다. 인도자는 그녀의 예상과 달리 종교적인 언어를 사용하지 않았고, 설명만으로도 그녀의 관심을 이끌어 냈다. "이 실험의 목표는 창조성과 영성을 연결하는 것입니다. 우리는 창조주의 형상을 따라 지음 받은 존재로, 창조적인 행동을 할 수 있는 능력을 가졌습니다. 이후로 당신이 어떤 사람이 될지는 상상하기 나름입니다. 우리 가운데 많은 사람들은 신학적 신념과 실제 삶 사이에서 어느 정도의 불일치를 경험하며 살아갑니다. 그러나 창조적인 활동을 통해 우리가 서로 도울 수 있기를 소망합니다. 오감을 통해 우리가 경험하는 것 가운데 하나님과 본질적인 것에 대한 믿음을 발견하는 방법을 배우기 원합니다. 다시 말해, 자연 속에서 하나님의 임재하심과 우리의 어지러운 일상 속에서 하나님의 돌보심을 깨닫는 것입니다."

모임의 구성원들은 일상적인 실천, 성경 읽기, 창조적인 활동을 비롯해 매주 자연 속에서 모임을 하도록 초청받았다. 이는 깨어 있는 대부분의 시간을 컴퓨터 스크린 앞에서 살아가는 이들에게 특히 의미 있는 일이었다. 미술 석사학위 소지자인 캐스린은 오리엔테이션에서 프로젝트의 주제가 소개되었을 때 사람들의 반응을 주제로 창의적인 작품을 만드는 것이 과제라는 사실에 깊은 감명을 받았다. "주어진 점토로 무언가를 만들고 그 속에 표출된 자신에 대해 이야기해 주세요." 그리고 "10분간 당신이 느낀 놀라움을 시로 써보세요.… 준비되셨나요? 그럼 시작합니다!"

그 과제의 목적은 구상에만 그치는 것이 아니라 구체적이고 창조적인 모험으로 사람들을 인도하는 것이었다. 또 그것은 예전에 캐스린이 겪은 실망스러운 종교적 경험에 대한 반가운 대안이기도 했다. 그날 저녁 모임을 마치며 실천 과제를 설명하는 시간이 있었다. "고유한 성품과 이야기를 지닌 당신은 특별한 시간과 장소, 관계 속에 태어났습니다. 하나님의 사랑받는 자녀로서의 정체성을 온전히 받아들여, 하나님 안에서 새로워진 삶을 이야기하는 법을 배울 수 있습니다. 구약 시대 사람들은 이 같은 경험을 기억하기 위해서 종종 돌을 세웠습니다. 이번 과제는 자기 인생의 전환점, 곧 하나님의 돌보심과 임재를 깨달은 시점을 표현하는 돌을 찾고, 그 사건에 대해 두 쪽 분량의 보고서를 쓰는 것입니다." 이것은 캐스린에게는 어려운 과제였다. 그녀는 자신의 삶 속에서 하나님을 발견하기 위해 씨름 중이었기 때문이다.

그다음 주에 그들은 일상의 실천을 점검하고 자기 인생의 '기념비'와 같은 이야기를 들려주기 위해 소그룹으로 모였다. 대부분의 이야기는 감동적인 영화 대본과도 같았다. 죽음 직전까지 이르렀던 경험, 유방암 투병과 생존기, 이혼으로 겪은 고통과 인생의 변화, 유년기에 말을 타고 달리던 따뜻한 기억 등등. 웃음과 눈물, 감사와 경이로 가득했던 그날 저녁에 사람들은 캐스린이 이전에 경험했던 그 어떤 모임보다 훨씬 더 깊이 있고 정직하게 자신의 이야기를 나누었다. 그녀는 다소 우울한 자신의 이야기를 읽으며 사람들이 보여 준 이해심과 인정에 다시 한 번 놀랐다.

한번은 사진 촬영 준비를 해오는 것이 과제였다. "하나님의 빛에서 떠나 어두운 그늘 속에 살아가는 자신의 모습을 시각적으로 표현할 의상과 소도구를 준비해 오세요. 그리고 하나님의 나라로 더 깊이 들어가며 모험을 떠나는 자신에 대한 소망을 표현할 또 다른 의상을 가져오세요." 캐스린은 설명을 듣고 일어나 말했다. "솔직히 말해, 저는 하나님이 이 세상에서 실제로 일하고 계심을 신뢰하기 어려운 시기에 있습니다. 한때 하나님의 말씀을 들었다고 생각했고 그래서 담대하게 모험을 했지만 그 결과는 완전한 실패였습니다. 결국 저는 완전히 지치고 황폐해졌습니다." 인도자는 가르치려는 태도를 보이지 않으면서 캐스린의 경험을 표현할 다른 방법이 있을 거라고 친절히 격려해 주었다. 그녀의 인생 이야기는 아직 끝나지 않았기 때문이다.

사진 촬영을 하는 날 저녁에 모든 사람들이 준비된 의상을 입고 왔다. 캐스린과 같은 그룹에 속한 데비는 자신의 의상과 소품을 설명했다. "저는 그늘 속에 있는 제 모습을 표현하기 위해서 엄격한 여자 경찰처럼 옷을 입었어요. 두려움 속에서 살아갈 때 저는 주변의 모든 사람을 판단하고 통제하며 감시하는 경향이 있기 때문입니다. 미래의 초상화 속의 저는 요리의 재능을 두려움 없이 너그럽고 즐겁게 나누는 안주인입니다. … 물론 초콜릿도요." 폴이라는 이름의 남성은 자화상에 영감을 주었던 상황을 묘사했다. "저는 제 일과 사회적인 기대 때문에 마치 시간에 쫓기는 죄수처럼 느끼며 힘들게 살아갑니다. 그래서 그늘 속의 제 모습을 표현하기 위해서 미키마우스 시계처럼 옷을 입고 왔습니다. 반면 하나님의 빛 속에서는 여유와 평화를 누리기 때문에 와이셔츠를 입지 않고 자유롭게 오토바이를 타는 모습을 찍었습니다!"

그늘 속 초상화에서 캐스린은 나일론 스타킹을 머리에 쓰고 잡아당겨 불분명하고 흐릿한 이미지를 만들었고 손으로는 눈을 가렸다. 두 번째 초상화 속의 그녀는 곱고 푸른 봄빛의 케일 이파리와 분홍 장미 꽃잎을 볼 가까이에 대고 밝게 미소 짓는 모습이었다. 캐스린은 일체 다른 설명을 덧붙이지 않았지만 그림 자체만으로도 전달하는 바가 분명히 드러났다.

모든 사람들은 전시회를 위해 훈련의 결과물인 예술 작품을 가져왔고 마지막 주에는 금요일 저녁의 파티를 위해 함께 모여 방을 현대 미술관처럼 장식했다. 수줍음이 많았던 캐스린은 전시회 날 입구 근처에서 손님을 맞이했다. 대학원의 담당 교수님과 무슬림 친구 한 명, 몇몇 직장 동료를 포함해 15명 정도가 그녀의 전시회에 초대받아 왔다. 그녀는 전시장 전체를 열심히 안내했고 그녀의 작품 각각의 이면에 담긴 의미와 이야기를 설명하고, 다른 작가들을 소개했다. 배움의 실험실을 통해 캐스린 안에서는 무언가 변화가 일어났다. 그날 저녁 모임을 마치며 그녀는 다음과 같이 말했다. "저는 이 프로젝트를 통해 다시금 하나님과 연결될 수 있었어요. 이곳은 안전하게 탐험할 수 있는 곳이었습니다. 좀 더 '교회다운' 환경에서 보낸 시간 동안, 하나님에 대해 제 경험을 나누려고 노력해 왔지만 늘 강요받은 것처럼 어색하게 느껴졌어요. 오늘 밤 저는 제 영적인 여정에 관해 관대하고 진실한 태도로 친구들을 대할 수 있었어요. 우리는 비록 짧지만 깊은 대화를 나눴어요. 무신론자인 친구들에게도 불편한 느낌을 주지 않았다고 생각해요."

전시장 입구에는 모임의 시작과 끝에 항상 우리가 함께 드렸던 기도문이 걸려 있었다. 이 기도는 창조성 일깨우기의 비전을 분명히 드러내 주었다.

우리는 창조적이 되도록 지음 받은
우리의 운명을 이루어 가고
전 생애를 걸고 아름다움을 창조하는 모험을 행하며
성령님의 능력을 온전히 받아들입니다.

마크 스캔드렛, 애덤 클라인

──── 침묵으로
　　　　들어가기

새벽 아직도 밝기 전에 예수께서 일어나 나가 한적한 곳으로 가사 거기서 기도하시더니.

마가복음 1:35

만약 우리가 기도에 대해 이야기하는 대신 실제 기도했다면 어떤 일이 일어났을까? 우리는 이 질문을 출발점으로 첫 주말 침묵 수양회를 계획했다. 예수님이 기도하기 위해 종종 한적한 곳으로 물러가셨다는 것을 알기 때문에 이 기도의 방법을 함께 실험해 보고 싶었다. 우리 중 일부는 몇 시간을 홀로 보내려고 하다 중도에 포기한 적이 있고, 한두 명 정도는 개인적으로 침묵 수양회를 경험해 본 적이 있다고 했지만, 대부분은 긴 침묵과 고독의 시간을 처음 경험했다. 우리는 그룹 전체가 이 실험에 참여할 때 어떤 일이 생길지 확신이 없었지만 기꺼이 모험을 해보기로 했다.

친구의 소개로, 대부분의 참가자들이 거주하는 도시에서 한 시간 거리의 태평양 해변에 위치한 넓은 집을 구했다. 우리는 친구들을 초청하기 시작했으며, 간단하고 건강한 식단의 식료품도 구입했다. 다른 몇 명은 그들이 좋아하는 시편과 고전적인 기도 훈련이 실린 자료 모음집을 만들고 대략의 일정을 짰다.

금요일 저녁에 미혼인 친구들, 기혼 부부, 연세가 지긋한 어르신 몇 분, 세 명의 취학 아동을 동반한 한 가족을 포함해 17명이 함께 모였다. 우리는 식사를 하며 서로 소개하고 질문하는 시간을 가졌다. "앞으로 36시간 동안 침묵과 고독, 깊은 기도를 경험할 것입니다. 여러분은 그 실험의 결과로 무엇을 기대하십니까?" 잭은 앞으로 직장을 계속 다닐지, 아니면 대학원에 진학할지에 대한 확신을 얻기 원했다. 친밀하신 하나님의 손길을 더욱 느끼고 싶어 했던 니콜은 이번 기회에 충분한 시간을 가지며 영적 돌파구를 찾기를 바랐다. 최근 이혼한 케빈은 부산한 도시에서 벗어나 생각을 정리하고 치유받을 공간이 필요했다. 다른 사람들에게는 그 주말이 순수하게 예수님의 본을 따라가는 또 다른 실천의 기회였다.

션은 기본 일정, 다양한 기도 훈련, 관련 성경 구절과 일기에 사용할 몇 가지 질문이 실린 수양회 지침서를 나눠 주었다. 션과 나는 함께 역사 속에서 침묵과 고독의 훈련이 갖는 의미와 오늘날 이 훈련이 갖는 의미를 간략하게 소개했다. 그리고 숙소 배정과 식사 당번에 대한 질문에 답했다. 우리는 서로 '휴대전화 끄기'는 물론이고 '대화 금지'와 같은 몇 가지 간단한 규칙에 따라 줄 것을 요청했고, 가능하면 책을 읽지 말도록 권했다. 많은 사람들에게 책 읽기는 사실 하나님 앞에 서지 못하게 하는 편리한 방해거리가 되기 때문이었다. 그룹 기도 후에 시작된 침묵 서약은 일요일 정오까지 계속되었다.

침묵에 들어가자 집은 빠르게 고요해졌다. 어떤 사람은 성실하게 수양회 지침서를 탐독했고, 또 어떤 사람은 진지하게 일기를 쓰거나 달빛 아래 홀로 산책을 나갔다. 부엌에서 바쁘게 움직이거나, 성경책 여기저기를 들추는 등 갑자기 느려진 삶에 어찌할 바를 모르고 허둥대다 어느 정도 시간이 흐른 후에야 적응하는 사람들도 있었다. 토요일 오후가 되자 대부분의 사람들은 해변을 걷거나 햇빛 아래 낮잠을 청하며 느긋하고 편안한 생활에 익숙해졌다. 그날 꽤 많은 사람들은 여러 차례 낮잠을 잤다! 다른 사람들과 함께 지내는 동안, 사람들이 침묵에 얼마나 쉽게 적응하는지를 보고 무척 놀랐다. 특히 식탁에 앉아 스프를 홀짝이면서도 사람들은 침묵을 지켰다. 아이들조차 이따금 부모에게 속삭이고 아이스크림을 사러 마을로 내려가는 경우를 제외하고는 침묵의 실천을 관찰하며 집중하는 방법을 찾아냈다. 토요일 저녁이 되자 처음 느낀 침묵의 신선함이 효력을 다했고, 쓸쓸한 기운이 집 전체에 드리웠다.

일요일에 성찬을 기념하며 침묵의 시간을 끝냈을 때, 사람들은 각자의 경험을 나누느라 열심이었다. 한 사람은 이렇게 외쳤다. "많은 수양회에 참석해 봤지만 이번처럼 정말로 충분한 휴식을 얻고 재충전된 느낌으로 집에 돌아가는 건 처음이에요. 주의를 흐트러뜨리는 것이 없었기 때문에 긴장을 늦추는 데 정말 도움이 됐어요." 니콜은 토요일 밤이 가장 힘들었던 순간이었다고 말했다. "저는 외로움을 느꼈고 평소 피해 오던 방법으로 하나님과 나 자신을 직면해야 했어요." 잭은 덧붙여 말했다. "가까이에 같은 목표를 추구하는 사람들이 있다는 사실에 편안함을 느꼈습니다. 저 혼자였다면 과연 가능했을지 잘 모르겠군요."

묵상을 마치고 나서 마지막으로 서로에게 다음과 같이 물었다. "어떻게 하면 우리의 일상에 침묵과 고독, 기도를 위한 공간을 더 많이 만들 수 있을까요?"

고요함
받아들이기

너희가 내 안에 거하고 내 말이 너희 안에 거하면 무엇이든지 원하는 대로 구하라. 그리하면 이루리라. 너희가 열매를 많이 맺으면 내

아버지께서 영광을 받으실 것이요, 너희는 내 제자가 되리라.

요한복음 15:7-8

"하나님 나라의 내적 추구"라는 이름의 침묵 기도 실험은 45분으로 이루어지는 1회 그룹 실천이나 4-6주간의 매일의 실천과 점검, 그룹 실천을 위한 매주 모임으로 이루어진다.

  사람들이 차례로 방에 들어와 모두 차를 마신 후 모임이 시작되었다. 나의 동역자인 릭이 모인 사람들을 환영했다. 그리고 참석자들에게 서로 자신을 소개하고 모임에 대해 기대하는 바를 나누라고 요청했다. 여러 해 동안 전통 티베트 불교에 몸담은 영적 추구자였다가 최근 동방정교회로 개종한 마이클은 이렇게 말했다. "저는 여기에 모인 사람들과 함께하는 것이 정말로 좋아요. 그래서 이곳에 참석했습니다. 그리고 그리스도인으로서 기도하는 법을 좀 더 배우고 싶습니다." 그동안 하나님으로부터 '멀어짐'을 느껴 왔던 제이슨은 하나님과의 관계에 돌파구를 찾기 원한다고 이야기했다. 다음 차례였던 카밀은 하나님에 대한 커다란 의문으로 씨름 중이며, 유년기에 입은 정서적 상처가 여전히 남아 있다고 말했다. "저는 기도를 통해 상처를 치유 받기 원해요. 그런 면에서 이 모임이 도움이 될 거라고 생각해요." 마지막으로 소피아가 말했다. "저는 정체되어 있는 것 같아요. 기도할 때 무엇을 느껴야 하는지 모르겠고, 올바르게 기도하고 있는지에 대해서도 확신이 없어요. 물론 기도는 감정의 문제가 아니라는 걸 알아요. 하지만 여전히 많은 의문이 남아 있어요."

"우리가 여기 함께 있다는 사실이 기쁩니다." 릭은 미소를 지은 채 이야기한 후에, 잠시 멈춰 모든 사람을 지긋이 바라보았다. "소개를 하는 동안, 여러분은 아마 한 가지 사실을 알아차렸을 겁니다. 우리는 각자 처한 환경도, 영적인 전통도 매우 다릅니다. 그 말은 각자의 여정 속에서 우리가 서로 다른 곳에 서 있다는 의미이기도 하죠. 서로 경험을 나누면서 여러분 옆에 있는 사람이 교회나 기독교에 대해 긍정적이든, 부정적이든, 여러분과 똑같은 경험을 했을 거라고 가정하지 말아 주세요."

그 후 나는 앞으로 하게 될 실천을 소개했다.

"배움의 실험실 가운데 하나인 이곳에서 우리는 삶의 다양한 차원 속에서 예수님의 가르침을 어떻게 적용할지 살펴볼 것입니다. 우리는 이곳을 '예수 도장'으로 여기기 원합니다. 하나님 나라에서의 삶에 대해 예수님이 행하고 가르치신 것을 실천하는 공간인 것이죠. 복음서를 보면 예수님은 하나님 아버지께 깨어 있는 온전한 순종의 삶을 사셨습니다. 우리는 이 실험을 통해, 예수님의 경험과 가르침의 실재를 향한 또 다른 한걸음을 내딛기 원합니다. 성경과 전통에서 가르치는 기도의 다양한 주제를 토론할 테지만, 가장 중요한 목표는 모일 때마다 30-40분 정도 침묵 기도를 훈련하는 것입니다.

훌륭한 기도의 방법은 수없이 많지만 이번 실험에서는 기도의 한 가지 구체적인 측면에 집중하고자 합니다. 바로 하나님의 임재와 성령님의 음성을 깨닫기 위해 침묵하며 잠잠히 머무르는 법을 배우는 것입니다. 이 실천을 통해 우리의 호흡보다 더 가까이 계신 창조주 하나님을 더욱 깨닫기 원합니다. 이 실험은 '하나님 나라의 내적 추구'라고 불릴 것입니다. 하나님 나라에 대한 질문에 예수님은 다음과 같이 대답하셨기 때문입니다. '하나님의 나라는 눈으로 볼 수 있는 모습으로 오지 않는다. 또 보아라, 여기에 있다, 또는 저기에 있다, 하고 말할 수도 없다. 보아라, 하나님의 나라는 너희 가운데에 있다'눅 17:20-21, 새번역. 사도 바울도 이와 비슷한 주장을 했습니다. '우리는 하나님 안에서 살고 움직이고 존재하고 있습니다'행 17:28, 새번역. 어떻게 이미 우리 안에 거하시는 성령 하나님께 집중하는 법을 배울 수 있을까요? 시편은 우리에게 '너희는 가만히 있어 내가 하나님 됨을 알지어다'라고 가르칩니다시 46:10. 고요함과 침묵은 유대교 역사와 초기 기독교 전통에서 중요한 실천이었음을 이미 깨달았을 겁니다. 저는 여러분에게 침묵 기도가 대표하는 또 다른 그림을 보여 드리고 싶습니다.

에덴동산에서 아담과 하와가 선악과를 먹은 후의 일을 생각해 보십시오. 하루 중 서늘한 때에 창조주 하나님은 부르셨습니다. '아담아, 어디 있느냐?' 그들은 덤불 속에 숨어 나뭇잎으로 자신을 가리고 있었습니다. 뒤로 물러난 이는 누구였습니까? 하나님이셨나요? 아닙니다. 물러가 숨은 이들은 바로 아담과 하와였습니다. 인간의 불순종과 수치를 포함한 그 어떤 것도 지속적인 관계를 추구하시는 창조주 하나님을 막을 수 없었습니다. 지금도 우리는 그늘을 벗어나 하나님 사랑의 빛 가운데로 들어오라는 부르심을 받습니다.

여러 세대에 걸쳐 우리의 몸과 마음은 모두 하나님께로부터 도망쳐 왔습니다. 이렇게 숨으려는 태도는 하나님의 돌보심과 임재를 더욱 깨닫지 못하도록 방해합니다. 이사야 선지자는 이렇게 말했습니다. '너희가 돌이켜 조용히 있어야 구원을 얻을 것이요, 잠잠하고 신뢰하여야 힘을 얻을 것이거늘 너희가 원하지 아니하고'^{사 30:15}.

침묵 기도 훈련의 첫 번째 단계는 육체를 잠잠하게 하는 것입니다. 회개를 뜻하는 히브리어 '슈바'^{shuvah}는 말 그대로 돌아서는 것을 뜻합니다. 잠잠하게 있다는 것은 육체적인 회개의 행위로 볼 수 있으며, 몸이 더 이상 도망하지 않고 창조주 하나님의 사랑과 돌보심으로 돌아선 상태라는 뜻입니다. 우리의 몸과 마음으로 행하는 많은 일은 우리를 하나님의 임재로부터 멀어지게 합니다. 정신없이 돌아가는 삶의 속도와 도처에 있는 미디어와 온갖 편의 기술은 하나님의 음성을 듣지 못하도록 방해합니다. 우리의 몸과 마음을 잠잠하게 하는 것은 기존 문화를 거스르는 것이며, 이 일에는 매우 큰 용기가 필요합니다. 여러분은 이 훈련을 하는 동안, 편안한 자세를 취하고 30-40분 정도 깨어 있는 상태를 유지하게 됩니다. 어떤 사람에게는 서 있는 자세가 앉는 것보다 효과적일 수 있습니다.

침묵 기도 훈련의 두 번째 단계는 마음을 잠잠하게 하는 것입니다. 호흡에 집중하십시오. 창조주 하나님은 당신을 지으셨고 호흡을 통해 생명을 불어넣으셨습니다. '아버지', '예수님', '아빠'처럼 하나님께 부르짖는 이름이나 짧은 성경 구절을 사용하는 호흡 기도를 한다면 도움이 될 것입니다. 여기 제가 발견한 몇 가지 유익한 방법이 있습니다. 시편을 보십시오. '오히려, 내 마음은 고요하고 평온합니다.

젖뗀 아이가 어머니 품에 안겨 있듯이, 내 영혼도 젖뗀 아이와 같습니다'시 131:2, 새번역. 또 복음서에 나온 세리의 지극히 단순한 기도를 보십시오. '하나님이여 불쌍히 여기소서. 나는 죄인이로소이다(헬라어로는 끼리에 엘레이손 Kyrie eleison입니다)'누가복음 18:13. '하나님의 아들이신 주님, 죄인인 나를 불쌍히 여기소서.' 동방정교회 전통에서 예수 기도라 불리는 이 기도는 19세기 러시아 이야기인「순례자의 길」에 의해 대중에게 알려졌고, 샐린저 J. D. Salinger의 소설 「프래니와 주이」 Franny and Zooey, 인디북에도 여러 차례 나옵니다. '우리가 그를 힘입어 살며 기동하며 존재하느니라'행 17:28. 이 말은 아덴에서 사도 바울이 설교할 때 사용한 표현입니다. 시편에서 나온 또 다른 표현은 시험의 기도입니다. '하나님이여 나를 살피사 내 마음을 아시며 나를 시험하사 내 뜻을 아옵소서'시편 139:23. 제가 가장 좋아하는 호흡 기도 중 하나는 매우 오래된 것입니다. 하갈은 사막에서 하나님을 대면했을 때 이렇게 외쳤습니다. '나를 살피시는 하나님이라'창 16:13. 호흡하며 천천히 앞에 나온 기도 가운데 하나를 묵상하면 하나님께 더 잘 집중할 수 있다는 사실을 발견할 것입니다."

이후 릭은 몇 가지 조언을 했다. "다음과 같은 호흡 기도가 생각날 수도 있습니다. 가끔 아들 제이콥을 태우고 운전할 때 아이는 저를 부릅니다. '아빠, 아빠.' 그러면 저는 그 애를 돌아보며 말합니다. '그래, 왜 그러니?' 아이는 그저 그 자리에 제가 함께 있다는 사실을 확인하기 위해 여러 번 제 이름을 부릅니다. 이것은 무의미한 반복이 아닌 깨달음입니다. 때로 조용히 기도하려고 애쓰지만 우리 마음은 곧장 충동적이고 부정적인 생각, 해야 할 일의 목록, 불안감, 갑자기 떠오르는 기억과 실망스러운 일, 불현듯 생각난 라디오에서 들은 노래로 달음질합니다. 침묵의 행동은 우리 마음속의 혼돈과 무질서 그리고 하나님으로부터 쏜살같이 도망하는 사고방식을 드러냅니다. 이를 무시하거나 억누르려고 애쓰지 말고 그런 것들이 우리 안에 있다는 것을 인정하되 얽매이지 마십시오. 하나님께 그것들을 복종시키고 다시 호흡하며 하나님께 대한 깨달음으로 돌아가십시오. 다시 말해 '모든 생각을 사로잡아 그리스도에게로 복종시키십시오'고후 10:5."

나는 혹시 질문이 있는지 물었다. 소피아는 전에 했던 침묵 기도의 경험을 나눴고, 초기 교부들의 책을 폭넓게 읽은 마이클은 헤시카스트 Hesychast* 전통에 대한 몇 가지 함의를 언급했다. 릭은 자연스레 대화를 정리해 갔다. "토론할 거리는 많지만 먼저 침묵 기도를 실제로 해봅시다." 그룹 구성원들이 편하게 자리를 잡자 그는 초를 켜고 불을 껐다. 의자에 앉은 사람도 있었고, 방석을 깔고 앉은 사람도 있었다. 소피아는 홀로 서 있었다. 주위가 매우 조용해지면서 문득 냉장고의 진동음, 간헐적인 공기 흐름의 변화, 기침과 바깥 거리의 소음까지 느낄 수 있었다. 순간 마이클의 배에서 요동하듯 큰 소리

---

* 헤시카즘(Hesychasm)은 고요, 침묵, 휴식을 의미하는 헬라어다. 4-5세기까지 거슬러 올라가는 동방정교회의 전통으로, 「필로칼리아」(*Philokalia*)에 기록되어 있다. 콘스탄티누스 대제에 의해 기독교가 합법화된 후, 사막에서 선지자와 같은 삶을 추구했던 3세기의 이집트 사막 교부들의 모범과 가르침과 밀접한 관련이 있다.

가 났다. 여기저기서 작은 웃음소리들이 터져 나와 잠시 집중을 깨뜨렸다. 30분이 지난 후 릭은 이렇게 말했다. "이제 됐습니다. 천천히 눈을 뜨고 방 안에 있는 다른 사람들을 충분히 느껴 보세요."

모두 일어나 구부렸던 몸 이곳저곳을 활짝 펴자 릭이 물었다. "여러분 어떠셨습니까? 어떤 생각이 들고, 무엇을 관찰하셨나요?" 제이슨은 정말 긴 시간처럼 느껴졌고, 추위와 슬픔, 외로움을 경험했다고 말했다. 카밀은 생각이 고요해지면서 이전에는 거의 경험해 보지 못한 방식으로 하나님의 임재를 느낄 수 있었다고 이야기했다. 그리고 소피아는 올바른 방법으로 기도하고 싶다는 고민을 거듭 나누었다. 그러자 릭은 몇 마디의 말로 가르침을 주었다. "하나님의 임재 가운데 머무르고 자기 자신을 깨닫는 일이 항상 쉽거나 즐겁지는 않습니다. 아마도 이것이 우리가 그토록 자주 산만해지는 이유겠죠. 때로 고요함은 하나님의 치유가 필요한 깨어진 곳을 드러냅니다. 이 일이 어렵게 느껴진다면 예수님도 고통당하시고 버림받았다고 느끼셨음을 기억하십시오. 슬픔 가운데에서 하나님을 만나도록 노력하세요. 하나님은 여러분이 어떻게 느끼는지를 아십니다. 아무것도 느낄 수 없을 때도 있습니다. 완벽한 기도의 방법은 결코 존재하지 않는다는 사실을 기억하세요. 기대를 내려놓는 법을 배운다면 하나님의 은혜와 임재를 보다 충만히 경험할 수 있습니다. 우리 중 어떤 사람들은 자신이 창조주 하나님께 소중히 여김을 받고 사랑받는 존재라는 사실을 받아들이는 데 시간이 걸릴 것입니다."

나는 손목시계를 내려다보며 그날 저녁 모임을 마무리하기로 했다.

"좋습니다. 우리는 이제 막 훌륭한 출발을 했습니다. 여러분에게 실험의 세부 사항을 다시 말씀드리겠습니다. 앞으로 6주간 우리는 각자 매일 20분씩 침묵 기도를 실천하기로 약속할 것입니다. 또 매주 화요일마다 총 다섯 번, 7시 정각부터 9시까지 함께 모여서 매일 경험한 것을 50분 동안 서로 나눌 것입니다. 모두 동의하십니까?" 모두 고개를 끄덕여 동의를 표했다. "매일 지속적으로 기도할 시간과 장소를 정하시기를 권합니다. 화요일마다 실천의 진행 과정과 깨달은 바를 점검할 준비를 하고 오십시오. 이러한 기도는 훈련과 굉장히 비슷하다는 사실을 기억하십시오. 여러분은 지속적이고 반복적인 실천을 통해 유익을 얻게 될 것입니다."

실험 마지막 주에 우리는 그동안의 경험을 전반적으로 돌아봤다. 소피아는 하나님과의 관계에서 미묘하지만 의미 있는 돌파구를 얻었다. 카밀은 이 실천이 그녀의 정서적 치유 과정에 도움이 된다는 사실을 발견했다. 제이슨은 계속된 성찰과 뒤이은 릭과의 대화를 통해, 실천할 때 겪는 어려움이 우울증과 관련된 보다 깊은 문제의 증상일 수 있다는 걸 깨달았다. 마이클은 그의 경험에 열광했다. "재택 간호사처럼 스트레스가 많은 직업이 또 있을까요?" 그는 말했다. "지속적으로 침묵 기도를 실천하면서 환자를 방문하는 동안, 더 인내심을 가지고 친절한 태도로 일할 수 있었습니다. 또한 일터에서 하나님이 어떻게 저와 함께하시는지 더욱 깊이 깨달았습니다." 카밀은 많은 사람들의 공통적인 느낌을 한 문장으로 요약해 주었다. "함께했기에 더 실천하기 쉬웠습니다." 모든 사람들이 서로 계속 연락하기를 원했고, 나는 마음을 일깨울 마지막 한마디 말을 전했다. "우리에게 침묵기도는 목표가 아니라 살아가는 매 순간 하나님께 더 깨어 있는 상태로 반응하며 순종하기 위한 방법입니다."

──────── 토론

- **하나님의 사랑받는 자** 하나님이 당신을 사랑하신다는 사실을 받아들이기 쉬운가, 아니면 어려운가? 그 이유는 무엇인가? 하나님이 당신을 기뻐하신다는 생각에 당신은 어떻게 반응하는가?

- **정체됨** "내 뜻이 아닌 아버지의 뜻이 이루어지게 하소서"라는 기도대로 살기 위해 노력하는 영역은 어디인가? 창조주 하나님을 사랑의 아버지로 온전히 신뢰하지 못하게 하는 걸림돌은 무엇인가? 신뢰가 상처를 입은 것은 무엇 때문인가? 어떻게 해야 하나님의 돌보심에 대한 확신을 회복할 수 있겠는가?

- **예수님의 가르침** 157쪽에서 시작되는 목록을 다시 살펴보라. 하나님의 사랑받는 자로서의 정체성을 발견하는 것에 대한 예수님의 가르침 중에서 당신이 가장 실험해 보고 싶은 것은 무엇인가? 언제 그리고 어떻게 창조주 하나님의 친밀하심을 경험했는가?

- **산만함과 조급함** 하나님의 임재를 누리지 못하도록 방해하는 것은 무엇인가? 어떤 것이 당신의 삶에 '하나님의 공간'을 더 많이 창조하도록 도와주는가?

- **침묵, 고요함, 고독** 침묵 기도와 고독을 실천했던 때를 떠올려 보라. 하나님 앞에 침묵하며 잠잠히 머무르는 게 쉬운가, 아니면 어려운가? 하나님과의 만남에 도움이 되는 기도 훈련을 꾸준히 하고 있는가?

_____ 적용

- 20-30분 동안 **함께 침묵 기도를 하라**.
- 10분 정도 창조주 하나님과의 친밀한 관계에 대한 열망을 표현하는 **기도문을 작성하라**(이번 장의 서두[149-151쪽]에 나오는 기도시를 참고하라). 각자 쓴 기도문을 함께 나누라. 이러한 기도는 당신의 가족이나 공동체의 '살아 있는 전례'[前例]가 될 수 있다.

_____ 7일간의 실험

- 매일 20분 동안 정해진 시간과 장소에서 **침묵 기도를 하라**.
- **홀로 하나님과 함께 걷는 시간을 30-90분 정도 가지라**. 주위 환경을 살펴보고 하나님을 묵상하며 필요한 것을 구하는 데 그 시간을 사용하라. 걷기는 우리가 살아가는 세상에서 드러나는 하나님의 임재와 아름다움을 경험하는 강력한 방법이 될 수 있다. 또한 움직이며 기도할 때 새로운 깨달음을 얻는 마음의 흐름을 창조할 수 있다.
- 하나님의 임재와 돌보심을 깨달았던 인생의 중요한 전환점에 대한 이야기를 2쪽 정도로 써보라.
- 1주일간 저녁식사 시간마다 **성찬을 행하라**. 성찬을 기념하는 일

은 하나님 나라의 생명의 근원이신 예수님의 희생을 깨닫게 해주는 구체적인 방법이다. 초대교회 성도들은 서로의 집에서 모일 때마다 식사를 함께 나누는 과정에서 성찬을 일상적으로 행했다.^{행 2:42-47}

- **창조적인 모험을 계속하라.** 당신의 영혼과 심미안을 고양시켜 줄 새로운 일을 하며 한두 시간을 보내라. 미술관과 식물원을 방문하고 직물점이나 화방에서 시간을 보내라. 춤을 추러 가고, 아름다운 영화를 보며, 음악을 듣고, 정원에 앉아 시간을 보내라. 전에 요리해 본 적이 없는 재료를 사서 음식을 준비하라. 노래나 예술 작품을 창조하라. 숭고한 일은 하나님의 선하심을 '맛보아 알도록' 돕는 열쇠가 된다.

_____ 프로젝트와
실천의 확장

- **매주 함께하는 기도 훈련을 시작하라** 친구나 소그룹으로 함께 모여 매주 한 번 침묵 기도나 다른 유익한 기도 방법을 훈련하라.
- **일기를 쓰라** 30일 동안 매일 아침 30분간 일기를 쓰라. 걱정거리, 지난 밤 꾼 꿈, 힘겨운 싸움을 위한 기도, 미래를 향한 소망 등 떠오르는 것은 무엇이든 가감 없이 쓰라. 일기를 써 내려가는 동안

내면의 풍경, 우리 안에 실제로 일어나는 일과 하나님의 말씀을 더 잘 깨닫게 될 것이다. 매주 한 번 실험을 함께하는 친구나 소그룹이 모여 이와 같은 훈련을 통해 깨달은 바를 점검하라.

- **침묵 수양회를 조직하라** 도시든 시골이든 저렴하게 빌릴 수 있는 장소를 찾으라. 가능하면 거주하는 곳에서 자동차로 한 시간 이내의 거리가 좋다. 비용을 줄이기 위해 참가자들은 방을 함께 사용하거나 공동으로 사용하는 공간의 마루에서 잘 수 있다. 사전에 참가자들에게 수양회의 목적과 기대하는 바를 확실히 인식시켜 주라. 특히 전에 고독의 집중 훈련을 실천해 본 적이 없는 사람의 경우, 추천할 만한 훈련이 있다면 도움이 된다. 많은 양의 스프나 스튜, 샐러드와 빵처럼 간단하고 건강한 식사를 함께 준비하라. 일정표와 지침을 붙여 놓고 식사 준비와 청소는 돌아가며 한다. 마치는 시간에 경험한 바를 검토하라. 주말 전체가 너무 길고 어렵게 느껴진다면 토요일 아침 네 시간 정도 홀로 '하나님과 함께하는' 시간을 갖는 것부터 시작하라. 공원에서 모이고(날씨가 좋지 않다면 넓은 실내에서) 점심 도시락을 먹은 후에 경험한 바를 검토하기 위해 함께 모이라.

8

존재 목적에 대한 실험

나는 왜 여기에 존재하는가

주의 성령이 내게 임하셨으니 이는 가난한 자에게 복음을 전하게 하시려고 내게 기름을 부으시고 나를 보내사 포로 된 자에게 자유를, 눈 먼 자에게 다시 보게 함을 전파하며 눌린 자를 자유롭게 하고, 주의 은혜의 해를 전파하게 하려 하심이라 하였더라.

누가복음 4:18-19

우리는 그가 만드신 바라. 그리스도 예수 안에서 선한 일을 위하여 지으심을 받은 자니 이 일은 하나님이 전에 예비하사 우리로 그 가운데서 행하게 하려 하심이니라.

에베소서 2:10

아버지여, 우리는 모두 신음합니다

주님 말씀하신 사랑의 나라는
깊은 데 심은 씨앗과 같아서
바이러스처럼 빠르고 급히 퍼지고
위대한 완전성을 가져오며
모든 것을 새롭게 합니다
그러나 우리가 서 있는 곳에서
보이는 것은 오직
주님의 약속 위에 덮인
흙뿐입니다
탐욕으로 인해 두려움에 떠는 땅을 봅니다
어두운 먹구름이 다가옵니다
상처와 고통을 봅니다
이내 이르지 못할
하나님 나라를 기다리며
고통 중에 있는 여자와 남자 그리고 아이들
아버지여, 우리는 모두 신음합니다

우리는 주님의 약속이 숨겨진
흙이며
창조의 아들과 딸입니다

절망 속에 함께 자라 갑니다
주님 나라의 푸른 싹과 잘 익은 열매가
하늘에서와 같이
이 땅 위에 이루기까지
우리가 느끼는 두려움과 의심보다
더 진실한 사랑이 통치하도록
오늘 상상력을 일깨웁니다
땅이 드러낼 온갖 선물을 즐거이 부르도록
우리에게 용기를 주소서
우리의 손길과 언어로
어루만지고 치유할 곳으로
우리를 이끄소서
아버지여, 우리는 모두 신음합니다

햇살을 기다리고
비를 바라며 기도합니다
한밤중 커져 가는 고통 안고
깨어 있습니다

아버지의 택하신 이를 이 땅에 처음 보내시어
주님 시작하신 일을 이루어 주소서
세상이 창조되기 전에

주님 시작하신 일을 이루어 주소서

아버지여, 우리는 모두 신음합니다

마크 스캔드렛, 2007년 10월

가장 기억에 남는 그룹 실험 한 가지는 어느 비극적 사건에 대한 반응으로 생겨났다. 몇 년 전, 같이 살던 애덤과 댄은 가게로 향하는 중에 건너편 공원에서 10대 무리와 실랑이하는 두 남자를 보았다. 그들은 그것이 공원 근처에서 만취한 사람들 때문에 생기는 일상적인 갈등일 뿐이니 귀찮은 일에 휘말릴 필요가 없다고 생각했다. 그러나 그들은 돌아오는 길에 머리에 총상을 입고 많은 피를 흘린 채 쓰러져 있는 한 남자를 발견했다. 급히 911에 전화했지만 응급요원들이 도착했을 때는 이미 돌이킬 수 없는 상황이었다. 나중에 들은 정확한 사건 경위에 따르면, 쓰러진 사람은 서른두 살의 목수인 후세 에스트라다로, 차에 기름을 넣기 위해 근처를 방문했다. 공원을 지나며 노인을 괴롭히는 아이들과 10대 무리를 본 그는 그 남성을 돕기 위해 나섰다. 아이들은 후세를 비웃으며 그를 향하여 고함을 지른 후 인근 주택단지로 달려가 총을 가지고 돌아왔다. 선한 사마리아인이 되고자 했던 후세는 도리어 표적이 되었고 아내와 다섯 살 난 사내아이를 남기고 세상을 떠났다. 목격자들은 살인자들이 겨우 열 살에서 열두 살가량의 아이들이었다고 증언했다.

애덤과 댄은 충격을 감출 수 없었다. 그리고 그들이 좀 더 빨리 개입했다면 비극을 막을 수 있지 않았을까 하는 의문에 빠졌다. 우리 공동체는 그곳의 사람들을 도와야 한다고 느꼈다. 이웃들이 연이어 총에 맞고 살해당하는 지역에서 예수님의 도를 실천한다는 건 어떤 의미일까? 대부분의 구성원이 스페인계 불법 이민자들로 이루어진 사회에서 우리는 변화를 위해 과연 어떤 일을 할 수 있을까? 우리는 자유롭게 의견을 나누고 기초 조사를 하는 동안 '깨어진 유리창 이론'broken window principle에 익숙해졌다. 그것은 낙서와 쓰레기, 깨어진 창이 많고 세상의 모든 사람이 자신에게 무관심하다고 느끼는 사람들이 많이 거주하는 지역에서 폭력 사건이 발생한다는 것이다. 우리는 급증하는 폭력 문제를 다룰 실험을 만들기로 했고, 그 실험의 이름을 '자유로운 이웃 운동'Barrio Libre이라고 지었다. 우리는 8주 동안 수요일 저녁마다 모여 기도하며 쓰레기를 줍고 이웃들과 인사를 나누며 거리를 걸었고 낙서나 잡동사니 쓰레기 더미를 발견하면 담당 공무원에게 신고했다. 세상을 떠난 사랑하는 사람을 추모하는 멕시코 기념일인 만령제Dia de los Muertos 기간의 어느 날 밤, 우리는 추모의 마음을 표현하기 위해 벽화를 그렸다. 다른 날 밤에는 거리를 걸으며 기도시를 쓴 후에 크게 소리 내어 읽었다. 다음은 사람들이 총에 맞아 죽어 간 인근 거리의 이름을 기억하며 쓴 시다.

> 25번가와 샷웰 거리, 25번가와 트리트 거리, 25번가와 포트레로
> 24번가와 미션 거리, 캡, 샷웰, 폴섬, 해리슨, 요크
> 해리슨과 24번가, 트리트와 25번가
> 모퉁이를 돌아 길을 내려가면 바로 문 밖

이곳은 여전히 선명한 기억의 장소
형제와 아들, 딸과 자매가
달리는 차에서 쏜 보복의 총에 맞아 쓰러져
죽은 채로 발견된 곳
푸른 옷, 붉은 옷을 입은
사이렌 소리에
고개를 돌린다
총성에 깨어
자리에서 일어난다
무리로부터 흘러나오는 노래에
어머니는 흐느끼고
누이는 눈물짓네
보도변 갈라진 틈 속의
핏자국이 채 마르기도 전에
그는 거리의 병사였다고 말하네
그러나 그는 왜 더 자랄 수 없었는가?
어떤 혁명, 어떤 선한 이유, 어떤 전쟁 때문에
그는 목숨을 잃었던가?
사이렌 소리에
고개를 돌린다
총성에 깨어
자리에서 일어난다

촛불과 추모품이 쓸려 간 후
오늘을 지배했던 폭력을 잊으려 애쓴다
그러나 오늘 밤 거리의 불빛 아래
나는 기억하며
기도하리라
이민자의 자녀에게 평화를
모든 망명자에게 희망을
아버지를 잃은 아이에게 사랑을
사랑의 나라의 가족 가운데 태어나길 기다리네

마크 스캔드렛, 2006년 10월

   우리는 그래픽 디자이너로 일하는 두 친구와 함께 '소중한 우리의 이웃'이라는 표어로 포스터 운동을 기획했다. 그곳의 이웃은 대부분 부패한 고국에서의 경험 탓에 위험을 목격해도 경찰에 신고하기를 두려워하고 꺼리는 새로운 이민자들이다. 이런 가정은 대부분, 경제적인 이유로 두세 가지 일을 하고 있어서 이웃의 안전을 꾀할 시간적 여유가 없다. 우리는 자유로운 이웃 운동을 통해, 노인과 아이가 두려움 없이 걸을 수 있고 깨끗하며 서로를 환대하는 거리가 될 수 있도록 사람들에게 주인의식과 자긍심, 상호 존중의 비전을 전달하기 원했다. 스페인어와 영어가 함께 실린 포스터에는 보도에서 볼일을 보고 쓰레기를 함부로 버리며 손으로 총을 가리키는 등 이웃에게 해를 끼치는 세 가지 행동을 그림으로 표현하고 있었다. 그리고 그 대안으로 화장실을 사용하는 사람, 휴지통에 쓰레기를 버리는 손, 악수하는 두 사람의 모습을 그 위로 교차되도록 그렸다.

우리는 인근 지역을 돌며 그 포스터를 붙였고, 지역 업체에는 가게 전면에 게시해 달라고 부탁했다. 프로젝트는 엄청난 반응을 일으켰다. 학교 선생님들은 학생들 집에 나눠 줄 수 있도록 포스터 묶음을 보내 달라고 요청했다. 또 우리의 운동에 대한 전면 기사가 지역의 주요 신문에 실렸다. 포스터는 다른 지역의 가게들까지 복사해 갈 정도로 유명해졌다. 우리는 그 운동에 헌신했던 수백 명과 더불어 우리 이웃들이 사는 지역에서 더디지만 지속적인 향상이 일어나는 것을 경험했다. 또한 자유로운 이웃 운동을 통해, 소그룹이 창조적으로 동역할 때 그 파급력이 얼마나 커지는지를 깨달았다. 하나님의 치유를 일으키는 대리인으로서 우리의 목적을 실천에 옮기자 공공의식이 촉발되었다.

얼마 전 친구 네이선과 함께 공공주택 단지 밖에 자유로운 이웃 운동 포스터를 붙이고 있을 때 아홉 살짜리 여자 아이가 다가와 물었다. "아저씨 뭐하세요?" 나는 안전한 이웃 환경에 대한 우리의 꿈을 설명했다. "어제 한밤중에 집 밖에서 총소리가 들렸어요." 아이가 전날 있었던 일을 말하자 나는 유감을 표했다. 그러자 그 애가 이렇게 말했다. "아저씨들이 포스터를 붙여도 누군가 곧 찢어 버릴 거예요."

"글쎄, 우리는 그래도 상황이 나아질 때까지 이웃을 사랑하기 위한 일을 계속할 거야." 나는 이렇게 말했다. 우리는 소녀에게 인사를 하고 길 아래쪽으로 향했다. 소녀는 우리를 향해 외쳤다. "아저씨들은 이제 안전할 거예요."

거리의 폭력과 환경 파괴, 전 세계의 빈곤, 전쟁에 이르기까지 우리는 분명 하늘에서와 같이 이 땅에 하나님의 평강이 임하는 것을 보기 위한 거대한 싸움 한가운데에 있다. 예수님의 제자는 하나님의 창조 사역과 회복 사역을 실현하는 것을 최우선 목표로 삼는 법을 배운다.

> 하나님의 치유를 일으키는 대리인으로서
> 목적을 이루기 위한 비전:
> 우리는 왜 여기에 존재하는가?
>
> 보라! 창조주 하나님은 우리 주위의 모든 곳에서 깨어진 것을 회복시키시며 자유를 주시고, 모든 사람이 그 근원으로 돌아오도록 부르신다. 당신과 나는 자신이 원하는 일을 행할 때가 아니라, 하나님의 뜻에 온전히 순종할 때 큰 기쁨과 깊은 만족을 누리도록 지음 받았다. 우리는 이 세상에 꼭 필요한 빛이다. 하나님의 치유와 정의, 사랑을 가져오는 대리인으로서 특히 가난한 사람과 약한 사람 그리고 고통당하는 사람을 위해 일해야 한다. 우리는 위대해지거나 신뢰를 얻는 것에 대해 신경 쓸 필요가 없다. 아버지 하나님은 우리가 사람들을 사

랑하고 섬기기 위해 하는 선한 일을 지켜보시며 또한 알고 계신다. 하나님의 통치가 당신 삶의 여정 속 모든 장소, 모든 사람에게 임하기를 구하며, 자유가 퍼져 나가기를 기대하라. 우리는 이것을 위해 살며 기도하도록 부름 받았다. "아버지의 나라가 오게 하시며 아버지의 뜻이 하늘에서와 같이 땅에서도 이루어지게 하소서." 공생애 초기에 예수님은 회당으로 가셔서 가난한 자에게 복음을, 포로 된 자에게 자유를, 눈 먼 자에게 보게 함을, 눌린 자에게 놓임을, 모든 이에게 하나님의 은혜의 해를 선포하는 자신의 사명을 나타내셨다눅 4:18-19. 예수님은 소외되고 잊힌 사람을 환대하고, 고통받는 이에게 복음을 선포하시며, 병든 이를 고치시고, 눌린 자가 나음을 입게 하시며, 가는 곳마다 하나님의 평강이 임하게 하셨다. 우리는 지금 하나님의 치유와 회복을 일으키는 그분의 대리인으로서 인생의 목적을 발견하라는 부르심을 받는다.

예수님은 존재 목적을 성취하기 위해
어떤 사람이 되며 무엇을 행하라고 가르치시는가?

- 하나님의 꿈을 실현하는 걸 가장 중요한 우선순위로 삼으라 "그런즉

너희는 먼저 그의 나라와 그의 의를 구하라"마 6:33.

- **하나님의 역사하심을 기대하고 자유하게 하는 자를 더 많이 보내 주시도록 기도하라** "추수할 것은 많되 일꾼이 적으니 그러므로 주인에게 청하여 추수할 일꾼들을 보내 주소서 하라"마 9:37-38.

- **겸손히 섬기되 특별한 지위나 신분을 구하지 말라** "너희 중에는 그렇지 않을지니 너희 중에 누구든지 크고자 하는 자는 너희를 섬기는 자가 되고, 너희 중에 누구든지 으뜸이 되고자 하는 자는 모든 사람의 종이 되어야 하리라"막 10:43-44. "너희는 '랍비'라 칭함을 받지 말라. 너희 선생은 하나요, 너희는 다 형제니라. 땅에 있는 자를 '아버지'라 하지 말라. 너희의 아버지는 한 분이시니 곧 하늘에 계신 이시니라. 또한 '지도자'라 칭함을 받지 말라. 너희의 지도자는 한 분이시니 곧 그리스도시니라. 너희 중에 큰 자는 너희를 섬기는 자가 되어야 하리라. 누구든지 자기를 높이는 자는 낮아지고 누구든지 자기를 낮추는 자는 높아지리라"마 23:8-12.

- **기도하라** "나라가 임하시오며 뜻이 하늘에서 이루어진 것 같이 땅에서도 이루어지이다"마 6:10.

- **당신의 삶으로 빛을 비추라** "너희 빛이 사람 앞에 비치게 하여

그들로 너희 착한 행실을 보고 하늘에 계신 너희 아버지께 영광을 돌리게 하라" 마 5:16.

- 잊힌 사람을 환대하고 포용하며 배고프며 목마르며 헐벗고 병들며 외로운 사람과 같은 가장 작은 자를 돌보라 "잔치를 베풀거든 차라리 가난한 자들과 몸 불편한 자들과 저는 자들과 맹인들을 청하라. 그리하면 그들이 갚을 것이 없으므로 네게 복이 되리니 이는 의인들의 부활시에 네가 갚음을 받겠음이라" 눅 14:13-14. "내가 주릴 때에 너희가 먹을 것을 주었고 목마를 때에 마시게 하였고 나그네 되었을 때에 영접하였고 헐벗었을 때에 옷을 입혔고 병들었을 때에 돌보았고 옥에 갇혔을 때에 와서 보았느니라" 마 25:35-36.

- 은밀히 선을 행하라 "사람에게 보이려고 그들 앞에서 너희 의를 행하지 않도록 주의하라" 마 6:1.

- 예수님의 도를 실천하고 가르치며 제자를 삼으라 "모든 민족을 제자로 삼아 아버지와 아들과 성령의 이름으로 세례를 베풀고 내가 너희에게 분부한 모든 것을 가르쳐 지키게 하라" 마 28:18-20.

――――― 기회를 꿈꾸라

> 그런즉 너희가 어떻게 행할지를 자세히 주의하여 지혜 없는 자같이 하지 말고 오직 지혜 있는 자같이 하여 세월을 아끼라.
>
> 에베소서 5:15-16

이 책을 읽는 당신이 나와 같다면 배고프고 목마르며 헐벗고 병들고 외로운 사람을 돌보는 일에 사용되기 원할 것이다. 그러나 우리는 분주한 삶의 요구들에 매여 시간을 내기 어려울 때가 많다. 나는 어느 날 일정을 확인하고 낙심해서 기도했다. "하나님, 제 달력에 빈자리가 없음을 주님은 아십니다. 그렇지만 저는 오늘도 여전히 주님의 치유 사역의 일부가 되기 원합니다. 부디 주님의 도움이 필요한 누군가를 오늘 제 삶의 여정 속에 보내 주십시오." 나는 그날 정오에 점심 약속이 있었다. 우리가 타말레tamale(옥수수 가루, 다진 고기, 고추로 만드는 멕시코 요리-역주)에 대해 이야기를 나누고 있을 때 식당 밖에서 비명 소리가 들려왔다. 발작을 일으키기 시작한 한 여성이 세게 넘어져서는 입을 벌린 채 보도 위에 쓰러져 있었다. 그녀의 친구들은 당황해서 어쩔 줄 몰랐다. 나는 급히 달려 나가 응급 구조대에 전화를 걸었고 몸을 구부리고는 그녀의 머리를 팔에 안전하게 안았다. 몇 분 만에 구급대원이 도착해 조치를 취하자 그녀의 상태는 곧 안정되었다. 구급차로 옮기는 동안 그녀의 친구들은 내게 계속 소리쳤다. "당신은 천사예요. 당신이 그 친구의 목숨을 구했어요." 내가 조용히 식당으로 돌아오자, 나와 함께 있던 일행은 충격을 받은 모습으로 말했다. "이런 일은 한 번도 본 적이 없어요. 당신의 재빠른 대처에 깜짝 놀랐어요." 그 후 그녀는 이 사건이 최근 비극적인 사고로 돌아가신 아버지와 오빠, 삼촌을 떠오르게 만들었다고 말하며 울기 시작했다. 원래 업무 상의 점심 약속이었던 남은 시간 동안, 우리는 그녀가 고통과 상실감을 어떻게 다루고 있는지에 대해 이야기를 나눴다. 나는 이 일이 그날 아침의 기도에 대한 직접적인 응답이라는 사실을 깨닫고 미소를 지으며 식당을 떠났다.

────── 공명

새롭고 극적인 경험은 때로 거주 지역과 매일 만나는 사람들을 향한 당신의 관점을 바꿔놓을 수 있다. 캐런은 샌프란시스코 만 외곽의 도농^{都農} 지역 출신이었다. 그녀는 약간의 두려움을 안고 공명이라는 이름의 1일 집중 과정에 참석하기 위해 도시로 왔다. 그녀는 좀 더 넓은 관점에서 사람들을 향한 하나님의 마음을 품기 원했기에 실험 과정에 집중하려 했다. 함께 모인 사람들이 샌프란시스코가 내려다보이는 바위 절벽 꼭대기에 앉아 프로그램에 관한 소개를 듣는 동안, 그녀는 계속 자신이 사는 지역과 이곳이 얼마나 다른지를 생각하고 있었다. 그날 과제는 각기 다른 인근 지역 세 곳을 통과하여 정해진 경로를 따라 걸으며 가능한 한 새로운 곳을 많이 탐험하는 것이었다. 인도자는 이렇게 말했다. "우리는 익숙한 일상의 삶을 살아가느라 주위 사람들의 필요를 보지 못할 때가 많습니다. 또 현재의 사회 구조 속에서 사람들은 지역과 사회 계층에 따라 쉽게 단절되며, 서로 제한적으로 만날 수밖에 없습니다. 오늘 평소라면 가지 않을 곳을 다니며 새로운 사람들을 만나십시오. 그리고 호기심을 가지고 질문하며 그들의 대답을 들으십시오."

캐런은 길을 잃지 않기를 마음속으로 바라며 나눠 준 지도를 보았다. 인도자는 이야기를 계속했다. "오늘 세 가지 기도 방법에 따라 기도하십시오. 첫 번째 기도는 사도 바울의 말씀에서 영감을 얻었습니다. '하나님, 지금 여기 그리고 이곳의 사람들 가운데 나타나는 주님의 영광을 보게 하소서.' 하나님의 영원한 능력과 신성은 우리 주변의 모든 것에서 드러납니다. 오늘 하나님의 영광을 아름다운 꽃과 나무, 건축물, 음식과 패션 그리고 사람들의 얼굴에서 찾아보세요. 또한 이것을 실천하면서 최소한 다섯 가지의 맛있는 새로운 음식을 먹어 보세요. 두 번째로 다음과 같이 기도하기를 바랍니다. '하나님, 우리가 누구를 만나고 어디를 가든 주님의 생각을 품고 주님의 마음으로 느끼게 하소서.' 우리는 이 기도를 하며 우리의 관점이 항상 하나님과 같지는 않음을 깨닫습니다. 세 번째 기도 방법은 '아버지의 나라가 임하게 하시며 아버지의 뜻이 하늘에서와 같이 땅에서도 이루어지게 하소서'라고 고백하는 것입니다. 마음이 상할 때 하나님의 꿈이 회복되기를 구하십시오." 마지막 훈련은 중간에 공원이나 찻집에서 쉬면서 세 가지 기도 가운데 하나로부터 영감을 얻어 기도시를 쓰는 것이었다.

캐런은 고등학생 두 명과 팀을 이루어 낙서로 뒤덮인 벽과 화려한 벽화가 그려진 골목을 지나 첫 번째 지역으로 걸음을 재촉했다. 식료품점의 수레를 밀고 가는 노숙인 옆을 지나며 그녀는 용기를 내 멈추어 서서 인사를 건넸다. 그들은 큰길가에 줄지어 있는 가게들을 탐험하며 멕시코 빵집에서 산 페이스트와 식료품점에서 파는 이국적인 열대 과일, 소의 뇌로 만든 타코를 맛보았다. 그리고 필리핀 식당에서 파는 별미 요리인 발효시킨 오리 수정란을 먹으며 금세 친구를 사귀었다. 또 마약과 관계된 물건을 파는 가게와 불교 사원을 방문했다. 불교 사원에서는 안내인이 열심히 사원 전체를 돌며 질문에 답해 주었다. 캐런이 본 많은 것들은 그 거리의 모퉁이에서 일자리를 기다리는 이민자에게는 지극히 익숙한 풍경이겠지만, 그녀가 사는 동네와는 너무도 달랐다. 그러나 그녀는 이를 긍휼의 관점에서 완전히 새롭게 보는 법을 배워 갔다.

캐런은 유서 깊은 동성애자 거리를 지나며 특히 위화감을 느꼈다. 그녀에게 그곳의 사람들과 문화는 무척이나 낯설었다. "하나님, 주님의 생각을 품으며 주님의 마음으로 느끼게 하소서." 그녀는 기도에 집중하며 하나님이 게이, 레즈비언, 양성애자, 트랜스젠더를 어떻게 느끼실지 진심으로 고민해 본 적이 한 번도 없음을 깨달았다. 그녀의 경험으로 볼 때, 성적 취향이란 토론에서나 나올 법한 도덕적 문제이자 정치적인 문제였다. 그러나 지금 그녀는 그 지역 심장부의 모퉁이 카페에 앉아 기도하면서 하나님 사랑의 관점으로 사람들을 바라보았다. 이 깨달음을 묵상하며 기도시를 쓰려고 노력하던 중에 불현듯 어떤 기억이 떠올랐다. 그녀가 다니는 승마장에서 함께 말을 타던 한 사람에 관한 기억이었다. 다른 사람들과는 자주 승마장 주변에서 담소를 나눴지만 동성애자로 여겨지는 이 여인에게는 인사를 건넨 적조차 없었다. 집으로 돌아온 후 그녀는 열린 마음을 갖기로 결단했다. 두 여인은 점차 친구가 되어 갔고, 시간이 흘러 캐런은 그녀의 새 친구가 하나님과의 관계를 다시 발견하는 일을 돕는 도구가 되었다. 그녀는 나아가 캐런의 신앙 공동체의 일원이 되었다. 어떻게 이런 일이 가능했을까? 이것은 실험을 통해 시작되었다. 캐런의 마음이 먼저 변화되었고, 그 결과 그녀는 친구의 인생에서 하나님의 회복 사역의 통로가 될 수 있었다.

계층과 문화의 경계를 넘어서

한때 도시와 교외 지역, 교외 지역과 소도시를 구별 짓던 특징과 사건들은 급속도로 변하고 있으며 점차 그 경계가 사라지고 있다. 도심 지역의 사람들이 경제적으로나 사회적으로 지위 향상을 갈망하면서, 교외 지역이었던 많은 곳이 급속도로 새로운 도시로 편입되고 있다. 이런 변화는 중서부 농장 지역의 할랄 시장Halal markets(무슬림이 먹고 쓸 수 있는 제품을 파는 시장-역주)이나, 한때 백인이 주로 거주하던 교외 지역에서 라틴계 거주민이 증가하는 새롭고 흥미로운 문화적 혼재 현상을 낳았다. 인종이나 문화의 경계를 넘으려면 비행기 표와 여권이 필요했던 시기가 있었다. 그러나 대부분의 경우 이제는 그저 집 현관을 나서서 사무실 옆자리를 쳐다보기만 해도 그런 경험을 할 수 있다. 그 결과 우리는 예수님의 도를 실천할 수 있는 새로운 기회를 쉽게 얻는다.

나는 성장하는 교외 지역의 특정 구역에 정착하는 것만이 새로운 이민자들에게 허용되었던 시기에 세워진 어느 중국계 교회를 알고 있다. 이후 교인들 대부분은 다른 지역으로 이사했고, 라틴계 이민자들이 이주해 정착한 그곳은 폭력과 마약의 범람으로 위기에 처했다. 이 교회의 교인들은 문화적, 사회 경제적 차이가 큰 새로운 이웃을 향해 다가갈 방법을 고심한 끝에 실험을 하기로 결정했다. 그 후 8주간 그들은 인근 지역을 걷고 이웃을 만나 기도하면서 이웃들의 필요를 발견했다. 도저히 사실이라고 믿기 어려울 정도의 아름다움이 느껴지는 이 장면을 상상해 보라. 차대를 낮춘 차의 스테레오에서 마리아치 음악(멕시코 전통 음악으로 관악기를 곁들인 현악기 앙상블 연주 - 역주)이 배경음악처럼 흘러나오고, 중년의 부유한 중국인 그룹이 라틴계 이웃들과 이야기를 나누며 기도하고 있다. 그곳의 이웃들은 서로 문화와 언어는 다르지만 예수님을 경외하는 마음을 공유할 수 있다는 사실을 배웠다. 교회의 전 교인이 이웃 아이들을 위한 개인 학습 지도 프로그램을 시작했고, 이웃의 필요를 위해 그들이 가진 자원을 어떻게 사용할지 더욱 진지하게 탐색해 갔다.

잊힌 이들과의 축제

예수님은 이렇게 말씀하셨다. "잔치를 베풀거든 차라리 가난한 자들과 몸 불편한 자들과 저는 자들과 맹인들을 청하라. 그리하면 그들이 갚을 것이 없으므로 네게 복이 되리니"눅 14:13-14. 대부분의 마을과 도시에는 공원이나 버려진 공장 지대, 빈민가의 무료 급식소처럼 가난하고 집 없는 사람들이 모이는 장소가 있다. 그런 곳에는 다양한 상황 때문에 고립감과 고독을 느끼는 형제와 자매, 어머니와 아버지, 아들과 딸들이 있다. 또 유치장과 감옥, 공립 병원, 요양원에서도 이처럼 외롭고 잊힌 사람을 찾을 수 있다. 우리 사회에서 가진 사람과 가지지 못한 사람은 서로 단절되는 경향이 있다. 그러나 가진 사람과 가지지 못한 사람이 함께 식사를 나눌 때, 마치 마법과도 같은 일이 일어난다. 우리는 실천을 통해, 비유의 말씀을 그대로 살아내고 이미 여기에 임한 하나님 나라의 표적을 축하한다.

우리는 가난하고 집이 없는 이웃과 '축제의 사귐'을 조직하는 일을 돕기 원한다. 우리가 살고 있는 도시에서 노숙인 야영지로 가서 음식과 옷 꾸러미를 주고 오는 건 그리 특별한 일은 아니다. 그러나 우리가 함께 나누고자 하는 것은 일방적인 자선 이상의 특별한 것이다. 곧, 서로를 알아 가며 유익을 얻는 사람과 사람 사이의 우정이다. 전에 7주간에 걸쳐 근처 고속도로 지하에 있는 노숙인 야영지에서 음식을 만들고 그곳에서 사는 사람들과 저녁식사를 함께하는 그룹 실험을 한 적이 있다. 노숙인이나 중독자와 함께한 경험이 없던 톰은 낯선 사람과 식사하기 위해 어두워진 후 다리 밑으로 가는 것에 대해 약간 불안해했다. 그는 큰 용기를 내서 그 자리에 참석했고 요리와 식사, 게임을 함께하는 동안 그의 두려움은 점차 사라졌다. 대화는 놀라울 정도로 쉽게 이루어졌고 모인 사람들은 삶의 승리와 비극을 진지하게 나눴다.

실험 마지막 주에는 큰 파티를 열고 칠면조를 주 메뉴로 한 저녁 정찬을 준비하며 파티 장식과 피냐타(눈을 가리고 막대기로 쳐서 넘어뜨리는 장난감과 사탕이 가득 든 통-역주), 건전지로 작동하는 크리스마스 장식 조명을 달았다. 피냐타에서 떨어질 사탕과 위생 용품을 얻으려 애쓰면서 우리는 참 많이 웃었다. 파티의 디제이로 자원한 톰은 휴대용 음향 설비를 가져와 다양한 음악을 틀어 주었고, 밤새 모든 사람들은 음악에 맞춰 춤을 추었다. 7주 동안 실험을 하면서, 톰은 뜻깊은 실천을 통해 두려움을 극복했고, 자신과 다른 문제로 고통당하고 있는 사람들을 알아 가는 일에 훨씬 익숙해졌다. 한걸음 더 나아가 이웃에서 늘 마주치는 노숙인들을 위해 시간을 내고 삶을 나누는 실천을 할 때 누리게 될 우정에 대해 깊이 생각하게 되었다.

인생의 목적 발견하기

우리는 사랑하고 섬기기 위해 작은 모험을 하면서 인생의 목적에 대한 더 진지한 질문을 던진다. 친구 데이먼은 에디오피아의 고아원으로 여행을 떠난 이후에 일상의 삶이 '무너졌다.' "저는 인생의 전성기를 세상이 더 빠른 속도로 돌아가게 하는 데 보냈습니다." 기술 분야 회사에서 자신이 하는 일에 대해 그는 이렇게 설명했다. 그는 소년기에 이미 주어진 인생의 대본에 따라 학교에서 뛰어난 성적을 받았고, 급여 조건이 좋은 훌륭한 회사에 다니며 은퇴 후를 위해 열심히 저축했다. 그는 이런 말도 했다. "앞으로의 인생에서 제가 무엇을 원하는지, 또 그것이 하나님의 나라의 실재를 더 풍성히 누리며 살 수 있게 해주는지 더 이상 확신이 없어요." 그는 좀 더 진지한 질문을 통해 인생의 비전과 목적을 깨달은 후, 새로운 실천을 계획하기 시작했다. 그리고 갑작스런 변화보다는 새로운 비전을 향한 분명한 목적을 가진 사안을 실천하기로 마음먹었다. 소그룹 친구들과 매일 한 시간씩 성경을 연구하고 기도하며 묵상하기로 약속했고, 매주 하루 저녁을 택해 에이즈 환자를 돌보는 호스피스 병동에서 자원봉사하며 죽음을 앞둔 이들의 필요를 늦게까지 돌보았다. 그는 직업보다 다른 활동에 더 큰 열정을 쏟았고, 결국 하루 종일 직장에서 일하는 것에 대해 고민하게 되었다. 또 다른 실험에서는 전보다 더 적은 돈으로 생활하며 수입의 나머지 돈을 다른 사람들과 함께 나누었다. 그는 주말의 낭비와 외식을 피하면 살아가는 데 필요한 것이 생각보다 적다는 데 놀랐다. 마침내 그는 근무시간을 줄이기로 결심했고, 매일 저녁 5시에 퇴근하겠다고 상사에게 말했다. 몇 주 후에 그의 상사는 그가 다른 사람보다 집중력 있고 생산적이라는 사실을 깨닫고 그를 팀 책임자로 승진시켰다. 데이먼은 시간제로 일하기 시작하면서 자신이 원하는 대로 더 많은 시간을 섬기는 일에 투자할 수 있었다. 이제 결혼해서 두 자녀를 둔 그는 다시 종일 근무로 일하면서 가족을 부양하고, 그가 속한 중국계 이민자 공동체에서 적극적으로 활동하고 있다. 데이먼은 작지만 의도적인 변화를 통해 더 숭고한 목적을 이루기 위한 삶의 리듬을 발견했다.

하나님은 치유의 사역을 하는 대리자가 되어 세상에서 더 의미 있는 목적을 좇는 삶의 방식을 발견하도록 우리를 부르신다.

_____ 토론

- **자유로운 이웃 운동** 당신이 거주하는 지역의 상황을 고려할 때 하나님의 평강이 이루어져야 할 가장 시급한 싸움은 무엇인가?
- **작은 자** 당신이 사는 지역에서 가난하고 목마르며 헐벗고 병들고 외로운 사람은 누구인가? 그들이 살아가는 곳은 어디인가? 작은 자의 어깨를 어루만져 줄 기회가 지속적으로 마련된 곳은 어디인가? 이제 전 세계적 관점에서 같은 질문을 깊이 생각해 보라.
- **예수님의 가르침** 190쪽에서 시작된 목록을 다시 살펴보라. 존재 목적에 대한 예수님의 가르침 가운데 지금 당신이 실천해 보고 싶은 것은 무엇인가? 그 이유는 무엇인가?
- **기회를 꿈꾸라** 예기치 않은 위기가 닥치거나 위급한 상황에 처한 사람과 마주쳤던 때를 떠올려 보라. 어떻게 대처했는가? 또 그로 인해 무엇을 느꼈는가? 치유의 기회가 생겼을 때 그 일을 하지 못하도록 당신을 방해하는 것은 무엇인가?
- **공명** 하나님의 사랑받는 자를 떠올릴 때 전형적으로 떠오르는 사람은 어떤 모습인가? 혹은 반대로 하나님의 사랑받는 자라고 받아들이기 어려운 사람은 어떤 사람들인가?
- **문화적 경계** 당신이 사는 도시에 존재하는 계층이나 문화의 경계는 무엇인가? 사랑으로 이 경계를 넘어서려면 어떻게 해야 하는가?

_____ 적용

- 부록에 292-294쪽을 보라 실린 존재 목적에 관한 설문지를 완성하고 토론하는 시간을 가지라.
- 이웃 지역이나 도시 전체에 하나님의 나라가 임하기를 원하는 당신의 갈망에 대해 10분간 기도시를 쓰고 서로 들려주라.

_____ 7일간의 훈련

- **하나님의 관점으로 보라** 7일간 만나는 모든 사람을 하나님의 사랑받는 자, 형제와 자매, 헤아릴 수 없는 가치와 존엄성을 가진 사람으로 보기 위해 잠시 멈춰 서서 그 눈을 바라보기로 서약하라.
- **기회를 꿈꾸라** 7일간 매일 아침마다 치유의 사역자가 될 기회를 주시기를 간구하라.
- **외로운 이와 식사를 함께하라** 친구 한 명과 함께 지역 무료 급식소에서 식사하거나 병원, 감옥, 요양원을 방문하라.
- **공명** 친구 한 명과 두세 시간 정도 이번 장과 비슷한 '공명'의 산책을 하라. 계층과 문화의 경계를 넘어설 수 있는 지역이나 인구가 밀집한 지역 혹은 주거 지역과 상업 지역이 적절히 혼재된 인근 지역을 선택하라. 가능한 많은 가게와 공공장소를 탐험하라.

한 번도 먹어 본 적이 없는 음식을 적어도 세 가지 이상 사서 맛보라(가능하면 프랜차이즈 식당은 피하라). 우연히 만난 사람들에게 질문을 던지고 그들의 대답에 귀를 기울이라. 걷는 동안 다음 기도 가운데 하나를 택해 기도하라.

— 바로 여기 그리고 이곳의 사람들 가운데 나타나는 하나님의 영광을 보게 하소서.
— 사람과 장소를 보며 하나님의 생각을 품고 하나님의 마음으로 느끼도록 도우소서.
— 하늘에서와 같이 지금 여기에 하나님의 나라가 임하며 하나님의 뜻이 이루어지게 하소서.

프로젝트와 실천의 확장

- **잊힌 이들과의 축제** 항상 돌봄을 받지 못하는 이들과 함께하는 특별한 저녁식사를 한 번 이상 준비하고 누가복음 14:13-14절에 나오는 비유를 실천하라. 지역의 노숙인 쉼터나 다른 단체와 협력한다면 도움이 될 것이다.
- **긍휼이나 정의를 주제로 프로젝트를 시작하라** 인근 지역에서 가장 필요한

것이 무엇인지 조사하고 봉사와 후원을 통해 그것을 다룰 6-8주간의 그룹 프로젝트를 조직하라.

- **하나님 나라의 복음을 선포하라** 마태복음 10장에서 예수님이 제자들에게 주신 가르침을 읽으라. 하나님 나라의 복음으로 초청하는 도전적인 공공 캠페인을 만들 방법을 자유롭게 토론하라. 당신이 거주하는 지역의 사람들과 효과적으로 소통할 수 있는 접근법에는 무엇이 있을까? 어떤 식으로 관심과 놀라움을 불러일으킬 수 있을까? 무료 봉사(예를 들어 미용이나 안마)? 치유를 위한 공식적인 기도의 제안? 창의적으로 생각하고 가장 좋은 생각을 실천에 옮기라.

9

안전에 대한 실험

어떻게 살아남으며 형통할 것인가

> 너희 보물 있는 곳에는 너희 마음도 있으리라.
>
> 누가복음 12:34

우주는 필요한 모든 것을
생산해 줍니다
먹을 것과 입을 것
물과 나무
벽돌과 점토
햇살과 비.
창조주 하나님은
이 모든 것을 날마다 선물로 주십니다.

우리가 근원을 알고
깨어 감사하며
모든 것을 받아들이고
흙과 가까이 살아갈 때
가장 행복함을 아시기 때문입니다.

비밀은
우리가 놀라울 정도로 부요하며
자유롭고 화려한 뜰에서
왕과 여왕처럼 살아간다는 것입니다.
우리는 필요 이상을 넉넉히 가졌습니다
부족한 한 가지는
이미 우리가 가진 것을 누리는
소박한 즐거움뿐이니
그토록 자주
무익한 속임수와 이득을 좇아
받은 유산을 부인한다 해도
그것은 우리를 질식할 것처럼
지치고 절박하게 만들 뿐입니다.

오늘 작은 것에서
선함을 발견하고

주님이 아낌없이 베푸시는
부요함을 맛봅시다
활짝 편 두 손으로
삶의 선물을
주고받으며
이미 시작된 나눔의 순환을
온전히 믿고 완성합시다.

마크 스캔드렛, 2007

데이먼과 나는 단순한 삶을 주제로 한 강연회를 준비하기 위해 우드사이드 카페에서 만났는데, 그곳에서 적지 않은 모순을 느꼈다. 유명 영화배우와 기술 산업 황제의 고향이기도 한 이 작고 고풍스런 마을의 카페는 억만장자들이 커피와 페스트리 너머로 거래를 조율하는 장소로 익히 알려져 있었다.

"우리가 들어오면서 여기 있는 사람들의 총 순자산이 급격히 하락했네." 앉을 자리를 찾는 동안 데이먼은 비꼬듯이 말했고 나는 그 말에 웃음을 터뜨렸다. "맞아. 여기 있는 대다수 사람들은 앞으로 우리가 소유할 자산보다도 더 막대한 부를 소유하고 있지. 하지만 하나님의 부요함은 집과 돈, 배당 주식보다 더 큰 의미가 있지. 만약 부를 목적이 뚜렷한 일과 소박한 즐거움 그리고 의미 있는 관계로 따진다면 어떻게 될까?"

옆 자리에서 우리의 대화를 귀담아 듣던 세련된 중년 여성이 말을 건넸다. "일리가 있는 말이네요. 저는 수백만 달러를 호가하는 집에서 홀로 살고 있지만 10대인 제 딸은 마약중독인 데다 살인 용의자와 사귀고 있어요. 딸과의 관계가 좋아지고 그 아이가 더 나은 선택을 하는 걸 볼 수 있다면 저는 어떤 대가든 치를 용의가 있어요."

부요하신 하나님의 통치를 받으며 그분께 순종하는 경제 체제에서조차 결핍감을 떨쳐 내기는 어렵다. 사랑의 나라에 대한 비전을 품고 있음에도 불구하고, 우리는 누가 진정으로 부유한 사람이고 무엇이 참된 부의 요소인지에 대해 물질주의적 관점을 유지하는 경향이 있다.

그러나 살아가며 이러한 사고방식이 도전을 받는 순간이 있다. 예전에 나는 여덟 명의 식구를 하루 2달러의 돈으로 부양하는 어느 어머니의 손을 잡고 엘살바도르의 판잣집이 세워진 거친 흙 바닥 위에 섰던 적이 있다. 아직도 나지막이 속삭이던 그녀의 감사 기도가 들리는 듯하다. 궁핍함 속에서 부요함을 발견하는 그녀의 능력은 내게 큰 가르침을 주었고, 여전히 내 머릿속을 맴돌고 있다.

멜리사는 여러 차례 개발도상국가를 여행한 후에 소비를 줄여야겠다는 책임감을 무겁게 느꼈다. 폭식하는 습관과 힘들게 싸워 온 그녀와는 반대로 전 세계의 많은 사람들은 충분히 식사하는 일이 드물다는 사실이 뼈아픈 역설로 다가왔다. 그녀는 40일 동안 하루 1달러의 돈으로 생활하는(집세와 공과금을 제외하고) 실험을 하기로 결심했다. 그것은 개발도상국가의 많은 가정의 하루 생활비였다. 그녀는 이 실험을 통해, 음식에서 즐거움과 위안을 찾으려는 물질 의존성에서 벗어날 수 있을 것이다. 그뿐만 아니라, 전 세계 극빈층 사람들이 겪는 힘겨운 싸움에 동참하며, 자신이 저축한 돈을 정말 굶주리고 있는 사람들에게 나누어 줄 수 있다. 멜리사는 놀라운 인내와 훈련을 통해 이 서약을 지켰고, 검소함과 신뢰, 감사를 배우며 경험한 바를 일기로 써 내려갔다.

이 세상의 빈부 격차가 너무 크기 때문에 우리는 돈도 성(性)처럼 실제적인 면보다는 이론적인 면을 다루기가 더 쉬운 주제라고 여기는 듯하다. 돈은 우리 공동체에서 가장 어려워하는 대화 주제 중 하나다. 예를 들어, 케빈은 소비주의를 경멸하며 기업의 탐욕과 '인간'의 악함에 대해 가장 큰 목소리를 내는 사람 가운데 한 명이다. 그는 매일 똑같은 구제옷을 입고 다니며 20대 시절 대부분을 아내 레베카와 함께 개발도상국을 여행하고 자원봉사 활동을 하며 행동주의자로 살았다. 공동체에서 수입과 소비, 빚, 저축에 대해 토론하기로 결정했을 때, 케빈과 레베카 부부는 두려움과 흥분을 동시에 나타냈다.

케빈은 그들 차례가 되자 마구 구겨진 종이 한 장을 들고 말했다. "저희 부부가 예산을 짜본 건 이번이 처음입니다. 우리가 처한 실제 상황을 확인하는 것이 두려웠던 것 같아요. 저희는 매달 수입보다 보통 1,000달러 이상을 더 지출합니다. 지금과 같은 지출 규모로는 학자금 대출과 가계 빚을 전부 갚는 데 25년쯤 걸릴 겁니다. 제 자신이 너무 한심하게 느껴집니다. 그리고 누군가 좀 더 일찍 제게 재정 관리법을 가르쳐 주었더라면 하고 바라게 됩니다."

레베카가 중간에 말했다. "이제 우리가 가진 게 별로 없다는 사실을 모두가 알 거예요. 언젠가 우리도 집을 사기 원하겠죠. 우리의 꿈과 이상 또한 계속 추구하고 싶어요. 하지만 더 이상 그게 가능할지 잘 모르겠어요. 어쩌면 우리 두 사람 모두 일반 회사에 취직해야 하는 건 아닌지 의문이 들어요."

유년기의 트라우마를 해결하려고 대학을 중퇴했던 오드리는 매일 새벽 4시부터 하루 종일 일해서 버는 수입으로는 고작 집세와 약간의 식비만 충당할 수 있을 뿐이라고 말했다. "저는 예상치 못한 비용이 들 때 신용카드에 의존해 왔어요. 언젠가는 학교로 돌아가고 싶어요. 하지만 방법을 모르겠어요." 그녀는 이렇게 말했다.

마지막으로 경영학 석사 출신의 재정기획가로 일하고 있는 제니퍼가 말했다. "사실 제 상황이 다른 많은 분들과 매우 다르기 때문에 뭔가를 나눈다는 게 망설여졌어요. 저는 오랫동안 검소한 삶을 살기 위해 애써 왔어요. 빚도 없는 데다 수십만 불을 벌고 있고, 퇴직연금은 401k(미국의 확정기여형 기업연금제도로 매달 일정액의 퇴직금을 회사가 적립하면 근로자가 이를 운영해 스스로의 투자결과에 책임지는 방식으로 이루어진다 - 역주) 최고 한도로 적립 중이죠. 수입의 35퍼센트를 교회와 자선단체에 기부한 후에도 매달 어디에 써야 할지 모르는 돈이 수천 달러나 남습니다."

우리 공동체에서는 재정에 관한 성령님의 인도하심을 확인하기 위한 방법으로 수입과 소비에 대해 함께 토론한다. 우리가 가진 자원의 영역에서 예수님의 도를 실천하려 할 때, 각자 다른 처방을 필요로 한다는 사실이 분명해졌다. 어떤 사람은 소비를 줄이고 빚과 소비 습관을 해결할 필요가 있으며, 또 어떤 사람은 재정상의 도움을 받고 더 나은 급여를 제공하는 직장을 얻기 위해 기도할 필요가 있었다. 그리고 또 다른 사람은 하나님이 주신 소유를 더욱 창조적이며 대담하게 사용하고 나눌 필요가 있었다.

다음 몇 달간 우리는 각자 다양한 전환기를 거치는 과정을 도왔다. 오드리는 복학에 필요한 돈을 저축하려고 가족과 함께 살기 위해 이사했다. 케빈과 레베카는 더 많이 일하고 소비를 통제하는 법을 배움으로써 향후 3년간 빚을 갚아 나가기로 약속했다. 제니퍼의 경우, 금욕적인 삶에 대해 그녀가 좀 더 기뻐하고 즐거워하는 마음을 가질 수 있도록 격려했다. 우리는 서로 재정에 대해 투명하게 나누며 율법적인 태도를 취하지 않았다. 즐거운 마음으로 각자가 하나님의 부요함 가운데 살아가는 삶의 다음 단계로 부르심 받았다는 사실을 이해하며 실천에 임했기 때문이다.

이처럼 물질적으로 검소한 삶을 실천함으로써 영적으로 부요한 삶을 추구하는 것의 이면에는 어두운 측면이 있을 수밖에 없다. 다른 사람을 판단하는 조건이 되거나 자신의 부를 우상으로 삼을 때 검소한 삶은 생명력을 잃어버리며 분열을 일으키는 짐스러운 존재가 되어 버린다.

몇 년 동안 나는 지나칠 정도로 검소하며 면밀히 예산을 세우고 신중하게 소비한다는 면에서, 내 자신을 자랑스럽게 생각해 왔다. 어느새 나는 구제 쇼핑과 재활용품 상자 뒤지기의 달인이 되었다. 그러나 좀 더 솔직히 말한다면 소비를 꺼리는 마음 때문에 더 확신에

차고 관대해지지는 않았음을 인정한다. 실은 물건을 공짜로 얻거나 더 싼 값에 얻는 일에 매달리고 집착하는 위축된 물질주의자가 되었을 뿐이다. 소유욕에 사로잡히고 물질주의자가 되는 데 반드시 돈이 필요하지는 않다. 예수님의 제자는 하나님이 공급하시는 자원에 의지하는 법을 배운다.

─────── 남은 열두 광주리의 빵:
예수님은 어떻게 하나님의 부요함 속에서
안전함을 누리며 살아가셨는가

예수님의 생애에서 많은 무리를 먹이신 기적은 그분의 부요함을 축약적으로 보여 주는 장면이다. 예수님은 친구인 세례 요한이 참수형을 당했고 그의 제자들은 몸과 마음이 지친 상태로 돌아오는 중이라는 사실을 아셨다. 갑자기 예기치 못한 수천 명의 무리가 가르침과 치유를 간절히 구하며 그분에게 모여들었다. 제자들이 예수님께 무리를 보내시기를 청했을 때 주님은 제자들을 도전하셨다. "너희가 저들에게 먹을 것을 주어라." 뒤이어 주님이 빵 몇 덩어리와 물고기를 들어 감사 기도를 하시자, 음식은 모든 사람이 먹고도 열두 광주리가 남을 정도로 늘어났다. 몸과 마음의 자원이 소진됐다고 느낄 때, 항상 우리 기대보다 더 크게 채워 주시는 근원이 존재한다. 열린 손으로 서로 나누며 하나님 아버지께서 우리의 필요를 항상 채우심을 믿을 때 부요함은 흘러넘친다.

예수님은 거하실 곳이 있을 때에나 없을 때에도 아니면 잔치에서 드시거나 혹 밭 가장자리에서 이삭을 주우실 때에도 늘 하나님 나라 아버지 집에 거하셨다. 주님은 채찍을 들어 돈을 양과 소로 바꿔주는 약한 환전상인들의 상을 뒤집어엎어 돈을 흩어 버리시며 그들을 성전 밖으로 내쫓으셨다. "사람이 떡으로만 사는 것이 아니라." 한번은 제자들이 예수님에게 식사를 하시지 않는 이유를 묻자 주님은 대답하셨다. "내게는 너희가 알지 못하는 먹을 양식이 있느니라. … 나의 양식은 나를 보내신 이의 뜻을 행하며 그의 일을 온전히 이루는 이것이니라."요 4:32-34.

우리 문화에서는 경제와 물질의 번영, 즉각적인 만족, 빚에 기반한 경제 성장, 결핍감과 경제적 안정에 대한 비합리적 공포에 기인한 급격한 경제 발전을 중요하게 여긴다. 우리는 그 속에서 하나님의 부요함과 관대함의 비전을 실천하도록 부르심을 받는다.

우리가 돈과 소유에 있어 깨어 있는 결정을 하지 않는다면 우리를 지배하려는 문화의 영향을 받게 될 것이다. 가장 먼저 돈과 소유에 대한 마음속 동기를 다루며, 자원을 어떻게 관리할지 세부 사항을 결정해 간다면 쉬울 것이다. 먼저 어느 영역에서 하나님 나라의 완전함을 누리며 살아갈 것인지부터 시작한다. 만약 현재의 재정 상황 때문에 좌절하고 덫에 걸린 것처럼 느껴진다면, 이것은 부요함, 감사, 만족, 관대함, 지속 가능성, 신뢰로 향하는 다음 단계로 어떻게 나아갈지를 깨닫게 해주는 초대다.

안전함에 대한 비전:
어떻게 형통할 수 있을까?

우리는 부요하신 하나님을 의지해 살아간다. 창조주 하나님은 우리가 간구하는 것을 주시기를 기뻐하신다. 필요한 자원이 항상 공급될 것이기 때문에 탐욕을 부릴 필요가 없으며, 소유하고 받은 것을 함께 나눌 수 있다. 미래를 포함하여 그 어떤 것도 두려워하고 염려하지 않고, 보이는 것에 의존해 살아간다고 믿으며 재물을 쌓는 이들을 질투할 필요도 없다. 참된 공급의 근원을 알기에 확신과 감사로 관대하며 자유롭게 살아간다. 우리는 이런 삶을 살고 기도하도록 부르심을 받는다. "오늘 우리에게 일용할 양식을 주시고."

예수님은 참된 안전을 찾기 위해
어떤 존재가 되며
무엇을 행하라고 가르치시는가

- **신뢰하고 두려워하지 말라** "너희는 마음에 근심하지도 말고 두려워하지도 말라" 요 14:27.

- **먹을 것과 입을 것, 생존, 미래 등 어떤 것도 염려하며 근심하지 말라** "목숨을 위하여 … 염려하지 말라"마 6:25.

- **하나님께 필요한 모든 것을 구하라** "구하라, 그러면 너희에게 주실 것이요. 찾으라, 그러면 찾아낼 것이요. 문을 두드리라, 그러면 너희에게 열릴 것이니"눅 11:9.

- **관대히 나누라** "너희 소유를 팔아 구제하여"눅 12:33.

- **은밀히 베풀라** "너는 구제할 때에 오른손이 하는 것을 왼손이 모르게 하여"마 6:3.

- **친구를 사귀기 위해 가진 자원을 사용하라** "불의의 재물로 친구를 사귀라"눅 16:9.

- **탐욕을 버리라** "삼가 모든 탐심을 물리치라. 사람의 생명이 그 소유의 넉넉한 데 있지 아니하니라"눅 12:15.

- **돈과 재산을 쌓아두지 말라** "너희를 위하여 보물을 땅에 쌓아두지 말라. 거기는 좀과 동록이 해하며 도둑이 구멍을 뚫고 도둑질하느니라"마 6:19.

- **물질의 부가 아닌 하나님 나라를 보물로 삼으라** "오직 너희를 위하여 보물을 하늘에 쌓아두라. 거기는 좀이나 동록이 해하지 못하며 도둑이 구멍을 뚫지도 못하고 도둑질도 못하느

안전에 대한 실험

> 니라."마 6:20.
>
> - 세금을 납부하되 정부의 해법을 의존하지 말라 "가이사의 것은 가이사에게, 하나님의 것은 하나님께 바치라"막 12:17.

    티후아나에서의 어느 날 밤, 나는 25명의 학생들과 함께 허름한 어느 아파트에 앉아 있었다. 마약 범죄 조직들의 전쟁으로 어수선한 상황에서 밖은 자동소총을 멘 군인을 가득 태운 트럭이 치안 유지를 위해 계속 거리를 순찰 중이었다. 모인 학생들은 대부분 멕시코 북부 지역 출신으로 내가 조직한 5개월 과정의 제자 훈련에 참여하고 있었다. 그날 밤, 샌디에이고 국경을 건너온 한 젊은 남성이 뜻밖의 손님으로 토론에 참여했다. 그는 질의응답 시간에 처음으로 말했다. "저는 모든 그리스도인이 가난한 삶으로 부르심 받았다고 주장하는 책을 읽고 있습니다. 여러분은 이 주장에 동의하시나요?"

    나는 학생들의 얼굴에서 어리둥절하고 당황한 표정을 확인할 수 있었다. "그 질문을 하기에 참 흥미로운 장소를 고르셨군요." 나는 이렇게 말했다. "우리 멕시코 형제자매들의 대답을 들어봅시다."

    첫 번째로 로베르토가 말했다. "저는 이해가 안 되는데요. 하나님은 처음부터 가난하게 태어난 우리를 어떻게 가난한 삶으로 부르실 수가 있죠?"

"가난한 삶을 선택할 수 있다면 정말 가난한 게 아니겠죠." 뒤이어 루이자가 말했다.

우리는 이내 가난한 사람과 부유한 사람 모두가 배울 수 있는 물질의 부에 대한 예수님의 가르침을 목록으로 만들었다. 그 후 한 시간가량 열띤 토론이 이어졌다. 모든 사람이 가난한 삶으로 부르심을 받지 않았을지 모르지만, 하나님이 다스리시는 실재 속에 살아가기 위해서는 어떤 경제적 상황에서도 우리가 추구할 수 있는 가치가 있다는 결론을 내렸다. 우리는 검소한 삶, 진심 어린 감사, 완전한 만족, 흔들림 없는 신뢰, 아낌없는 관대함을 실천하며 살아가도록 부르심 받았다. 하나님은 그분의 나라를 우리에게 허락하셨고, 우리의 시간과 돈, 재능과 자원으로 세상을 유익하게 만드는 관대한 모험에 우리를 부르신다.

토론

- **참된 부** 하나님 나라의 경제에서 부는 어떻게 평가된다고 생각하는가?
- **예산의 공유** 소그룹에서 수입과 소비에 대해 나눈다는 생각에 기쁨을 느끼는가, 아니면 두려움을 느끼는가? 그 이유는 무엇인가? 이 같은 실천을 통해 어떤 유익을 얻을 수 있는가?
- **남은 열두 광주리** 당신이 경험한 하나님의 부요함을 설명해 보라.
- **예수님의 가르침** 예수님의 안전에 대한 가르침 중에서 가장 실험해 보고 싶은 것은 무엇인가? 216-218쪽의 목록을 보라.
- **두려움과 염려** 안전에 대한 하나님의 약속을 신뢰하기 위해 애쓰고 있는 영역은 어디인가? 당신이 걱정하고 두려워하는 것은 무엇인가?
- **돈과 재산** 돈과 재산과 관련하여 가장 신경쓰고 있는 부분은 무엇인가? 그렇다면 과연 무엇이 이 같은 싸움에 도움이 될 것인가?
- **세상의 필요** 가난하고 경제적으로 불평등한 세상에서 하나님의 부요함을 어떻게 인식할 것인가? 자원의 불평등한 분배로 이익을 얻는 사람들의 책임은 무엇인가? 자발적으로 검소한 생활방식을 선택하는 삶을 어떻게 생각하는가?

———— 적용

- 부록에 실린 감사와 만족 여부에 관한 설문지를 작성하라 295-296쪽.
- 다른 그룹 구성원이 가진 재산을 포함해, 각자가 모임에 기여할 수 있는 특별한 지식과 기술 등 서로 기꺼이 나누기 원하는 자원을 목록으로 정리해 보라.

———— 7일간의 실험

- **감사** 일주일 동안 감사 일지를 쓰라. 매일 반복되는 내용 없이 감사한 내용 열 가지를 적어 보라. 일주일 후 감사 일지를 서로 나누라.
- **시간/재정 일기** 자원을 어떻게 사용하고 있는지를 더 잘 파악하기 위해서 일기에 시간과 돈을 사용한 곳을 구체적으로 기록하라.
- **안식일 준수** 하나님의 공급하심에 대한 신뢰를 표현하기 위해 하루를 온전히 쉬라. 충분히 재충전되는 하루는 어떤 모습인가? 하나님이 허락하신 것을 어떻게 축하하고 기념할 것인가? 더 의미 있는 안식을 추구하기 위해 하지 말아야 할 일은 무엇인가? 당신 자신과 자신의 일정, 안식일에 대한 이 질문들에 답해 보라.
- **두려움과 염려** 매일 아침 떠오르는 두려움과 염려를 정리해서 목록으로 만들고 하나님께 전적으로 맡기라.

- **검소한 삶을 살라** 7일간 재정 사용에 있어서 혁신적인 변화를 이루라(예를 들어, 하루 식비를 2달러로 제한하고 모닝커피나 외식을 포기하라). 저축한 돈을 모아서 전 세계의 빈곤 해소를 위해 기부하라.
- **부요함을 축하하라** 하나님의 부요함 속에서 안전함을 발견한다는 것은 완전한 만족을 누릴 뿐만 아니라 아낌없고 풍성한 축제를 경험하는 것이다. 예수님은 배고픈 무리를 먹이셨고, 물을 포도주로 바꾸어 혼인잔치에 모인 모든 사람이 마시게 하셨다. 한 주 동안 계획과 예산을 세워 친구와 가족에게 아낌없이 선물하고 특별한 축제를 열라.
- **공정 무역품이나 지역 생산품을 구입하라** 우리는 위험한 근로 환경, 임금 착취, 환경 파괴가 자행되는 현실을 알고 있음에도 불구하고 가능한 싼 값에 물품을 구입하고 싶어 한다. 사실상 우리가 자원을 사용하는 방법에 따라 우리는 원하는 미래에 투표하는 것이다. 당신이 구입하는 상품이 공정하게 생산되었는지 여부를 알고 있는가? 이번 한 주 동안 지역 생산품이나 공정 무역품만을 구입하는 실험을 해보라.

———— 프로젝트와 실천의 확장

- **절반의 나눔 운동** 한 달간 친구들을 초청해서 자원과 재산을 재분

배하는 일을 함께 하라.[1장의 예를 보라].

- **자원을 모으고 나누라** 그룹으로 모여 서로 합의 하에 수입의 일부를 모으고 다른 사람을 축복하기 위해 그 돈을 어떻게 사용할지 결정하라.

- **예산과 재정 계획** 여러 주에 걸쳐 개인별 재정 목표와 예산을 세우라. 또한 모임에서 수입과 소비에 대해 나누라.

- **검소한 삶의 자발적 실천** 친구들을 모아 검소한 삶을 자발적으로 실천해 보라. 어떤 소비도 하지 않기로 서약하고(예를 들어 옷, 책과 음반, 가전제품), 달력에 새로운 약속을 잡지 않기로 결심하라.

10

공동체에 대한 실험

어떻게 서로 속할 것인가

내 계명은 곧 내가 너희를 사랑한 것같이 너희도 서로 사랑하라 하는 이것이니라. 사람이 친구를 위하여 자기 목숨을 버리면 이보다 더 큰 사랑이 없나니.

요한복음 15:12-13

너희도 성령 안에서 하나님이 거하실 처소가 되기 위하여 그리스도 예수 안에서 함께 지어져 가느니라.

에베소서 2:22

글을 쓰면서 나는 6년 전의 첫 번째 공동체 서약식 때부터 찍었던 사진들을 하나씩 넘기고 있었다. 화창한 휴일 오후 소풍과 일광욕을 위해 나온 수많은 인파 속에서 우리는 시내가 내려다보이는 공원 언덕 잔디밭에 모였다. 몇몇 사람들이 찬양과 시, 1년 동안 함께 실천할 예수님의 가르침을 서약하고 묵상한 것에 대해 차례로 나누는 동안, 나머지 50명은 담요 위에 앉아 있었다. 사진 속의 얼굴들에는 부드러운 석양 아래 빛나는 환한 미소가 깃들어 있었다. 결혼식 피로연에서나 볼 수 있을 법한 각양각색의 손님들이 참여한 흔치 않은 자리였다. 대다수는 가까이에서 서약의 증인 역할을 감당할 부모님과 친척, 친구들이었다. 서약식이 끝나자 우리는 축배를 들고 성만찬을 기념하며 꽃, 집에서 만든 음식, 포도주가 차려진 아름다운 식탁에서 함께 식사했다. 어스름이 내리고 시간이 꽤 흘러 차가운 안개가 지평선 너머에 자리할 때까지 공원에서는 오래도록 농담과 웃음이 오갔고 음악 소리도 들렸다.

사진을 통해 오랫동안 사귀어 온 친구들의 얼굴을 다시 보니 조금은 마음이 복잡해졌다. 국토횡단 여행, 온천욕, 댄스파티, 요리, 낯선 사람 환대하기, 쓰레기 줍기 등 이들과 함께했던 많은 모험이 생각났다. 이들과 함께 나눴던 기쁨과 승리, 눈물과 갈등은 물론이고 늦은 밤에 깨어 질문을 던지고 답을 구하며 기도했던 기억도 떠올랐다. 사랑하는 사람을 잃거나 직장을 잃은 사람도 있었고 좌절된 꿈에 눈물짓는 사람도 있었다. 그럴 때마다 우리는 그들이 위기를 벗어나도록 온 힘을 다해 도왔다.

그 당시의 내 턱수염은 지금보다 더 짙은색이었고 대부분의 사람들의 머리 모양이나 옷차림도 지금과는 사뭇 달랐다. 우리 아이들은 이제 부쩍 자라났다. 그 이후 태어난 아기들은 이제 걷고 말하고 달릴 줄 안다. 어떤 사람들은 가까이 이사했고 반대로 멀리 떠난 사람들도 있다. 부부 관계나 동역자 관계가 끝이 나기도 했고 새로 시작되기도 했다. 우리는 몇 년간 꿈을 이루기 위해 애써 왔고 그 와중에 겪은 상실로 아파하기도 했다. 서로를 감싸고 돌보며 소중히 여겼지만, 때론 오해로 말다툼도 하고 싸우며 용서하기도 했다. 우리는 사랑하고 사랑받으며 상처를 주고받고 누군가를 알아 가고 또 자신을 열어 보이는 모험을 해왔다.

공동체 생활을 통해 우리는 자신의 진짜 모습을 드러낸다. 관계 속에서 자신의 가장 좋은 모습과 가장 엉망인 모습을 다 보인다. 우리가 가장 크게 상처받는 곳도, 예수님의 복음이 가장 큰 소망이 되는 곳도 바로 공동체다. 그곳에서 우리는 소속감을 느낀다. 예수님은 우리의 관계를 온전히 변화시키는 혁명적인 사랑의 본과 보증이 되셨다. 예수님이 친히 보이고 가르치신 공동체 의식에 대한 비전은, 인간의 능력을 넘어선 아낌없이 베푸는 자비로운 사랑으로 우리를 인도한다. 이것은 원수를 친구로 삼고, 관계를 지속하며, 용서하고, 신뢰하며, 승리의 소망을 품을 수 있도록 우리에게 능력을 주는 사랑이다. 예수님의 제자는 하나님의 사랑으로 사랑하는 법을 배운다.

제자들의 발을 씻기심: 예수님은 어떻게 참된 공동체의 본을 보이셨는가

예수님의 생애에서 우리의 창조 목적인 사랑이 가장 잘 드러나는 장면이 있다. 예수님이 제자들의 발을 씻겨 주신 장면이다. 체포당하시던 날 저녁에 예수님은 가룟 유다가 자신을 배신할 것과, 다른 제자들 또한 자신을 부인하고 버릴 것이라는 사실을 이미 아셨다. 그럼에도 식탁에서 일어나 겉옷을 벗고 수건과 대야를 들어 제자들의 더러운 발을 씻기셨다. 가룟 유다 앞에 무릎을 꿇고 수건으로 그 발을 부드럽게 닦으시는 메시아의 모습을 그려 보라. 사도 요한은 예수님이 바로 그 순간 그분의 풍성한 사랑을 끝까지 나타내셨다고 말한다.요 13:1.

> ### 서로 속한 삶의 비전: 우리는 어떻게 서로 속할 것인가
>
> 당신과 나는 함께 나눌 영원한 사랑의 근원을 얻었으며 무한한 사랑을 받는다. 우리는 용서받았을 뿐만 아니라, 누군가 우리에게 잘못할 때마다 항상 용서할 수 있는 힘을 얻었다. 깨어진 관계는 회복될 수 있고, 우리는 서로 화평을 누리며 살아갈 수 있다. 사랑은 두려움과 쓴 마음, 정욕, 판단하는 마

음 없이 살도록 우리를 자유롭게 만든다. 우리는 서로 진실하고 정직하게 행할 수 있으며, 약속을 지킬 수 있다. 우리를 이용하고 심지어 미워하는 사람조차 사랑하고 축복할 수 있다. 사랑은 모든 것을 이기기 때문이다. 우리는 이것을 이루기 위해 기도하고 살아도록 부름 받았다. "우리가 우리에게 잘못한 사람을 용서하여 준 것같이 우리 죄를 용서하여 주시고."

예수님은 공동체에서 어떤 사람이 되고 무엇을 행하라고 가르치시는가

다음 가르침을 읽으며 이것이 당신의 친구들뿐만 아니라 모든 관계에 적용된다는 점을 유념하라. 더 넓은 의미의 가족, 직장동료, 이웃, 낯선 사람과 원수까지도 이에 포함된다.

- **서로 사랑하고 다른 사람이 자신에게 해주길 바라는 대로 상대방에게 행하라** "서로 사랑하라" 요 13:34. "그러므로 무엇이든지 남에게 대접을 받고자 하는 대로 너희도 남을 대접하라" 마 7:12.
- **서로 섬기라** "내가 주와 또는 선생이 되어 너희 발을 씻었으니 너희도 서로 발을 씻어 주는 것이 옳으니라. 내가 너희

에게 행한 것같이 너희도 행하게 하려 하여 본을 보였노라."요 13:14-15.

- **끝없이 용서하라** "아무에게나 혐의가 있거든 용서하라. 그리하여야 하늘에 계신 너희 아버지께서도 너희 허물을 사하여 주시리라"막 11:25.

- **분노를 넘어서라** "옛 사람에게 말한 바 살인하지 말라. 누구든지 살인하면 심판을 받게 되리라 하였다는 것을 너희가 들었으나, 나는 너희에게 이르노니 형제에게 노하는 자마다 심판을 받게 되고, 형제를 대하여 라가라 하는 자는 공회에 잡혀가게 되고, 미련한 놈이라 하는 자는 지옥 불에 들어가게 되리라"마 5:21-22.

- **판단하지 말며 신뢰할 만한 이를 분별하라** "비판을 받지 아니하려거든 비판하지 말라. … 거룩한 것을 개에게 주지 말며 너희 진주를 돼지 앞에 던지지 말라. 그들이 그것을 발로 밟고 돌이켜 너희를 찢어 상하게 할까 염려하라"마 7:1, 6.

- **당신이 잘못을 저지른 사람과 화해하라** "너희 속에 소금을 두고 서로 화목하라"막 9:50. "그러므로 예물을 제단에 드리려다가 거기서 네 형제에게 원망 들을 만한 일이 있는 것이 생각나거든 예물을 제단 앞에 두고 먼저 가서 형제와 화목

하고 그 후에 와서 예물을 드리라"마 5:23-24.

- **당신에게 잘못한 사람을 만나 직접 문제를 해결하라** "네 형제가 죄를 범하거든 가서 너와 그 사람과만 상대하여 권고하라. 만일 들으면 네가 네 형제를 얻은 것이요, 만일 듣지 않거든 한두 사람을 데리고 가서 두세 증인의 입으로 말마다 확증하게 하라. 만일 그들의 말도 듣지 않거든 교회에 말하고 교회의 말도 듣지 않거든 이방인과 세리와 같이 여기라"마 18:15-17.

- **약속과 서약을 지키라** "또 간음하지 말라 하였다는 것을 너희가 들었으나, 나는 너희에게 이르노니 음욕을 품고 여자를 보는 자마다 마음에 이미 간음하였느니라. … 또 일렀으되 누구든지 아내를 버리려거든 이혼 증서를 줄 것이라 하였으나, 나는 너희에게 이르노니 누구든지 음행한 이유 없이 아내를 버리면 이는 그로 간음하게 함이요, 또 누구든지 버림받은 여자에게 장가드는 자도 간음함이니라. 또 옛사람에게 말한 바 헛맹세를 하지 말고 네 맹세한 것을 주께 지키라 하였다는 것을 너희가 들었으나, 나는 너희에게 이르노니 도무지 맹세하지 말지니 하늘로도 하지 말라. 이는 하나님의 보좌임이요, 땅으로도 하지 말라. 이는 하나님의 발등상임이요, 예루살렘으로도 하지 말라. 이는 큰 임금

의 성임이요, 네 머리로도 하지 말라. 이는 네가 한 터럭도 희고 검게 할 수 없음이라. 오직 너희 말은 옳다 옳다, 아니라 아니라, 하라. 이에서 지나는 것은 악으로부터 나느니라."마 5:27-37.

- **원수를 사랑하고 저주하는 자를 위해 복을 빌라** "그러나 너희 듣는 자에게 내가 이르노니 너희 원수를 사랑하며 너희를 미워하는 자를 선대하며 너희를 저주하는 자를 위하여 축복하며 너희를 모욕하는 자를 위하여 기도하라. 너의 이 뺨을 치는 자에게 저 뺨도 돌려 대며 네 겉옷을 빼앗는 자에게 속옷도 거절하지 말라. 네게 구하는 자에게 주며 네 것을 가져가는 자에게 다시 달라 하지 말며" 눅 6:27-30.

- **어린아이를 환대하고 당신의 결정이 다음 세대에 어떤 영향을 미칠지 숙고하라** "누구든지 내 이름으로 이런 어린아이 하나를 영접하면 곧 나를 영접함이요, 누구든지 나를 영접하면 나를 영접함이 아니요, 나를 보내신 이를 영접함이니라" 막 9:37. "실족하게 하는 것이 없을 수는 없으나 그렇게 하게 하는 자에게는 화로다. 그가 이 작은 자 중의 하나를 실족하게 할진대 차라리 연자맷돌이 그 목에 매여 바다에 던져지는 것이 나으리라. 너희는 스스로 조심하라. 만일 네 형제가 죄를 범하거든 경고하고 회개하거든 용서하라" 눅 17:1-3.

────── 함께 분명한 목적이 담긴
삶을 살기로 선택하기

예수님은 고향에서 48킬로미터 이상 떨어진 곳을 여행하신 적이 드물다고 한다. 어떤 사람은 매일 직장에 가기 위해서 그보다 더 먼 길을 간다. 한때 대다수의 삶에 존재하던 유기적인 친밀함과 가족 구조는 우리 사회에서 사라졌으며, 낡고 해진 개인주의와 다국적 기업의 횡포가 그 자리를 대신했다. 그러나 서로 헌신하며 신뢰하는 관계 속에서 변화는 계속 일어난다. 유동성으로 인해 분열을 경험하고 있는 우리 사회 속에서 하나님 나라의 삶을 공유하려면 더 깨어 있고 목적의식을 품어야 한다.

과거의 향수에 빠질 위험이 있음에도, 나는 종종 내가 살아가는 사회 속의 현실과 할아버지가 자라셨던 사우스다코타의 평원에서의 삶이 얼마나 대조적인지 생각하게 된다. 할아버지는 다른 농장의 아이들과 함께 교실이 하나뿐인 학교에 다니셨다. 일요일에 집안일을 마치고 나면 교회로도 사용되는 학교 건물에 함께 모여 찬송을 부르고 기도하며 성경 말씀에 귀를 기울이셨다. "네 이웃을 사랑하라"는 성경 구절을 들을 때마다 할아버지는 누가 자신의 이웃인지 분명히 알 수 있었다. 바로 옆 자리에 앉아 있는 사람들과 들에서 늘 함께 일하는 사람들을 비롯해 혈연관계에 있는 사람들이 모두 그의 이웃이었다.

지금 우리가 살아가는 환경은 대부분 100년 전의 일상과 크게 달라져 있다. 이제 우리는 가족이나 친척들과 멀리 떨어져서 살아간다. 많은 사람들은 일하는 곳과 거주하는 곳이 각기 다르고, 우정과 영적인 지원은 또 다른 곳에서 찾는다. 영성을 지속적으로 실천하는 방법이 널리 알려지지도 않고 실천되지도 않는 문화 속에서 우리는 살고 있다. 예수님의 도를 실천하기 위해서는 분절된 사회 현실을 다시 잇는 문화를 '창조'하는 것을 목표로 삼아야 한다. 또한 이전 세대보다 훨씬 더 분명하게 신뢰와 후원의 계약을 맺기 위해 노력해야 한다. 목적을 띤 운동은 교회와 사회에서 유기적인 참여를 이끌어 내는 발판이 된다. 그렇게 단결된 조직을 통해 중요한 가치와 실천을 공유하는 지역 공동체를 창조할 수 있다.

———— 부족 실천

어떤 사람들의 습관처럼, 우리는 모이기를 그만하지 말고, 서로 격려하여 그 날이 가까워 오는 것을 볼수록 더욱 힘써 모입시다.
히브리서 10:25 새번역

그런즉 형제들아 어찌할까? 너희가 모일 때에 각각 찬송시도 있으며 가르치는 말씀도 있으며 계시도 있으며 방언도 있으며 통역함도 있나니 모든 것을 덕을 세우기 위하여 하라.
고린도전서 14:26

1년간 6-12명의 사람들이 예수님의 도를 실천하기 위해 서약을 맺는 것은, 일상의 삶을 세우는 강력한 실천이 될 수 있다. 전통 교회든 탈교회적 모임이든 상관없이 우리는 함께하는 삶을 견고하게 세워갈 방법을 찾을 수 있다. 현재 속한 모임이나 이제 막 프로그램을 시작하는 모임에 도움을 줌으로써 그 방법을 찾을 수 있다.

우리는 그 프로그램의 조직을 돕는 그룹을 부족이라고 부르며, "예수님의 도를 따르는 실험적 그룹 실천"으로 정의한다. 부족은 실천 공동체에서 전인적인 영성 개발을 위한 나눔의 서약과 일정에 헌신하는 이들로 이루어진다. 한 해 가운데 어느 시기라도 참여할 수 있지만 부족 모임은 9월에 시작해서 5월에 마치며, 훈련 받은 두 명의 공동 리더가 인도한다. 모든 부족 사람은 아니어도 그중 많은 사람들이 예수님의 가르침과 삶에서 영감을 얻은 사랑, 순종, 기도, 검소한 삶, 창조성, 봉사 그리고 공동체에 대한 서약을 하고 그 서약대로 살아왔을 것이다. 한 해의 일정은 이 책에 실린 예수님의 삶과 가르침에서 나온 핵심 주제(정체성, 목적, 안전, 공동체 그리고 자유와 평강)를 중요하게 다룬다.

부족원들은 예수님의 가르침을 기억하고 실천하기 위해 매주 함께 모인다. 우리는 매주 프로젝트와 배움의 실험실에 참여하고, 식사와 성만찬을 함께하며, 기도하고, 성경을 적용하며, 서로 돌보고, 이웃을 섬기고 변화를 위한 실천을 계획한다.

실험 초기에 우리는 스스로를 교회 공동체로 인식했다. 그러나 교회라는 용어를 사용한다면 본래 우리의 의도와는 달리 모임에서 회중 찬양, 설교자, 성경 공부를 기대하는 사람들을 혼란스럽게 만들 뿐이라는 사실을 곧 깨달았다. 또 새로운 일을 위해서는 언어를 바꾸고 리더와 부족원 간의 일반적인 계약을 재조정할 필요가 있음을 발견했다. 따라서 부족을 기본적인 형태의 교회로 여긴다 해도, 꼭 교회로 부를 필요는 없다. 공동체를 실험으로 설명하는 것은, 우리가 아직 목표에 도달하지 못했음을 기억하고 예수님의 도를 함께 실천하는 공동체가 되는 법을 배우는 중에 있음을 상기시킨다.

우리는 매년 공동체의 창조라고 불리는 배움의 실험실에서 이 장에 실린 공동체 의식에 대한 예수님의 다양한 가르침을 어떻게 실천할지 실험한다. 그리고 다음 질문들에 기초해 짧은 실험을 만들어 낸다. 누구를 용서해야 하는가? 어떻게 하면 판단하는 일을 멈출 수 있을까? 내게 잘못을 저지른 사람과 만나서 직접 문제를 해결해 왔는가? 오늘날 서로의 발을 씻겨 주는 일은 어떻게 비쳐질까?

또한 예수님의 이름으로 모이는 공동체로서 모임을 위한 기술을 개발한다. 예수님 중심의 공동체는 다양한 모습일 수 있지만, 삶을 공유하기 위한 몇 가지 중요한 실천이 존재한다. "그들은 사도들의 가르침에 몰두하며 서로 사귀는 일과 빵을 떼는 일과 기도에 힘썼다.… 믿는 사람은 모두 함께 지내며 모든 것을 공동으로 소유하였다. 그들은 재산과 소유물을 팔아서 모든 사람에게 필요한 대로 나누어 주었다."행 2:42, 44-45, 새번역.

예수님의 가르침이 생생히 살아 있던 초대교회 시대에 예수님의 제자들은 서로 헌신했고, 집에서 함께 모여 식사하며, 성만찬을 기념하고, 기도하며, 필요한 자원을 모았다. 제자들이 한 일이 바로 이런 일이었으며, 그것은 공동체에서 만난 모든 사람들이 할 수 있는 일이었다. 그러나 시간이 지나면서 이런 실천 가운데 많은 것들이 점차 의식화되고 관습화되고 전문적인 일이 되어 버렸다. 물론 옛날 방식 그대로 머물러야 한다는 뜻은 아니다.

우리는 6주간 공동체를 창조하는 실험을 하며 그리스도께 깨어 있는 공동체의 기본 실천 몇 가지를 개발한다. 짝을 지어 차례로 공동체 식사를 준비하고, 준비한 성만찬을 함께 먹으며, 성서 주해 Midrash(성서의 구절들을 개개인의 상황에 적용시켜 해석하려는 유대교의 성서 주석 방법이나 그 내용을 담은 책-역주)를 인도하고, 함께 기도하며, 서로 나눌 자원을 준비한다.

공동체 식사 준비 함께 요리하고 식사하는 일은 공동체 의식의 중요한 표현이다. 물론 이 일에 특별히 은사를 받은 사람이 있겠지만 결과적으로는 모든 사람이 환대하는 법을 훈련하도록 부르심 받았다. 12-15인분의 손님 접대를 위해 식품을 구입하고 준비할 때, 참고하면 좋을 몇 가지 기본적인 사항들이 있다. 우리는 간단하고 경제적이며(1인당 1-3달러), 단백질, 탄수화물, 채소, 지방의 영양소가 고루 포함된 식사를 준비한다. 또한 양은 넉넉히 준비하는 것이 좋다. 넉넉한 것이 부족한 것보다 낫다. 식사시간 배정, 식기류, 뒷정리와 같은 세부 계획 또한 생각하라. 우리는 가능하면 친환경 재료로 만들어진 식사를 준비하며(로컬 푸드나 유기농 상품, 때로는 채식 식단), 재활용이나 재사용이 가능한 식기류를 사용하려고 노력한다.

성만찬 준비 성만찬은 꼭 오랫동안 진행한다거나 특별히 엄숙한 의식일 필요는 없다.* 식사의 처음이나 마지막 그리고 감사 기도를 할 때 성만찬을 함께 진행할 수 있다. 성만찬을 하며 예수님의 이름으로 모인 것과 생명의 근원이신 예수님을 함께 기억한다. 성만찬을 인도할 때 권하는 간단한 방법이 있다. 첫 번째, 빵과 포도주가 의미하는 바에 집중하여 예수님의 희생에 대해 짧게 묵상을 나누라. 두 번째, 감사 기도를 드린 후 빵과 포도주를 나누는 방법을 분명히 설명하라. 가톨릭에서 하듯이 빵을 포도주에 적셔 전달하는 방법은 단순하면서도 효과적이다. 덧붙여 빵과 포도주를 나누며 전할 다음과 같은 축복의 말을 전하라. "당신은 사랑받는 자입니다." "이것은 당신을 위해 주신 예수님의 몸과 피입니다." 마지막에는 축하하는 말로 마치는 것이 좋다. 모든 사람들이 빵과 포도주를 받은 후에 컵을 들고 축배를 들라. "우리를 사랑의 나라에 들어가게 하시고 가족으로 삼아 주신 주님께!" 우리는 의식보다는 이러한 사랑의 축제의 요소를 기념하길 즐긴다.

성서 주해 인도 미드라시*Midrash*, 곧 성서 주해는 거룩한 독서*lectio*

---

* 어떤 교파는 성찬식을 할 때 임명된 지도자만이 집전하도록 제한한다. 우리는 사람들에게 성만찬 기념을 좀 더 간소한 분위기에서 자기 재량껏 참여하도록 권한다.

divina(거룩한 말씀을 읽는다는 뜻으로 관상 기도로도 알려졌다 – 역주)와 비슷한 성경을 연구하는 모임 방식을 뜻하는 히브리어다. 엠마오로 가던 두 제자가 예수님을 만나 대화하는 중에 마음이 뜨거워졌던 일을 생각해 보라. 우리의 목표는 성경 본문을 연구하고 실험이나 실천에서 어떻게 대처할지를 함께 고민하는 것이다. 두 명이 팀을 이루어 서로 돕는다면 가장 효과적이다.

성서 주해를 인도할 때는 몇 가지 단순한 단계를 거친다. 첫 번째, 과제를 하며 본문 내용과 주제, 역사적인 해석에 익숙해지라. 두 번째, 모임에서 한 사람이 분명하고 자신 있게 본문을 읽으라. 본문을 잠시 묵상할 시간을 주고, 본래의 의미와 지금 이 시대와의 연관성을 탐구하는 데 유익한 질문을 몇 가지 하라. 그 후 본문의 주제가 실제 삶에서 갖는 의미와 성령님이 깨달음을 주시는 말씀을 묵상하도록 권하고 모임을 마무리하며 이렇게 질문하라. "다음에 모일 때까지 하나님 나라의 실재를 누리며 살아가도록 함께 시도해 볼 수 있는 실험은 무엇일까요?"

그룹 기도 인도 우리는 주기도문에서 영감을 얻어 돌아가며 창조적인 기도 시간을 갖도록 인도한다. 션과 아만다는 종이뭉치와 사인펜을 가져와서 우리에게 필요한 일용한 양식을 쓰거나 그려 보라고 요청했다. 그들은 10분 후 다른 사람들의 기도문이나 그림 기도를 살펴보라고 요청했다. 카라와 마이크는 짝과 마주 앉아 주기도문에 나온 다른 사람을 위한 기도 주제를 따라 기도하도록 권했다 100-101쪽의

^{적용을 보라}. 때로는 15분간 함께 고요히 앉아 있거나 누군가를 가운데로 초청해서 손을 얹고 치유와 축복을 위해 기도할 수도 있다. 모든 것은 인도자의 재량이나 모임의 필요에 따라 결정된다.

자원의 공유 함께 나누기 위해 돈을 모으는 일은 공동체 의식과 공동의 목적을 더 의미 있게 만들어 준다. 우리 부족에서는 적어도 수입의 10퍼센트를(5퍼센트는 공동 재정으로, 5퍼센트는 자선단체나 지정한 단체에) 기부할 것을 서약하도록 권면한다. 기도하고 토론하며 투표를 포함한 정해진 기준에 따라 공동 재정을 어떻게 사용할지 함께 결정한다. 일부는 공동체 생활 중 리더십 훈련, 수양회, 대규모의 행사와 축하 등을 위해서 사용된다. 또 일부는 실직이나 강도, 사고를 당하거나 감당할 수 없는 일로 상담이나 도움이 필요한 공동체 구성원과 친구들을 돌보기 위해 쓰인다. 다른 일부는 평강을 추구하는 프로젝트의 기금 마련을 위해 사용된다. 자유로운 이웃 운동과 같은 지역 공동체의 복지 사업 비용, 개발도상국 봉사 그룹 여행 경비 지원 그리고 지역 자원봉사 단체 기부가 이에 포함된다.

———— 평강의 추구

할 수 있거든 너희로서는 모든 사람과 더불어 화목하라.
로마서 12:18

부족 모임 시간보다 일찍 도착한 일레인은 내게 잠시 개인적인 이야기를 나눌 수 있는지 물었다. 그녀는 혼란스러워 보였고 망설임 끝에 내게 받은 상처를 털어놓았다. 우리는 그녀가 세부 계획을 담당하기로 자원한 프로젝트에서 함께 일하고 있었다. 그녀가 아이디어를 내놓으면 나는 재빨리 얼버무리듯 넘어갔고 내 생각을 대신 내세웠다. 그녀는 이렇게 말했다. "저는 할 일을 빼앗긴 것처럼 느꼈어요. 당신이 정말 제 의견을 원하는지, 아니면 무슨 일이든 자기 방식대로 하려는 건지 의문이 들었어요." 그 순간 일레인은 눈물을 보였다. 그녀는 내가 어떻게 반응할지 불안해하는 기색이 역력했다. 나는 내 행동을 미처 깨닫지 못했다고 말했다. 리더로서의 역할에 확신이 없던 나로서는 인정하기 고통스러웠지만 이것은 분명 잘못된 행동이었다. 그녀는 이내 나를 용서해 주었다.

일레인의 도전으로 나는 내 자신이 다른 사람을 잘 신뢰하지 못한다는 사실을 깨달았다. 자신의 좌절감을 털어놓았던 것은 일레인에게 있어서 이전보다 적극적인 행동이었다. 과거의 그녀라면 후회하더라도 그 상황을 묵묵히 견디거나 그저 물러섰을 것이다. 우리는 서로 간의 갈등을 통해 한걸음 더 나아갔다. 일레인은 내게 말했다. "전에는 이처럼 맞섰던 적이 한 번도 없어요." 이번에는 어떻게 용기를 얻었는지 물었을 때 그녀는 이렇게 답했다. "직장에서는 이런 일이 빈번해요. 당신은 같이 일하며 문제와 대면해도 안전하다고 느낀 첫 번째 그리스도인이에요."

일레인의 마지막 말 때문에 나는 심각한 고민에 빠졌다. 또한 많은 사람들이 소원하는 그리스도인 공동체를 발견하기 힘든 이유가, 치러야 할 대가에도 불구하고 두려움 때문에 갈등을 피하거나 부정하기 때문은 아닌지 의문이 들었다. 예수님의 도를 실천함으로써 얻는 공동체 의식과 변화에는 서로를 열어 보일 때 드러나는 깨어짐과 그 과정에서 겪는 어려움이 필연적으로 존재한다.

정직히 말해, 갈등은 모든 인간관계의 피할 수 없는 일부다. 우리의 깨어진 자아가 맞부딪칠 때 오해가 생기고 서로 감정이 상하며 기대는 결코 채워지지 않는다. 또한 존중받지 못하고 무시당한다고 느낀다. 때로 우리는 서로 불안과 두려움으로 반응하며, 다른 사람에게 받은 상처를 투영하는 경향이 있다. 또 어떤 사람들에게는 호감을 갖는 것조차 어려울 때가 있다. 사물을 서로 다른 관점에서 바라보기 때문에 우리의 의견은 엇갈린다. 그리고 의도적이든 아니든 간에 종종 상처를 주거나 잘못을 할 때도 있다. 우리는 약속과 신뢰를 깨뜨리며 화를 내고 후회할 말을 한다. 문제는 "갈등이 존재하는가?"가 아니다. "갈등이 일어날 때 이것을 어떻게 해결할 것인가?" "화를 낼 것인가? 보복할 것인가? 방어적이 될 것인가? 다른 사람들에게 공격에 가담해 달라고 요청할 것인가? 아니면 화해와 용서를 추구할 것인가?"이다.

어느 날 친구인 던과 스테이시와 함께 있던 내 아내 리사는 눈에 보일 정도로 크게 동요되어 눈물을 흘리며 집으로 돌아왔다. 던은 친구들에게, 그녀의 남편이 최근에 매우 화가 나서 그녀를 방 건너편으로 세게 밀쳐 버렸다고 말했다. 게다가 이런 일은 처음이 아니었다. 나 역시 그 이야기를 듣고 슬픔에 잠겼고 그녀가 염려되었다. 사실, 던의 남편 트로이는 나의 가장 가까운 친구 중 한 명이다. 그리고 트로이에게 이런 문제가 있다면 반드시 내게 이야기해 줄 거라고 생각했다. 그다음 주에 트로이와 스테이시의 남편 매트와 밖에서 점심식사를 할 때 나는 트로이가 그들 부부 사이의 일을 이야기해 주기를 바라며 결혼에 대한 주제를 꺼내려고 노력했다. 식사를 마칠 무렵 나는 조심스레 트로이에게 리사가 해준 이야기를 전했다. "그게 사실인가?"라고 물었을 때 트로이는 놀란 듯이 얼굴을 붉히고 눈이 휘둥그레져서 말했다. "여기서 진짜 문제는 자네 아내가 우리 부부의 사적인 일을 자네에게 전한 이유라고 생각하네. 그 일은 몇 달 전에 일어난 일일세. 나는 아내에게 사과했고 우리 부부는 이 문제를 함께 해결해 왔네. 게다가 나는 이 일이 자네들과는 상관없는 일이라고 생각하네." 나는 단지 도움을 주려는 의도였으며 그처럼 심각한 문제라면 매트와 내게 말해 줄 거라고 생각했다고 해명하려고 애썼다. "그렇다면 왜 자네는 일주일이나 기다려서 이 문제를 꺼냈나? 또 왜 하필 공공장소에서 이런 얘기를 한 건가? 마크, 오늘 자네는 우리 관계에 대한 신뢰를 깨뜨릴 뻔했네." 그는 이렇게 말했다. 그날의 점심식사는 차가운 침묵 속에 허무하게 끝나 버렸다. 나는 불편한 마음에 무척이나 괴로웠고 평생의 친구를 잃게 될까 염려했다.

그날 오후 나는 서로를 좀 더 이해할 수 있을까 싶어 트로이에게 여러 차례 전화를 걸었다. 한편으로는 내 마음속 동기와 그 상황에서 과연 무엇이 옳은 일이었는지에 대해 의문이 들었다. 혹시 그의 결혼생활에 대한 배려가 부족했던 것일까? 아니면 그의 비밀에 관해 나를 신뢰해 주지 않은 것에 상처를 받아 그 문제를 끄집어 낸 것일까? 왜 즉시 트로이에게 전화를 걸어 확인하는 대신 매트와 함께 있는 자리에서 이야기한 것일까? 예를 들어 다른 사람의 안전에 관한 문제처럼 비밀을 누설해도 괜찮은 상황이란 과연 존재하는가?

그날 저녁 늦게 트로이는 마침내 내게 전화를 걸어 왔다. 우리는 오랜 시간 서로의 생각을 조율하고 합의에 이르기 위해 노력했다. 그는 내게 말했다. "마크, 자네는 나를 무방비 상태로 만들었네. 요사이 나는 여러 가지 일을 겪고 있기 때문에 가까운 친구들이 무리 지어 나를 추궁하는 상황을 결코 원치 않는다네. 그게 이 일에 대한 내 솔직한 감정일세. 그리고 자네에게 말하지 않은 이유는, 그 문제로 매우 부끄럽기도 했지만 우리 부부의 힘으로 해결할 수 있다고 생각했기 때문일세." 나는 더 사려 깊고 솔직하지 못했던 점을 사과했다. 그리고 그의 기분을 언짢게 할 위험을 무릅쓸 정도로 그것을 심각한 문제로 여겼다고 덧붙이고 나서 이렇게 말했다. "내가 여전히 자네를 친구로서 소중히 여기고 존경한다는 걸 알아 줬으면 하네." 트로이의 마음은 누그러졌다. "솔직히 말해 아이를 갖고 새로운 직장에 다니면서 믿을 수 없을 만큼 스트레스가 커졌네. 내 안에서는 깨닫지 못하는 사이에 분노가 생겨났고 불행히도 그 분노를 던에게 퍼부은 거지." 트로이는 그들 부부가 함께 상담을 받고 있으며, 또 우리의 우정을 소중히 생각하고 있다고 말해 주었다. "자네 부부 곁에는 언제나 우리가 있어." 나는 이렇게 말했다. 전화를 끊을 때 우리 두 사람은 모두 울고 있었고, 갈등을 해결하기 위해 한걸음 더 나아가 실제로 행동한 것에 감사했다.

다음날 저녁, 우리 세 부부는 함께 만났다. 던과 트로이는 매트와 스테이시와 우리 부부에게 그들이 처한 어려움에 대해 더 많은 이야기를 들려주었다. 우리 역시 우리 사이에 생긴 갈등에 대해 함께 이야기를 나눴다. 던과 트로이는 상황을 돌아보며 신뢰의 범주에 누구를 포함시킬 것인지에 대한 생각이 서로 달랐음을 깨달았다. 리사는 비밀스런 이야기를 내게 전하기 전에 먼저 던에게 허락을 구했으면 좋았을 거라고 인정했다. 나도 되돌릴 수만 있다면 트로이와 더 개인적으로 이야기했을 거라고 시인했다. 비록 그 과정이 엉망이었다 해도, 이를 통해 트로이와 던의 지지 그룹의 폭은 더 넓어졌고, 친구로서 우리 모두의 친밀감과 신뢰도 한층 깊어졌다.

예수님은 관계의 어려움에 대처하는 새로운 방법을 배울 수 있다고 도전하신다. 우리는 "네 이웃을 사랑하라"는 말씀을 받아들일 때, 그것을 실제적인 명령이라기보다는 지나치게 이상적이며 진부한 말처럼 여기기 쉽다. 우리가 처한 실제 상황은 때로 혼란스럽다. 왜곡되고 부당한 대우를 받으며 심지어 어린 시절 자신을 성추행한 사람과 같은 방 안에 있어야 하는 경우도 있다. 사랑하는 사람과 헤어지고 상처받은 채로 남겨지며 자신이 도우려 애썼던 사람이 도리어 당신을 이용하기도 한다. 또 매주 아이들을 데려다 줄 때마다 당신을 학대한 배우자를 만나 다시 그를 용서하기 위해 노력해야 한다. 이러한 어려움에 대한 완벽한 해결책이란 존재하지 않는다. 그러나 우리는 하나님의 사랑의 나라의 실재를 경험하며 더 깊은 공동체 의식에 이르는 법을 탐구하기 위해 헌신할 수 있다. 참된 공동체는 우리의 깊은 속내까지도 잘 아는 사람들과 함께할 때 생겨난다. 그들은 우리의 모든 걸 알고, 때로 우리가 그들을 실망시키기도 하지만, 그럼에도 불구하고 여전히 우리를 존귀하게 여기며 사랑에 의해 변화된다는 믿음을 지키는 사람들이다.

_____ 토론

- **공동체 의식** 공동체에서의 당신의 삶을 묘사해 보라. 더 하나 되고 교감을 나누기 위해 시도해 보고 싶은 방법은 무엇인가?
- **예수님의 가르침** 공동체에 대한 예수님의 가르침 중 지금 당신이 가장 실험해 보고 싶은 것은 무엇인가?[228-232쪽을 보라.] 당신의 관계가 용서와 사랑의 능력으로 변화되기를 얼마나 원하는가?
- **가롯 유다** 예수님을 끝내 배반했던 가롯 유다는 예수님의 가장 가까운 친구 가운데 한 명이었다. 가까운 사람을 사랑할 때 어떤 어려움을 느끼는가?
- **분명한 목적이 있는 삶을 함께하기** 사회의 분열은 당신의 관계에 어떤 영향을 미쳐 왔는가? 사람들이 친밀하고 깊이 있는 관계를 다시 세워 가고 있다는 증거를 발견하는 곳은 어디인가? 당신의 관계에서 헌신되어 있고 신뢰할 만하며 의지할 수 있다고 말할 수 있는 관계는 어떤 것인가?
- **공동체 식사** 예수님 중심의 공동체에서 환대가 얼마만큼 중요하다고 생각하는가? 함께 음식을 나누고 성만찬을 기념한 것 중에 특히 기억에 남는 경험을 이야기해 보라.
- **자원의 공유** 그리스도인 공동체에서 돈이 그토록 자주 '논쟁을 유발하는' 주제가 되는 이유는 무엇이라고 생각하는가? 공동 기금에 기부하는 일을 어떻게 생각하는가? 부족한 필요를 위해 자원

을 모으는 건전하고 창조적인 방법에 대해 자유롭게 토론해 보라.

- **평강의 추구** 당신은 관계에서 갈등을 얼마나 많이 경험해 왔는가? 용서와 화해의 과정을 거쳤던 경험이 있는가? 평강과 조건 없는 사랑 속에서 사는 게 가장 어려운 곳은 어디인가?

———— 적용

- 예수님의 희생은 참된 사랑을 우리에게 나타내 보인 것이며, 그 사랑으로 우리가 한 가족이 된다는 사실을 기억하면서, 모임에서 **행하는 성만찬을 관찰하라.**
- **서로의 발을 씻겨 주라.** 어색할 수 있지만 서로에 대해 어떤 태도를 가져야 할지 상기시키는 의미 깊은 실천이 될 수 있다. 대부분 구두를 신게 된 이 시대에 발을 씻기는 일은 전처럼 더 이상 종의 일이 아니다. 예수님이 제자들의 발을 씻기며 보이신 겸손을 이 시대에 적용한다면 어떤 모습일지 자유롭게 토론하고 실험하라.

———— 7일간의 실험

- **용서하라** 누군가에게 분노를 품고 있는가? 이번 한 주 동안 용서

를 실천하라.

- **화해하라** 잘못한 이후에 미처 화해하지 못한 이가 있는가? 이번 주에 그 사람을 만나 잘못을 인정하고 용서를 구한 후 화해하라.
- **권면하라** 당신에게 잘못을 저지른 사람 중에서 개인적으로 다가가 문제를 제대로 다루도록 도와줘야 할 사람이 있는가? 이번 주에 그들과 만날 약속을 정하라.
- **마음을 나누라** 한 주 동안 짝을 이루어 매일 전화하여 서로 마음을 나누며 공동체 의식을 표현하기로 약속하라.
- **관심을 기울이라** 예수님은 말씀하셨다. "누구든지 이 어린아이와 같이 자기를 낮추는 사람이 천국에서 큰 자니라"마 18:4. 아이의 존재를 인식하기 위해 노력하거나 가까운 관계에 있는 아이와 자발적으로 시간을 보내라.

──────── 프로젝트와
　　　　　실천의 확장

- **공동체 창조** 이번 장에서 묘사된 함께하는 식사, 성만찬, 성경 주해, 기도와 자원 모으기 등 그리스도께 깨어 있는 공동체의 핵심 사안을 실천하기 위한 실험 그룹을 조직하라.

- **함께하는 삶** 6-12개월 동안 매주 예수님의 도를 실천하기 위해 모이기로 서약하라. 함께 탐구하기 원하는 공동의 가치와 약속을 정하고 모임에 시간을 투자하기로 합의하며 실험과 실천의 목표를 정하라.

- **그룹 경청과 성찰** 당신과 가까운 관계에 있는 사람이 직업, 결혼, 교육 또는 살 곳에 대한 중요한 결정을 내려야 할 때 경청하고 숙고하는 모임을 조직하라. 기도로 시작하고 15분 정도 본인이 중요하게 생각하는 요소를 밝히게 하라. 모인 사람들이 문제를 분명히 파악하기 위해 질문하는 시간을 먼저 가진 후에 현재 상황에 대해 모임에서 염려되는 점이나 느끼는 점을 토론하라. 모임의 목표는 어떤 결정을 내릴지 말해 주는 것이 아니라 함께 성령님의 음성을 듣고 명확한 결정을 내리도록 돕는 것이다. 모임에 속한 사람들이 변화에 영향을 받는다면, 이러한 과정에 그들을 참여시킴으로써 훨씬 더 쉽게 앞으로 나아갈 수 있다.

11
자유와 평강에 대한 실험

유혹과 고통에 대하여 무엇을 할 수 있는가

창조주이신 성령님
온몸과 마음, 감정과 시간
모든 존재를 다스리는
사랑의 통치에
우리는 복종합니다
목적과 소유, 공동체 의식
이 모든 것을 새롭게 하시는 능력으로
우리를 살리소서.

마크 스캔드렛, 2009

인생을 다시 설계하기 원하는 사람들에게 내가 사는 샌프란시스코와 같은 도시는 매력적으로 여겨지는 듯하다. 나는 도심의 기업에서 일하던 전문직 여성이 안마 치료사이자 자연 치료사로 새로운 삶을 시작하는 것을 본 적이 있다. 또 온몸에 문신을 새긴 38세의 스케이터가 성공한 사업가이자 부동산 재벌이 되는 것도, 소도시 출신의 내성적인 어느 젊은 여성이 6개월 만에 예술계의 여신으로 변신하는 것도 보았다. 우리는 새로운 출발의 가능성에 흥분하며 감동을 받는다. 그러나 직장을 그만두고 머리를 자르며 새로운 옷을 사는 일은 가장 쉬운 부분일 것이다. 이보다 더 어려운 건, 새로운 동기를 찾고 오래된 습관을 버리며, 자신과 자기 능력보다 더 위대한 사랑의 근원을 찾아 내면에서부터 새로워지는 법을 배우는 일이다.

평소 거뭇거뭇한 턱수염을 하고 오래되어 다 해진 스웨터를 자랑스럽게 입고 다니는 브라이언은 감당하기 어려울 정도로 근면하고 정직한 사람이었다. 어느 날 밤 공동체 식사와 토론 시간에 그가 불쑥 말을 꺼냈다. "우리 모두가 세상을 변화시키기 원한다는 걸 알아요. 하지만 저는 제 자신조차 변화시킬 수 없다는 사실이 지긋지긋합니다." 브라이언은 우리 중 다수가 느끼는 갈등을 생생하게 설명해 주었다. "하늘에서와 같이 땅에서도" 하나님의 나라를 보기 위한 싸움은 개인으로부터 시작된다. 세상과 우리 내면에는 성령의 열매 맺는 사역을 방해하는 힘이 역사한다. 당시 예수님이 가난하고 좌절한 사람들에게 그토록 대중적으로 인기 있는 선생님이 될 수 있었던 이유 중 하나는, 그들에게 새로운 길이 가능하다는 희망을 일깨우셨기 때문이다. 그러나 초대교회 시대의 예수님의 제자들조차 유혹과 슬픔에 쉽게 넘어갔다. 예수님이 임박한 죽음을 향해 과감히 나아가고자 하셨던 삶의 가장 중요한 순간에 그분은 잠들어 있는 가까운 친구들을 발견하고는 소리치실 수밖에 없었다. "너희가 나와 함께 한 시간도 이렇게 깨어 있을 수 없더냐? 시험에 들지 않게 깨어 기도하라. 마음에는 원이로되 육신이 약하도다"^{마 26:40-41}. 예수님의 제자는 자기를 부인하며 단절된 세상에서 어려움을 견디는 법을 배운다.

광야와 십자가: 예수님은 어떻게 자유와 평강의 본을 보이셨는가

우리는 예수님의 시험과 고난을 통해 우리를 창조하신 목적인 자유와 평강에 대한 강렬한 그림을 본다. 예수님은 공생애를 시작하시며, 광야에서 육체의 안위, 물질의 힘, 대중적 평판과 관련된 세 번의 큰 시험을 당하셨다. 예수님은 40일간의 금식으로 굶주린 상황에서 육체의 필요를 채우라는 유혹을 받으셨지만, 우리의 참된 필요는 육체에 있지 않고 영혼에 있다고 선포하심으로 맞서셨다. 눈앞에서 물질의 위력이 화려하게 펼쳐지는 가운데 예수님은 보이지 않는 나라를 향한 헌신에서 물러서고 타협하라는 유혹을 받으셨으나, 하나님의 통치에 대한 그분의 주권을 확증하셨다. 마지막으로 하나님의 사랑받는 자로서의 정체성에 의문을 제기하자, 예수님은 사람에게 주신 창조주의 말씀은 누구도 도전할 수 없다는 선포로 답하셨다. 예수님은 조롱과 고문을 당하시며 버림받는 "고난으로 순종함을 배우셨다"히 5:8. 심히 괴롭고 고통스러운 기나긴 형벌 속에서 평강을 발견하셨다. 주님은 시험과 고통 속에서 동일한 자유와 평강을 발견하기 위해 자기를 부인하고 자기 십자가를 지도록 우리를 부르신다.

자유와 평강을 얻기 위한 비전

우리는 시험과 고난에 대해 무엇을 할 수 있을까? 하나님의 임재와 능력에 깨어 있으라. 우리는 어떤 장애물도 넘어설 수 있는 힘을 가지고 있다. 감정과 충동, 규칙과 규율의 횡포에 지배당하지 않아도 된다. 피곤하고 지치고 슬프거나 낙담할 때에도 중독에 빠지거나 순간적인 충동에도 지지 않는다. 우리는 어떤 시험과 어려움도 이기고 견딜 수 있다. 가장 약한 순간 은혜를 경험하고, 고통 속에서도 평강을 누리며, 그 어떤 것도 영원한 사랑의 근원에서 우리를 떼어 놓을 수 없다. 우리는 이같이 기도하며 살도록 부르심을 받는다. "우리를 시험에 들게 하지 마시옵고 다만 악에서 구하시옵소서."

예수님은 자유와 평강을 얻기 위해
어떤 사람이 되며,
무엇을 행하라고 가르치시는가

- **자기를 부인하고 고통을 온전히 받아들이라** "누구든지 나를 따라오려거든 자기를 부인하고 자기 십자가를 지고 나를 따를 것이니라. 누구든지 자기 목숨을 구원하고자 하면 잃을 것이요 누구든지 나와 복음을 위하여 자기 목숨을 잃으면 구원하리라"^{막 8:34-36}.

- **파괴적인 습관을 진지하게 직접적으로 다루라** "만일 네 손이나 네 발이 너를 범죄하게 하거든 찍어 내버리라. 장애인이나 다리 저는 자로 영생에 들어가는 것이 두 손과 두 발을 가지고 영원한 불에 던져지는 것보다 나으니라"^{마 18:6-9}.

- **은밀히 금식하라** "너는 금식할 때에 머리에 기름을 바르고 얼굴을 씻으라. 이는 금식하는 자로 사람에게 보이지 않고 오직 은밀한 중에 계신 네 아버지께 보이게 하려 함이라"^{마 6:16-18}.

- **내면의 혁신과 열매 없는 금욕주의가 다르다는 것을 인식하라** "너희도 이렇게 깨달음이 없느냐? 무엇이든지 밖에서 들어가는 것이 능히 사람을 더럽게 하지 못함을 알지 못하느냐? 이는

자유와 평강에 대한 실험

마음으로 들어가지 아니하고 배로 들어가 뒤로 나감이라. … 사람에게서 나오는 그것이 사람을 더럽게 하느니라. 속에서, 곧 사람의 마음에서 나오는 것은 악한 생각, 곧 음란과 도둑질과 살인과 간음과 탐욕과 악독과 속임과 음탕과 질투와 비방과 교만과 우매함이니, 이 모든 악한 것이 다 속에서 나와서 사람을 더럽게 하느니라"막 7:18-23.

- 가르침을 실천에 옮기며 위선을 피하라 "바리새인들의 누룩, 곧 외식을 주의하라"눅 12:1.

- 시험과 고통에서 건지시도록 기도하라 "그러므로 너희는 이렇게 기도하라. … 우리를 시험에 들게 하지 마시옵고 다만 악에서 구하시옵소서"마 6:9, 13. "시험에 들지 않게 깨어 있어 기도하라"막 14:38.

- 보고 생각하는 것에 주의을 기울이라 "네 몸의 등불은 눈이라. 네 눈이 성하면 온몸이 밝을 것이요. … 그러므로 네 속에 있는 빛이 어둡지 아니한가 보라"눅 11:34-35.

- 깨어 주의하며 예비하라 "너희는 스스로 조심하라. 그렇지 않으면 방탕함과 술취함과 생활의 염려로 마음이 둔하여지고"눅 21:34.

- 외로운 삶의 길을 선택하라 "좁은 문으로 들어가라. 멸망으로

> 인도하는 문은 크고 그 길이 넓어 그리로 들어가는 자가 많고"마 7:13. "그러므로 하늘에 계신 너희 아버지의 온전하심과 같이 너희도 온전하라."마 5:48.

진리의 실험

> 무릇 징계가 당시에는 즐거워 보이지 않고 슬퍼 보이나 후에 그로 말미암아 연단 받은 자들은 의와 평강의 열매를 맺느니라. 그러므로 피곤한 손과 연약한 무릎을 일으켜 세우고, 너희 발을 위하여 곧은 길을 만들어 저는 다리로 하여금 어그러지지 않고 고침을 받게 하라.
> 히브리서 12:11-13

데이비드는 탁자 앞에서 고개를 숙인 채로 지난 주말에 다시 완전히 술에 취했던 일을 소그룹에 털어놓았다. "꽤 오랫동안 똑같은 문제와 싸워 왔지만, 제가 조금이라도 나아지고 있다는 확신이 없습니다." 소그룹에서 데이비드의 '역할'은 주로 그의 실수와 실패를 고백하는 것이었다. 그러나 문제를 깨닫고 잘못을 고백함으로써 이를 수 있는 곳은 여기까지다. 한걸음 더 나아갈 힘을 얻기 위해서는 다른 사람의 지지와 사랑의 나라에서의 삶을 추구하는 구체적인 실천 계획이 필요하다. 변화에는 비전과 꿈을 행동으로 옮기기 위한 새로운 선택이 필요하다. 그러나 이와 같은 영적인 비밀은 최근 거의 사라져 버려 더 이상 발견하기 어렵다.

모든 사람의 삶 속에는 변화에 대한 갈망이 있다. 우리는 함께 그룹 실험을 하며 혼자서는 불가능했던 변화를 이루어 내는 해결책을 얻었다. 몇 해 전에 우리는 원하는 삶과 실제 삶 사이에서 자주 느끼는 불일치를 해결하기 위한 공동의 실천을 시작했다. 진리의 실험이라는 배움의 실험실에서 우리는 40일 동안 일상의 습관 속에 단순하지만 혁신적인 변화를 만들어 내기 위해 서로를 초청했다. 실험 참가자들은 다음 실험이 삶 속에 가장 큰 변화를 일으켰다고 이야기한다.

첫 모임은 다음과 같은 도전적인 질문으로 시작된다. "40일 동안 삶에 영원한 변화를 가져오기 위해 할 수 있는 한 가지 일은 무엇일까요?" 각 사람은 충분히 고민하고 변화가 필요한 부분을 확인한 후에 혁신적인 변화를 일으키기 위해 헌신한다. 변화가 필요한 영역을 다루기 위해 어떤 일은 그만두고 또 어떤 일은 새로 시작한다. 실험에 헌신한 이후에는 진보가 있었는지 확인하기 위해 매주 한 번씩 모인다. 여기에 진리의 실험의 세 가지 예가 있다.

카일 젊은 직장인인 카일은 열심히 일하고 노는 데 익숙했다. 일주일 내내 일과가 끝나면 거의 매일 늦게까지 밖에서 저녁식사와 술자리를 갖는 것이 그가 속한 사무실의 문화였다. 시간이 지나자 카일은 이런 습관 때문에 하나님께 집중하지 못하고 산만해졌다. 그리고 지나치게 긴 시간을 정기적으로 오락에 사용하는 데 죄책감을 느꼈다. 그는 40일간 실험을 하며 술과 저녁 외식을 금하기로 결심했고, 매일 밤 정해진 시간에 자기로 서약했다. 이후 카일은 술을 마시지 않아 기도가 더 쉬워졌을 뿐만 아니라, 외식을 하지 않고 저축한 돈으로 수입의 10퍼센트를 다른 사람과 나눌 수 있음을 깨달았다. 그리고 무엇보다 더 큰 자유와 평강을 느꼈다.

브랜든과 레베카 브랜든과 레베카는 결혼 후에 여러 해 동안 서로 육체적으로 친밀해지며 함께 시간을 보내는 데 우선순위를 두려고 노력했다. 그러나 그들이 원하는 정서적인 지지와 성적인 친밀감은 제대로 채워지지 않을 때도 있었다. 그들은 40일의 실험 기간 동안 적어도 일주일에 세 번 이상 사랑을 나누기로 약속했다. 더 규칙적이고 친밀한 육체적 관계를 맺으려면 서로 마음을 나눌 필요가 있다는 것을 깨달았다. 또한 이를 통해 그들 관계의 다른 영역에도 긍정적인 영향을 미칠 수 있음을 발견했다. 그들은 40일의 실험을 마치며, 함께한 7년의 결혼생활 중 가장 큰 하나 됨과 사랑, 신뢰와 즐거움을 경험했다.

레이첼 레이첼은 깊은 불안감을 패션과 쇼핑, 세심하게 꾸민 겉모습에 대한 집착으로 감춰 왔음을 깨달았다. 그녀는 6주의 실험 기간 동안 보석이나 화장품을 구입하거나 사용하지 않기로 약속했다. 외모와 옷에 대한 관심을 멀리하자 마음의 평화와 내면의 아름다움을 개발하는 일에 더 집중할 수 있었다. 사람들은 이내 그녀의 성격이 크게 변했음을 알아차렸고, 그녀에게서 흘러나오는 자연스러운 빛을 인정해 주었다(반면 자기 관리가 부족한 다른 참가자들은 외모에 더 많은 관심을 갖는 실험을 했다).

진리의 실험을 기획하는 첫 번째 단계는 자신의 **삶을 잘 살피**는 것이다. 홀로 시간을 보내며 하나님께 가장 변화가 필요한 곳을 보여 주시기를 구하라. 당신의 삶에서 치유와 전인적인 성장이 일어나기를 가장 갈망하는 영역은 어디인가? 변화를 갈망하는 오래된 습관이나 사고방식이 있는가? 하나님과 사람을 사랑하지 못하도록 방해하는 일상의 선택에는 어떤 것이 있는가? 어떤 사람에게는 죄책감이나 수치심을 불러일으키는 자기성찰이 반갑지 않을 수 있다. 당신이 듣는 음성이 초대보다는 판단처럼 들린다면 이는 참된 성령님의 음성이 아닐 것이다. 하나님의 인자하심이 우리를 회개로 인도한다는 사실을 기억하라롬 2:4. 그리스어로 회개는 "이후로는 다르게 생각하고, 생각과 마음을 변화시키는 것"을 뜻한다. 현대의 언어로 표현하면 "다시 생각하고", "다시 상상하며" 또는 "과감히 전 생애를 다시 꿈꾸는 것"이라고 할 수 있다.

우리의 삶은 그 기본적인 에너지를 어디에 사용할지를 선택하며 형성된다. 다음 질문을 생각해 보라. 내 삶은 구체적으로 어떤 모습인가? 무엇을 생각하며 또 어떤 생각이 마음에 남아 있는가? 살아가며 느끼는 스트레스와 감정을 어떻게 해결하고 있는가? 어떤 곳에 시간과 재능, 자원을 사용하고 있는가? 관계 속에서 내 모습은 어떠한가? 삶의 힘을 어디에 사용하고 있는지 돌아본 후 가장 먼저 변화가 필요한 두 영역을 결정할 수 있다.

두 번째 단계에서는 이미 확인한 문제가 **반복되는 패턴과 그 근본 원인을 알아본다**. 종이 위에 간단하게 당신이 가진 문제와 그것이 반복되는 패턴을 기록한다. 당신의 일상에서 반복되는 나쁜 습관이나 문제는 어떤 것들인가? 이러한 싸움의 원인이 되는 더 뿌리 깊은 문제가 존재하는가? 예수님의 도는 이러한 상황 가운데 어떤 의미를 갖는가?

나는 몇 년 전에 내 삶에 대해 이야기해 줄 신뢰하는 친구 몇 명을 이 장 후반부에 언급된 조사 과정으로 초청했다. "내 약점은 무엇인가?"라고 묻자 적어도 한 명 이상이 다른 사람에 대해 비판적인 내 성향 때문에 나와 함께 있을 때 완전히 편안함을 느끼지 못한다고 말했다. 한 명은 이렇게 썼다. "내가 방 안에 없을 때 당신이 나에 대해 과연 무슨 말을 할지 의문이 듭니다." 듣기 고통스러웠지만 그들의 말이 옳았다. 나는 기도와 더 깊은 성찰을 통해 비판적인 나의 성향이 자기 정체성에 대한 불안감에 기인하며, 그로 인해 다른 사람들과 그들의 성취를 질투한다는 사실을 깨달았다. 다른 사람의 연약함이나 단점에 집중하면 내가 좀 더 나은 사람인 것처럼 생각되었다. 진리의 실험을 하는 40일 동안, 나는 누구에게도 부정적이거나 비판적인 말을 절대 하지 않기로 결심했다. 또 매일 질투하고 비판했던 이들을 인정하고 격려하는 편지를 쓰기로 약속했다. 실험을 하며 관계에 대한 내 태도는 완전히 바뀌기 시작했다. 1년이 지나 전에 부딪쳤던 친구 가운데 한 명은 실험에 대해 전혀 알지 못했는데 진심으로 이렇게 말했다. "자네가 더 이상 사람들에 대해 부정적인 말을 하지 않는다는 사실을 깨달았네."

세 번째 단계에서는 확인한 문제를 해결하기 위해 어떤 것을 새롭게 실천할지 결정한다. 변화를 원한다면 새로운 존재방식과 행동방식을 위한 모험을 감수해야 한다. 사고방식과 몸의 습관이 어떻게 변하고(예를 들어 식생활과 시간 사용, 미디어 소비와 재정 사용 그리고 함께 시간을 보내는 사람 등의 변화), 그런 변화가 창조주의 능력과 사랑을 전달하는 능력에 얼마나 큰 영향을 미칠지 질문해 본다면 도움이 될 것이다. 운동을 하고 건강에 해로운 음식을 피하는 것과 같은 외적인 변화는 물론이고, 감사 일기를 쓰고 소셜네트워크 서비스 사용을 금하는 것과 같은 내면의 훈련을 포함시키라. 예를 들어, 흡연 대신 운동을 하는 것처럼, 오래된 습관을 대체할 수 있는 새로운 실천을 도입하는 것이 효과적이다. 효과적인 실험은 금욕적 요소와 참여의 요소를 모두 포함시키는 것이다. 이전의 나쁜 습관을 그만두고, 건강한 대안을 실천하기 시작하는 것이다.

헤더는 소그룹에서 염려와 불안과 힘겹게 싸워 왔다고 고백했다. "지금 하는 말이 웃기고 이상하게 들릴 거라는 걸 알아요. 저는 불안해지면 집을 미친 듯이 청소해요. 그리고 불안감에 정말 눌릴 때면 하루 서너 시간씩 청소를 하기도 한답니다! 청소를 하면 내 자신이 상황을 좀 더 잘 통제하고 있다고 느끼는 것 같아요. 또 밤늦은 시간까지 텔레비전을 보면서 부정적인 감정에서 도피하려 애써요. 하지만 그런 후에는 잠을 잘 이루지 못해요." 헤더는 더 큰 평강을 누리며 불안감에 시달리지 않기를 바랐다. 그녀는 40일의 실험 기간 동안 텔레비전을 보지 않고 청소 시간을 하루 30분으로 제한하기로 결심했다. 그리고 기도 일기를 쓰기로 마음먹고 매일 최소한 여덟 시간 이상 자기로 결심했다.

이 같은 실천을 '실험'이라고 부르는 이유 중 하나는 어떤 변화가 실제로 긍정적인 차이를 만들어 내는지를 시험하는 과정에 있기 때문이다. 우리의 목표는 결코 다른 사람을 판단하고 또 판단 받는 데 사용할 또 다른 규칙을 추가하는 것이 아니다. 때로 사람들은 진리의 실험을 사순절과 관련된 식단 제한과 혼동한다. 육류 대신 생선을 먹는다거나 부활절까지 초콜릿을 먹지 않는 것 같은 금욕적인 결심만으로는 우리 삶에서 꼭 필요한 변화를 만들어 낼 수 없다. 새로운 발상이 가장 요구되는 삶의 영역에서 구체적인 절제와 참여의 실천이 필요하다.

사람들이 저지르는 흔한 실수 가운데 하나는, 구체적인 기준을 정하기 어려운 모호한 실험을 선택하는 것이다. "나는 더 많이 걷기 위해 노력할 거야"와 같은 결심은 동기를 부여하지 못한다. "나는 앞으로 6주간 매주 월요일부터 금요일까지 아침 7시에 3킬로미터씩 걸을 거야"처럼 구체적이어야 한다. 훌륭한 실험은 구체적이고 평가할 수 있으며 현실적이다. 또 시행할 시간과 장소, 횟수에 대한 계획을 포함한다. 이를테면 일지처럼 매일 어디를 돌고, 매일 얼마나 발전했는지를 기록하는 것이 중요하다. 일상에서 지속성과 집중력이 요구되는 실험은 특별한 경우나 간혹 하는 실험보다 더 좋은 결과를 낳는다. 현실적이고 도달할 수 있으며, 동시에 도전적이고 실제적인 변화를 일으키도록 노력하라. 영구적인 변화를 이룰 실천에 대해서는 머뭇거리게 되지만, 대부분의 사람들이 공동체에서 함께 연대해 실천하면 40일간의 약속을 지킬 수 있다는 걸 발견한다.

일단 무엇을 시작하고 또 멈출지를 확인했으면, 네 번째 단계는 **계획을 준수하는 것이다**. 고대의 지혜인 서원은 우리에게 교훈을 준다. 우리는 하나님과 사람을 사랑하기 원하며, 이를 향한 강한 열망도 가지고 있다. 그러나 구체적으로 실천하지 않는다면 그것은 그저 감정에 그칠 뿐이다. 우리는 서약과 약속을 통해 선한 감정을 구체적인 행동으로 옮긴다. "주 하나님이여, 주께서 나의 서원을 들으시고 주의 이름을 경외하는 자가 얻을 기업을 내게 주셨나이다.… 그리하시면 내가 주의 이름을 영원히 찬양하며 매일 나의 서원을 이행하리이다"시 61:5, 8. 실천에 헌신함으로써 우리가 진실로 믿고 가치 있게 여기는 것이 무엇인지 드러난다. 진리의 실험에서는 매일 자신이 신뢰하는 한 명 이상의 사람과 서약문을 작성하도록 서로에게 권한다. 또한 매주 소그룹으로 모여 실천 사항을 점검하고 계획을 공유한다. 실천이 토론하기에는 너무 개인적이거나 부끄러운 것이라면 적어도 한 사람과 이를 공유하거나, 그것이 '개인적인' 실험임을 소그룹 점검 시간에 밝힌다.

메건은 개인 실험을 시작한 후 점검을 위해 모인 첫 번째 모임에서 자신 없는 모습으로 이렇게 말했다. "저는 훈련과 자기 통제가 필요한 일에 소질이 없다는 사실을 깨닫고 있습니다." 영구적인 변화를 이루기 위해 얼마나 많은 주의와 노력이 필요한지를 발견하기까지는 시간이 걸린다. 당신의 몸은 위안과 스트레스 해소를 기대한다. 그것이 거부당하면 변화에 저항할 것이다. 새로운 한계에 도전하고 헌신하는 것은 전에 깨닫지 못한 수준의 강박감을 드러낼 것이다. 또는 자신이 그다지 변화할 준비가 되어 있지 않고, 심지어 변화를 원하지도 않는다는 사실을 드러낼 수도 있다.

처음 진리의 실험에 참가했을 때 에릭은 안일함을 극복하기 위해 노력하기로 결심했다. "저는 최선을 다하지 않습니다. 그래서 건강을 위해 규칙적인 운동 같은 걸 하는 경우가 드뭅니다. 그리고 때로는 일의 부담에 눌려 매일 기도하는 게 정말 도움이 되는지 의심스럽습니다." 그는 기도하기 위해 매일 6시 30분에 일어나고 일주일에 세 번 운동하기로 서약했다. 에릭은 40일간의 실험을 마치며 실천을 통해 어떤 변화가 있었는지를 자신 있게 말하지 못했다. 꾸준히 기록하지 못했지만 그는 일주일에 하루이틀 정도 기도했고 일주일에 한 번 운동한 것 같다고 말했다. 에릭은 절반에 그치는 노력으로는 어떤 유익도 얻지 못했다는 사실을 깨닫자, 다음 해 같은 문제를 더 집중해서 다루기로 결심했다. 그는 매일 직장에 버스를 타고 가는 대신 걸어가면서 기도하고 일주일에 다섯 번 체육관에서 운동하기로 서약했다. 이번에는 실험을 꾸준히 해나갔고, 40일 후에 그는 그 결과에 열광했다. "전보다 훨씬 중심이 바로 서고 건강해진 걸 느낍니다." 최근

에릭은 1년간 새로운 삶의 리듬을 지켜 왔다고 전했다. 그리고 덧붙여 말했다. "저는 제 자신이 할 수 있다는 걸 증명했어요. 그리고 이제 두려움에 직면하는 일처럼 더 큰 문제를 다룰 준비가 된 거 같아요."

마지막 단계는 **실험을 마친 후의 평가**다. 당신은 계획한 일을 지속해 왔는가? 새로운 실천, 곧 당신이 택한 방법이나 훈련으로 당신이 소망했던 결과와 추진력을 얻었는가? 새로운 실천이 삶의 지속적인 리듬의 일부가 되기를 얼마나 원하는가? 실험을 마치며 우리는 서로에게 이렇게 질문한다. "처음 진리의 실험을 시도하는 사람에게 어떤 충고를 해주시겠습니까?" 다음은 가장 추천하고 싶은 내용이다.

- 하루도 놓치지 말라. 한 번이라도 빼먹는다면 전체 실험의 흐름을 놓치기 쉽다. 그러나 혹 며칠을 빠뜨린다 해도 포기하지 말고 계속 노력하라.
- 전부가 아니면 소용없다는 생각을 버리라. 실행할 계획에 대해서 포기하지 말고 다만 실험 과정 동안의 진보에 집중하라.
- 짝을 이루어 매일 점검하고 진보를 주의 깊게 살피라. 당신의 새로운 선택을 궁금해 하는 사람들에게 설명할 방법을 고민하라.
- 인생의 전환점을 지나가는 중이거나 위기에 처했을 때에는 실험을 효과적으로 행하기가 어렵다.
- 실험을 하며 미처 알지 못했던 상처가 드러날 수 있다는 사실을 인식하라.
- 결과보다 과정에 집중하고, 실험이 단순한 의지력 훈련이 아니라

영적 훈련이라는 것을 기억하라.

개인 성장 조사

이 모든 일에 전심전력하여 너의 성숙함을 모든 사람에게 나타나게 하라.

디모데전서 4:15

우리는 진리의 실험을 하며 성령님의 음성을 귀 기울여 듣고, 자기 삶의 상황을 헤아려 알며, 조언자로부터 지혜로운 통찰을 얻도록 서로 권면한다. 때로 우리 문화의 공허한 울림이나 '주술적 목소리'처럼 우리 머릿속에서 맴도는 강박적이고 부정적인 생각과, 성령의 참된 속삭임을 구별하기 위해서는 다른 사람의 도움이 필요하다. 신뢰하는 친구와 지혜로운 상담자는 성장을 방해하는 약점과 스스로 확인할 수 없는 진보를 깨닫게 해준다. 진리의 실험 기간 동안, 신뢰할 만한 5-7명의 사람들에게 개인 성장 조사 설문지를 보낸다. 그들은 우리의 장점과 성장하는 영역을 확인하고, 살면서 겪는 결정과 전환점을 분별하도록 도움을 줄 것이다. 그 후에 소그룹으로 모여 다른 사람들로부터 얻은 의견을 확인하는 과정을 거친다.

의견을 얻기 위한 첫 번째 단계로 부모님, 친척, 배우자 또는 자녀, 친구와 동거인, 동료, 멘토를 포함한 후원 그룹에 대해 자유롭게 토론한다. 그들은 당신의 약점까지 잘 알고 당신을 존중하는 사람이어야 한다. 건설적인 의견을 줄 수 있는 신뢰할 만하고 안전한 사람임을 확인하되, 원치 않는 이야기를 듣게 될지 모른다는 사실을 염두에 두라. 당신의 삶에 크게 기여해 왔거나 당신의 미래와 깊이 연관된 사람이 이상적이다.

두 번째 단계로 신뢰 관계에 있는 사람들과 의사소통할 방법을 고민한다. 요청한 의견을 얻는 최선의 방법은 무엇인가? 대부분의 경우, 설문지를 첨부한 이메일을 보내는 것이 좋다. 그들이 신중히 설문지를 작성하고 정해진 기한 내에 보내기 위해서는 충분히 숙고할 시간이 몇 주 정도 필요하다. 또한 현대 기술에 익숙하지 않은 응답자에게 설문지를 보낼 때는 우편이나 전화로 연락하는 게 좋다. 전화를 사용한다면 반드시 신중하게 메모를 남기도록 하라. 대개 말로 하는 대화보다는 문서로 작성된 응답을 통해 더 신중하고 정직한 의견을 얻을 수 있다. 많은 편지와 바쁜 일정 때문에 완성된 설문지를 돌려받으려면 각각 세 번 정도 메시지를 따로 보내야 할지도 모르지만 그래도 놀라지 말라. 정해진 기한이 될 때까지 매주 신뢰하는 사람들에게 공손히 환기시키는 감사의 연락을 전한다면 도움이 된다.

에밀리는 기대감과 약간의 두려움 속에 부모님과 자매, 몇몇 가까운 친구들에게 개인 성장 조사 설문지를 보냈다. 그들에게 의견을 요청하면서 그들이 심한 말을 하거나 지나치게 비판적인 말을 하지는 않을까 극도로 예민해졌다. 그녀는 조금은 떨리는 심정으로 마지막 말을 써 내려갔다.

사랑하는 엄마

저는 진리의 실험이라는 40일간의 영성 훈련에 참가하고 있는데, 이 과정에 신뢰하는 친구와 멘토에게서 저에 대한 의견을 얻는 일이 포함되어 있어요. 지인들로부터 얻는 지혜와 조언이 성령님이 말씀하시는 방법 가운데 하나라는 것이 바로 이 과정의 전제예요. 개인적으로 제 강점과 성장하는 영역을 살피는 중이에요. 인생의 중요한 결정에 대한 지혜와 확신을 구하고 싶어서 연락을 드려요.

제 삶에서 신뢰할 수 있는 조언자인 엄마를 이 과정에 초청하고 싶어요. 다음 질문에 기꺼이 답해 주시고 3월 22일 월요일까지 돌려보내 주시겠어요? 제가 온전한 사람으로 성장하도록 엄마의 생각을 망설임 없이 정직하게 말씀해 주시길 부탁드려요.

엄마의 신중한 답변에 미리 감사드려요!

제 장점과 잠재력을 확인해 주세요

- 당신이 경험한 제 모습은 어땠고 어떤 상황에서 가장 능력과 활기를 나타냈습니까?
- 제 장점과 은사는 무엇이라고 생각하십니까?
- 하나님이 저를 창조하신 목적이 무엇이라고 생각하십니까? 저를 알아 온 5년, 10년, 15년간 저는 어떤 식으로 성장했습니까?
- 제가 세상에 가장 기여하는 바는 무엇일까요? 또 주변 사람들을 어떻게 섬기고 있습니까? 제 삶에서 하나님의 일하심을 경험하는

부분은 어느 부분이라고 생각합니까?

제 삶에서 성장해야 하는 영역을 깨닫도록 도와주세요

- 제 약점은 무엇인가요? 제 삶에서 자기 인식이나 다른 사람을 향한 배려가 부족하다고 느끼는 곳이 있습니까? 무의식중에 주위 사람들에게 좋지 않은 영향을 끼치는 일이 있습니까?
- 저는 사람들로부터 보통 어떤 평가를 받습니까? 헤어진 후 사람들이 저에 대해 하는 긍정적인 평가나 부정적인 평가 중에서 저에게 도움이 될 말이 있습니까?
- 제 삶 속에서 전인적인 성장이나 성숙이 더 많이 필요하다고 느끼는 부분은 어느 영역입니까?

지혜와 통찰을 나눠 주세요

- 지금의 제 삶에 대해 해주고 싶은 주의, 염려, 조언의 말은 어떤 것입니까?
- 저는 앞으로 어떤 삶을 살아갈지 결정하기 위해 분명한 확신을 얻고자 노력 중입니다. 문헌정보학 학위를 마치기 위해 워싱턴 집으로 돌아갈지, 아니면 여기에서 학위를 마치기 위해 샌프란시스코에 계속 남아 있을지 아직 고민 중입니다. 워싱턴으로 돌아간다면 재정적인 도움도 얻어 바로 공부를 시작할 수 있습니다. 그렇지 않고 샌프란시스코에 머무른다면 학점이 인정되지 않아 1년 더 학교를 다니고 생활비를 충당하기 위해 많은 대출을 받아야 할 겁니다.

- 다음은 위 결정에 대한 질문입니다. 무엇보다도, 문헌정보학이 제게 잘 맞나요? 학업을 마치는 것이 제2의 가족과도 같은 공동체를 떠날 만큼의 가치가 있을까요?

세 번째 단계는 받은 대답들을 검토하고 적절한 실천 방안을 계획하는 일이다. 에밀리가 연락했던 모든 사람들은 그녀의 요청을 진지하게 받아들였고 충분한 시간을 들여 답변을 작성해 주었다. 그들의 이야기는 예상했던 바였고, 그중 일부는 고통스러운 사실을 지적했다. 소그룹에서는 사람들의 의견에 대한 에밀리의 통찰에 귀 기울였고, 정확하며 좋은 정보를 주는 표현과 응답자 특유의 편견으로 보이는 표현을 구별하도록 도왔다. 연락했던 많은 사람들이 학업을 위해 이사할지 여부를 놓고 적절한 조언을 해주었다. 그러나 그녀는 무엇보다 압도적인 격려와 인정에 가장 놀랐다. 몇몇 사람들은 그녀가 다른 사람들과 함께 나눌 훌륭한 지혜와 통찰력을 지녔고 망설임이 없는 편이라고 말했고, 자신의 리더십에 더 자신감을 가지라고 강하게 권면했다. 에밀리는 긍정적인 인정의 말은 쉽게 지나치고 부정적인 이야기에 집중하는 경향이 있었다. 소그룹에서는 그녀가 인정받은 내용을 기억하고 감사할 방법을 찾을 뿐만 아니라 성장의 한계를 극복할 방법을 생각해 내도록 격려해 주었다. 가장 기억에 남는 의견은 "곰돌이 푸"Winnie the Pooh를 인용한 한 친구의 기발한 글에서 나왔다. "나는 네 속의 피글렛과 같은 모습에 티거와 같은 면을 약간 더 한다면 더 좋을 거라고 생각해." 이 말에 그녀는 더욱 담대하고 용기 있게 행할 힘을 얻었다.

우리가 자신을 어떻게 바라보며 다른 사람들은 우리를 어떻게 보는지 그리고 우리가 실제 어떤 사람인지 사이에는 피할 수 없는 간극이 존재한다. 우리는 받은 의견을 무시할지, 또는 비판 때문에 큰 충격을 받을지, 아니면 더 큰 가능성으로 부르시는 성령님의 사랑의 음성을 따라 열린 마음으로 우리의 연약함을 수용할지를 결정할 수 있다. 예수님이 사도 베드로에게 처음 찾아가셨을 때 베드로는 이렇게 대답했다. "주여, 나를 떠나소서. 나는 죄인이로소이다"눅 5:8. 예수님은 베드로가 고통스럽게 깨달은 한계와 깨어짐 이상의 무언가가 그의 삶에 존재함을 그가 인식하도록 도우셨다. 우리는 참된 자신을 마주하며 예수님의 도를 실천하고, 이를 통해 하나님의 사랑의 나라를 향한 다음 걸음을 옮기기 위한 용기와 소망, 추진력의 근원을 발견한다.

──────── 토론

- **예수님의 가르침** 예수님이 선포하신 유혹에서의 자유와 고통 가운데 누리는 평강[255-257쪽을 보라]에 대한 말씀 중에서 가장 실험해 보고 싶은 것은 무엇인가? 그 이유는 무엇인가? 유혹에 대한 승리와 고통 속의 평강을 더욱 경험하기 원하는 곳은 어디인가?
- **새로운 발상** 사람은 변화될 수 있는가? 만약 그렇다면 어떻게 변화가 가능한지 설명해 보라.
- **협력** 당신의 결정이 갖는 힘과 당신 안에 계신 성령님의 사역 사이의 역동성을 어떻게 설명할 것인가?
- **진리의 실험** 다음 질문을 읽으면 가장 먼저 무슨 생각이 떠오르는가? "다음 40일 동안 당신의 인생을 영원히 변화시키기 위해 할 수 있는 한 가지 일은 무엇인가?"
- **근본 원인** 당신이 힘겹게 싸우고 있는 문제에 반복적으로 영향을 주는 잠재된 행동 패턴이나 그것의 근본적인 원인을 깊이 생각해 보라. 과거 당신은 반복되는 유혹과 깨어짐을 어떻게 해결했는가? 무엇이 가장 도움이 되었는가?
- **맹세와 약속** 전에 약속을 했던 때를 떠올려 보라. 어떤 유익을 경험했는가? 괜한 약속을 했다는 생각에 망설이게 되는가, 아니면 힘을 얻는가? 그 이유는 무엇인가?

- **개인 성장 조사** 당신의 삶에서 지혜와 가르침을 얻기 위해 누군가에게 도움을 청했던 때를 깊이 생각해 보라. 어떤 도움을 받았는가? 칭찬이나 비판 중 어떤 것이 더 받아들이기 어려웠는가?

_____ 적용

- 그룹 전체 또는 세 명씩 조를 이루어 다음 질문에 답하라.
  — 내 삶을 향한 하나님의 꿈 안에서 온전히 살아가지 못하도록 방해하는 것은 무엇인가?
  — 성령님의 사역과 연약한 몸과 마음 사이에 벌어지는 내면의 전쟁을 느끼는 곳은 어디인가?
  — 예수님은 다음과 같이 기도하도록 우리를 부르신다. "우리를 시험에 들게 하지 마시고 다만 악에서 구하옵소서." 함께하는 싸움 가운데 하나님의 자유와 평강이 임하도록 서로 손 모아 기도하라.

_____ 7일간의 실험

- 한 주 동안 하지 않기로 약속할 일, 곧 절제의 훈련을 정하라. 예

를 들어 미디어 금식은 많은 사람이 참여할 수 있는 절제의 훈련이 된다.

- 7일 동안 매일 밤, 잠자리에 들기 전, 다음의 질문을 사용하여 **짧게 하루를 묵상하라.**
    - 언제 하나님의 임재나 사랑을 깨달았는가?
    - 외롭고 지치며 피곤함을 느낀 때는 언제인가?
    - 예수님의 제자도가 약속하는 안식을 온전히 누리라는 초청의 말씀을 가장 크게 듣는 곳은 어디인가?
- 한 주 동안 헌신할 유익한 일, 곧 **함께 참여할 훈련을 결정하라.** 성경 구절을 묵상하거나 시간을 정해 기도하는 일은 대부분의 이들이 참여할 수 있는 일이다.

_____프로젝트와 실천의 확장

- **진리의 실험** 이번 장에서 서술된 것과 같은 40일간의 실험을 하기 위해 친구들과 모임을 조직하라.
- **개인 성장 조사 설문** 진리의 실험 일부분으로, 당신에 대한 개인 성장 조사 설문에 답해 줄 사람들을 정하라. 당신이 얻은 대답을 검토하고 이에 근거해 어떻게 행동할지를 결정하라. 상황에 맞춰 수정할 수 있는 질문의 예가 부록에 실려 있다.

- **멘토** 1년에 네 번에서 여섯 번 정도 만나 당신의 성장 목표에 대해 이야기를 나눌 멘토를 찾으라. 또는 매주 더 친밀히 서로를 후원하고 신뢰할 수 있는 또래 친구들과 소그룹으로 만나기로 약속하라.

- **삶의 규칙** 삶의 목표와 우선순위를 확인하고 계속 앞으로 나아가기 위해 매일, 매주, 분기별로 개발해야 할 습관과 실천에 대해 자유롭게 토론하라(그 예로 안식일 준수, 봉사, 육체 노동, 영적 성장을 위한 우정 쌓기, 침묵과 고독, 여행, 안식년 보내기, 운동, 수면, 공부, 자연에서의 시간, 가족이 생활 리듬을 공유하기 등이 있다).

결론

──── 생명이 충만한 모험 속으로

오래전 긴 여행을 떠난 한 사람이 길을 가다 금 보따리를 주웠다. 그는 그 무거운 보따리를 어깨에 짊어지고 계속 걸어갔다. 길을 가는 동안 어깨에 짊어진 금 보따리 탓에 등은 굽고 몸은 한쪽으로 기울어졌다.

마을을 지날 때 그는 둥그런 돌 위에 앉아 있는 아름다운 여인을 보았다. 그녀와 이야기를 나누는 동안 그의 심장은 더욱 빨라졌다. 그러나 그녀는 이내 돌아가 버렸다. 아름다운 그녀와 그녀를 향한 자신의 갈망이 떠올라서 그는 그녀가 앉았던 돌을 가져가기로 결심했다. 몸을 수그리고 팔을 뻗어 돌을 굴리기 시작했다. 한쪽 어깨는

금 보따리에 눌려 있었고 다른쪽 팔은 돌을 굴리기 위해 구부린 상태였다. 그는 정오의 태양 아래 땀을 뻘뻘 흘리며 그렇게 불편한 자세로 계속 길을 갔다.

그러다 황량한 길가에서 시끄럽게 울며 헤매는 돼지 한 마리를 보았다. '이 돼지를 잡아서 맛난 고기를 먹어야지.' 주위에는 주인처럼 보이는 사람이 아무도 없었다. 그는 돼지를 밧줄로 묶어 끌고 가려고 안간힘을 썼다. 그러나 돼지가 너무 느린 까닭에 그는 밧줄의 한쪽 끝을 자기 발목에 매고 억지로 끌고 갔다. 한쪽 어깨에는 금 보따리를 짊어지고, 다른 팔로는 돌을 굴리기 위해 구부린 채로 돼지를 질질 끌며 계속 걸어갔다.

그렇게 들판을 지나다가 블랙베리 덤불을 발견했다. 굶주렸던 그는 그 자리에 멈춰서 얼굴과 손이 가시에 긁히는 것도 모를 만큼 허겁지겁 그 열매를 따먹었다. 이내 그의 입 안팎은 온통 달콤한 보랏빛 과즙으로 물들었고 끈적이는 손은 곧 더러워졌다. 한쪽 어깨에는 금 보따리를 짊어지고, 다른 팔은 돌을 굴리기 위해 구부린 채로, 돼지를 질질 끄는 그의 얼굴과 손은 긁혀 있는 데다, 달콤하고 끈끈한 블랙베리 즙으로 물들어 있었다. 그런 모습으로 그는 계속 길을 걸어 내려갔다.

남자는 블랙베리를 더 따먹거나 그늘에서 쉬기 위해 멈출 때 외에는 몇 날 며칠을 계속 여행했다. 어느 더운 날 밤, 그는 잠을 청하기 위해 멈췄다. 잠에서 깨어났을 때 자신이 가지고 있던 금 보따리와 돌, 돼지를 몽땅 도둑맞았음을 깨달았다! 날이 밝자 그는 먼지를 털어내고 모든 짐에서 자유로워진 빈손으로 계속 길을 갔다. 그러나 습관 탓인지 그는 여전히 금 보따리를 짊어지고 돌을 굴리면서, 밧줄에 묶인 돼지를 끌고 가는 사람처럼 걸었다. 몸을 웅크리고 뻗은 팔은 구부린 채로 발을 뒤로 질질 끌며 여기저기 긁힌 얼굴과 손은 달콤하고 끈끈한 블랙베리 과즙에 얼룩진 채로 그는 계속 길을 걸어갔다.

어린 소년 하나가 절뚝거리며 지나가는 그 남자의 기이한 모습에 화들짝 놀랐다. 소년은 곁에 계신 할머니한테 물었다. "저 사람은 왜 저런 이상한 모습으로 저렇게 우습게 걷는 거죠?" 할머니는 지나가는 남자를 올려다보며 대답했다. "길은 곧게 뻗어 있지만 그 길을 가는 저 남자는 구부정해져 있단다. 짊어지고 가려고 애쓰던 모든 것 그리고 결코 채울 수 없는 갈망이 그를 그렇게 만들었지. 애야, 언젠가 너도 네가 바라는 것과 짊어진 것들 때문에 걸음걸이가 달라질지도 몰라."

★ ★ ★

모든 사람은 자신이 얻고자 하는 것과 이미 소유한 것으로 자기 삶의 여정을 형성한다. 주님은 지치고 피곤하게 하는 것을 뒤에 남겨두고 하나님의 사랑의 나라의 안식 가운데 들어가도록 우리를 부르신다. 우리는 짐을 벗고 자유를 얻었지만, 여전히 절뚝거리고 구부정하며 상처투성이의 얼룩진 모습으로 계속 길을 가는 남자와 다를 바

없는 모습으로 여정을 시작한다. 그러나 이제 사랑만이 이룰 수 있는 것을 소망할 때다. 정결해지고 나음을 얻으며 두 팔을 활짝 열어 새로운 길을 가자.

우리는 하나님의 사랑의 나라에서 함께 살아가도록 부르심을 받았다. 그 나라에서 우리는 하나님 아버지의 사랑받는 자녀로서 우리의 정체성을 발견하고, 세상을 치유하는 창조주의 뜻을 대신하는 사역자로서 하나님의 목적을 이루며, 하나님이 공급하시는 부요함을 누리는 가운데 안전함을 찾고, 우리 자신보다 더 위대한 사랑의 근원을 통해 공동체를 받아들이며, 우리의 능력과 이해의 한계를 뛰어넘는 자유와 평강을 경험할 것이다. 우리는 길이 되시는 독생자 예수님의 희생으로 그 나라에 들어가며, 예수님의 도를 실천하며 걸어가는 법을 배운다.

우리 시대에 예수님의 도를 따른다는 것은 어떤 의미일까? 우리는 그리고 우리의 실험은 어떤 결과를 낳을까? 함께 실천하는 것의 목표는 모든 것을 새롭게 하시는 그분의 능력에 이르기까지 생명으로 충만해지는 것이다. 우리는 마지막 호흡이 다할 때까지 순례의 길을 가고 있다는 믿음으로 행한다. 마치 전망 좋은 정상에 도달하면 더 높고 멀고 아름다운 경치를 가진 곳으로 향하는 다른 길이 나타나는 것처럼, 영적인 세계에서도 실험은 더욱 진보된 실험으로 이어지는 보다 많은 질문으로 우리를 인도한다.

우리는 서로 사랑하기 위해 창조되었다. 바로 그 사랑을 예수 그리스도의 교회가 선명하게 보여 주기를 간절히 바란다. 또한 예수님이 행하고 가르치신 것을 실천하도록 사람들을 훈련시키며 돕는 역할을 모든 공동체가 담당하는 날이 오기를 꿈꾼다. 보통의 '일반적인' 기독교나 '평범한 교회'가 가는 온건하며 점진적인 변화로는 우리가 가야 할 곳에 이를 수 없다고 확신한다. 우리는 인도하고 꿈꾸며 비전을 주는 사람으로서, 단지 말에 그치지 않고 대안을 전복적으로 실천하는 삶으로 사람들을 인도해야 한다. 우리 세대 중 많은 사람들이 거리낌 없이 비판에 열중하지만 오직 소수만이 우리가 꿈꾸는 변화를 실천할 용기를 지녔다. 우리 가운데 일부는 겸손한 태도로 보다 진보적인 가르침을 실천할 필요가 있다. 웬델 베리Wendell Berry는 다음과 같은 인상적인 말을 했다. "만약 변화가 온다면 … 변두리로부터 시작되어야 할 것이다. … 선지자들이 나타난 곳은 성전이 아닌 광야였다."* 오늘 위험하고 이단적이며 불가능해 보이는 일은 내일도 쉽게 일어날 가능성이 없어 보인다.

우리는 인간의 실존에 필연적인 위험을 최소화하고 고통을 피하며 혼돈과 불확실성을 통제하고 싶어 한다. 종교를 포함하여 정부나 기업, 여타 사회 구조를 통해 우리가 갈망하는 확실성과 안전이 제공되기를 기대하는 경향이 있다. 그러나 유일한 구원자이신 예수님은 주 안에서 살아가는 우리에게 조심스레 살아가는 것은 어리석은 일이라고 경고하시며 마 25:14-30, 이 세상 나라의 안위와 관습에서 벗

---

* Wendell Berry, *The Unsettling of America*(San Francisco: Sierra Club Books, 1977), p. 174.

어나 하나님 나라의 신비와 모험 속으로 들어오라고 초청하신다. 하나님 나라의 상속자는 생명이 충만한 모험을 하기 위해 이전 것을 과감히 버리고 결코 뒤돌아보지 않는다. 훨씬 더 값진 보물을 얻기 위해 모든 것을 걸고 이런 모험을 한다.

예수님의 도를 실천하면서 우리는 어디에 이르게 될 것인가? 그 모험은 우리를 처음 제자들이 이르렀던 장소, 곧 우리 시대에 사랑이 단절된 곳으로 데려간다. 그것은 고통과 고난과 오해와 죽음의 길이다. 이는 예수님의 발자취가 이어진 곳이며 우리 시대의 힘겨운 싸움을 이길 수 있는 평강과 소망으로 인도하는 길이다. 더 중요한 것은 기꺼이 고난을 감수할 것인지가 아니라 생명의 충만함 가운데 살아가기 위해 기꺼이 모험할 것인지 묻는 것이다.

최근 한 친구 때문에 내가 예전에 했던 농담이 다시 떠올랐다. 언젠가 나는 만약 책을 써달라는 요청을 받는다면 그 제목을 "자신만의 삶을 만들라"로 정할 것이라고 말했다. 그 책의 표지를 넘긴다면 모든 페이지는 비어 있을 것이다. 또 그 책은 지금 당신이 읽는 이 책보다 훨씬 더 쓰기 쉬울 것이다(그리고 더 많이 팔릴 것이다!). 사실 그런 생각이 여전히 있다. 나는 이 책이 당신에게 모험을 시작하는 영감을 불러일으키기를 소망한다. 그 결과 예수님의 도를 실천하고 하나님의 사랑의 나라에서 함께하는 삶을 만들어 가는 자신의 여정에 대한 이야기로 책을 채우게 될지도 모른다.

우리는 어디에서 시작할 것인가, 라는 질문을 피할 수 없다. 당신이 마땅히 해야 하며 할 수 있는 일은, 다음 걸음을 옮기는 것이다.… 그리고 그때 당신이 경험한 이야기와 통찰을 www.jesusdojo.com에 올려 발견한 바를 함께 나눠 주기를 부탁한다.

_____ 토론

- **소망하는 것 그리고 짊어지고 가는 것** 많은 것을 짊어지고 길을 떠나는 사람에 대한 비유는 당신에게 어떤 깨달음을 주었는가? 이 이야기는 목적을 가지고 공동체가 함께하는 실천과 어떤 관련이 있을까?
- **하나님 나라의 삶** 하나님의 사랑의 나라에서 살아가라는 초대는 어떤 면에서 가장 당신을 매료시키는가?
- **온전한 순종의 모험** 하나님의 나라로 향하는 생명으로 충만한 모험을 떠나려면 무엇을 해야 한다고 생각하는가? 이전에 예수님의 도를 따르기로 선택한 사람들은 역사적으로 어떤 결과를 낳았는가?

_____ 적용

- **첫 번째 실천** 이 책에서 살핀 주제에 대하여 실천으로 옮기라는 성령님의 초대에 어떤 감정이 생기는가? 실천에 옮길 수 있을 것 같은 가장 대담한 일은 무엇인가?
- **실험의 수준과 종류** 당신이 참여할 수 있는 세 가지 수준의 실험, 곧 개인 중심, 그룹 실험, 열린 초대 실험을 떠올려 보라. 각각의 실험에서 당신과 순종의 모험을 함께할 수 있을 것 같은 사람은 누구인가?

- **그룹 여정** 당신이 속한 모임이나 교회 공동체는 당신 삶 속의 실험과 공동의 실천을 어떻게 함께할 수 있는가? 1회, 단기, 장기 실험 실천의 경우를 각각 생각해 보라.
- **정체성** 하나님의 사랑받는 자로서의 정체성을 받아들이기 위해 당신이 다음에 실천할 것은 무엇인가? 시도하기 원하는 공동의 실험이나 실천에는 어떤 것이 있는가?
- **존재 목적** 하나님의 치유를 행하는 사역자로서 존재 목적을 이루기 위해 당신이 다음에 실천할 것은 무엇인가? 시도하기 원하는 공동의 실험이나 실천에는 어떤 것이 있는가?
- **안전** 하나님의 관대함과 부요함 속에서 안전을 발견하기 위해 당신이 다음에 실천할 것은 무엇인가? 시도하기 원하는 공동의 실험이나 실천에는 어떤 것이 있는가?
- **공동체** 서로 하나 된 관계, 그리스도에게 깨어 있는 공동체 속에서 살아가기 위해 당신이 실천할 것은 무엇인가? 시도하기 원하는 공동의 실험이나 실천에는 어떤 것이 있는가?
- **자유와 평강** 더 큰 자유와 평강을 경험하기 위해 당신이 실천할 것은 무엇인가? 시도하기 원하는 공동의 실험이나 실천에는 어떤 것이 있는가?

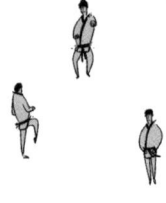

소그룹 활동 지침서

다음은 이 책의 내용을 소그룹에서 탐구하기 위한 6주간의 활동 지침서다. 각 회에는 1, 2부의 각 장에서 선별된 토론 질문과 7일간의 실험안이 실려 있다(이 지침서에 실린 모든 실천과 실험은 베이에어리어의 공동체에서 이미 시행된 바 있다).

소그룹에서는 모일 때마다 실험할 7일간의 실험을 선택한다. 조금 긴 실험을 할 경우, 장기간의 여정을 함께할 모임에 속하는 것이 좋다. 모임을 위한 더 많은 자원과 추가 자료를 www.jesusdojo.com에서 얻을 수 있다.

첫 번째 모임: 실험으로의 초대 / 안전에 대한 실험
- 모임 전에 1장과 9장을 읽으라.

- 30-31쪽과 220쪽에서 토론 질문을 선택하라.
- 9장에서 안전에 대한 7일간의 실험을 선택하고 서약하라.

두 번째 모임: 랍비의 도를 따르는 삶 / 정체성에 대한 실험
- 모임 전에 2장과 7장을 읽으라.
- 지난 모임에서 함께 서약했던 안전에 대한 7일간의 실험을 함께 점검하라.
- 52-53쪽과 177쪽에서 토론 질문을 선택하라.
- 기도하며 7장에서 함께할 정체성에 대한 7일간의 실험을 선택하고 서약하라.

세 번째 모임: 공동의 실천을 위한 공간을 창조하라 / 공동체에 대한 실험
- 모임 전에 3장과 10장을 읽으라.
- 기도하며 지난 모임에서 함께 서약했던 정체성에 대한 7일간의 실험을 함께 점검하라.
- 75-76쪽과 247-248쪽에서 토론 질문을 선택하라.
- 10장에서 함께할 공동체에 대한 7일간의 실험을 선택하여 서약하라.

네 번째 모임: 영성 형성의 비전을 제시하고 구체적으로 접근하라 / 자유와 평강에 대한 실험
- 모임 전에 4장과 11장을 읽으라.

- 지난 모임에서 함께 서약했던 공동체에 대한 7일간의 실험을 함께 점검하라.
- 99-100쪽과 273-274쪽에서 토론 질문을 선택하라.
- 11장에서 함께할 자유와 평강에 대한 7일간의 실험을 선택하고 서약하라.

다섯 번째 모임: 실천은 어떻게 우리를 변화시키는가 / 존재 목적에 대한 실험
- 모임 전에 5장과 8장을 읽으라.
- 지난 모임에서 함께 서약했던 자유와 평강에 대한 7일간의 실험을 함께 점검하라.
- 121-122쪽과 203쪽에서 토론 질문을 선택하라.
- 8장에서 함께할 존재 목적에 대한 7일간의 실험을 선택하고 서약하라.

여섯 번째 모임: 그룹 실험의 시작과 인도 / 결론
- 모임 전에 6장과 결론을 읽으라.
- 지난 모임에서 함께 서약했던 존재 목적에 대한 7일간의 실험을 점검하라.
- 144-145쪽과 284쪽에서 토론 질문을 선택하라.
- 결론에 실린 질문을 사용하여 다음 실천을 개발하라.

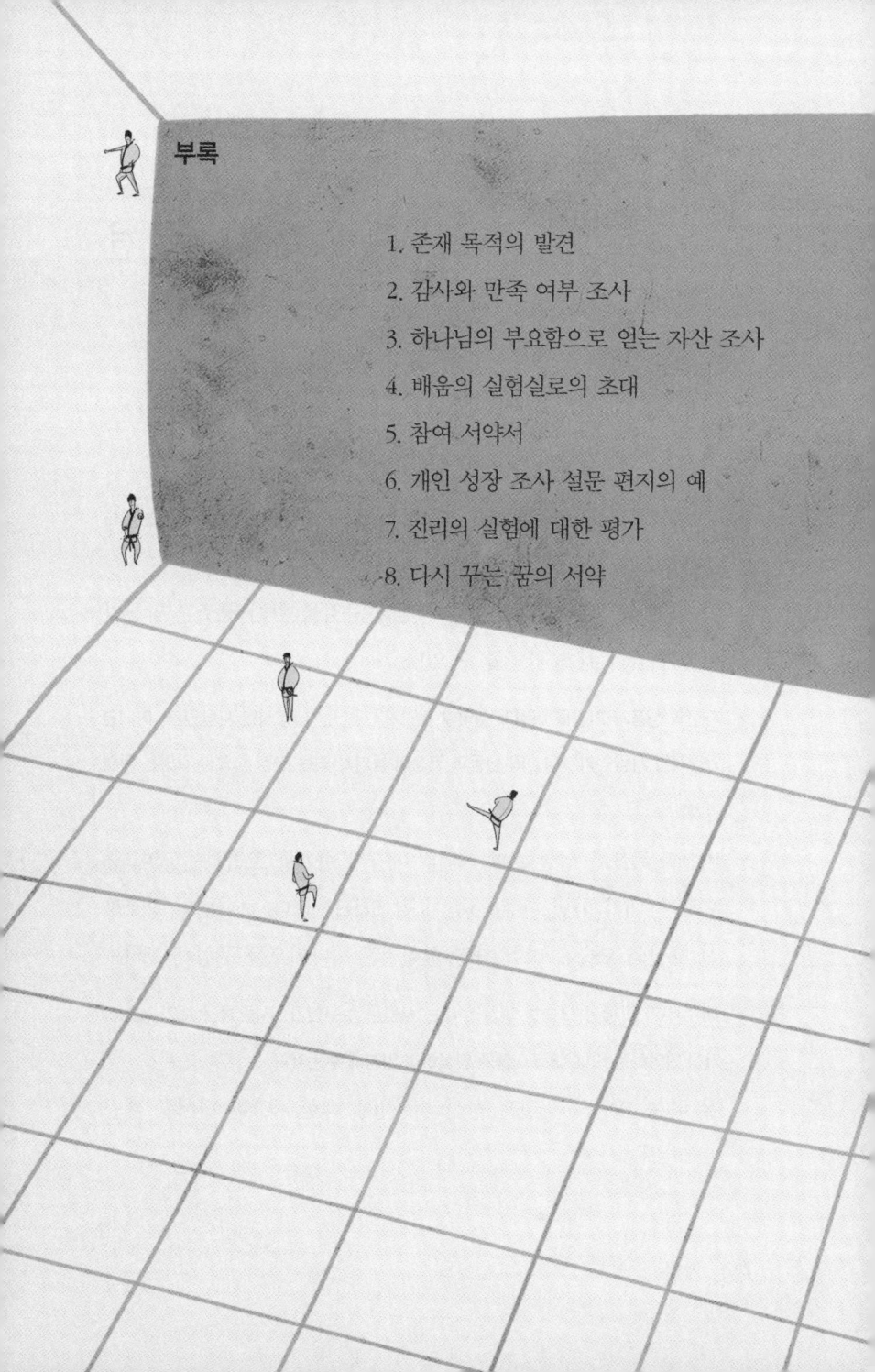

부록

1. 존재 목적의 발견
2. 감사와 만족 여부 조사
3. 하나님의 부요함으로 얻는 자산 조사
4. 배움의 실험실로의 초대
5. 참여 서약서
6. 개인 성장 조사 설문 편지의 예
7. 진리의 실험에 대한 평가
8. 다시 꾸는 꿈의 서약

부록 1

존재 목적의 발견

- 나는 무엇에 열정을 품고 있는가? 가장 살아 있고 생명력이 넘친다고 느끼는 때는 언제인가?

이 질문에 대한 대답을 통해 세상의 유익을 위해 창조된 당신의 고유한 삶의 길을 확인할 수 있다.

- 자신의 성품과 기질을 어떻게 설명할 것인가? 당신은 내향적인 사람인가, 아니면 외향적인 사람인가? 당신의 행동과 결정의 동기가 되는 가장 중요한 갈망은 무엇인가?

비전과 목표를 성찰할 때 개인의 재능과 한계를 고려하는 것이 중요하다. 내가 아닌 다른 사람이 될 필요는 없다. 하나님이 창조하신 자신의 모습에 비춰 가장 현실적인 시나리오를 구상해 보라.

- 내게서 가장 좋은 모습을 이끌어 내는 사람은 누구인가? 사람들은 내가 세상에 가장 기여하는 바에 대해 어떻게 인식하며 인정해 주는가?

잘 아는 지인의 의견은 당신의 사명에 대한 중요한 단서를 제공할 수 있다.

- **삶 속에서 좀 더 전인적인 성장을 갈망하는 영역은 어디인가?**

모든 사람에게는 각자 하나님의 빛 가운데 온전히 들어가기 위해 직면하고 온전히 순종해야 할 상처와 싸움이 존재한다. 치유법을 발견하고 자신의 약점을 다룰 방법을 찾는 일은 우리 삶의 여정의 일부다.

- **세상에서 정의와 치유가 가장 필요하다고 느끼는 곳은 어디인가?**

세상(지역과 전 세계)에서 고통당하는 사람들의 필요를 보며 우리는 압도당할 수 있다. 혼자서는 이러한 모든 고통과 싸움을 감당할 수 없다. 흔히 볼 수 있지만 어떤 사람에게 특별히 민감하게 다가오는 부분이 있다. 무엇이 하나님의 마음을 상하게 하며, 당신의 마음을 아프게 하는가? 가난한 사람의 육체적인 필요인가, 추방당하고 외로우며 학대받은 사람의 정서적인 필요인가, 아니면 다른 어떤 것인가?

- **살아가는 동안 다른 사람을 돌보며 나와 동역하는 것을 중요하게 여기는 사람은 누구인가?**

이 질문을 통해 우리는 고립된 개인으로 살도록 정해지지 않았다는 사실을 깨닫는다. 예를 들어 가족, 친구, 특별한 장소와 사람처럼 내 삶과 깊은 연관이 있는 사람들은 누구인가?

- **내가 가진 가장 큰 재능과 열정, 기술은 무엇인가? 그리고 어디에서 다른 사람들을 가장 잘 섬길 수 있을까?**

당신은 기술과 재능, 전문성을 부여 받았고, 이를 통해 세상을 유익하게 만드는 일에 영향력을 미칠 수 있다. 인생의 가장 중요한 사명 중 하나는, 이 자원을 가장 효과적으로 사용할 방법을 찾는 것이다.

- 현재 내가 하는 일은 온 인류를 향한 하나님의 뜻을 더 온전하게 이루어 내는 일에 어떻게 기여하는가?

이것은 당신이 잘하고 있는 일과 미래에 기여하기 원하는 일을 서로 연결하는 데 도움이 될 수 있다.

- 설문 조사를 마쳤을 때, 당신이 하나님의 목적을 이루어 가며 치유를 일으키는 사역자라는 확신을 준 몇 가지 놀라운 발견은 무엇인가?

부록 2

감사와 만족 여부 조사

전 세계의 경제 상황을 기억하며 다음 주제에 따라 당신의 삶 속에서 하나님의 공급하심과 당신의 만족 여부를 평가하라.

음식
부족함	기본 / 적당함	풍성함	넘침

만족 여부	예 / 아니오

의복
부족함	기본 / 적당함	풍성함	넘침

만족 여부	예 / 아니오

주거
부족함	기본 / 적당함	풍성함	넘침

만족 여부	예 / 아니오

안전
부족함　　　　　기본 / 적당함　　　　풍성함　　　　　넘침

만족 여부　　　　예　/　아니오

관계
부족함　　　　　기본 / 적당함　　　　풍성함　　　　　넘침

만족 여부　　　　예　/　아니오

건강 관리
부족함　　　　　기본 / 적당함　　　　풍성함　　　　　넘침

만족 여부　　　　예　/　아니오

교통 수단
부족함　　　　　기본 / 적당함　　　　풍성함　　　　　넘침

만족 여부　　　　예　/　아니오

교육
부족함　　　　　기본 / 적당함　　　　풍성함　　　　　넘침

만족 여부　　　　예　/　아니오

여가 생활
부족함　　　　　기본 / 적당함　　　　풍성함　　　　　넘침

만족 여부　　　　예　/　아니오

기본적인 필요에 만족한다면 어떤 것이든 특별한 선물로 받을 수 있다.

부록 3

하나님의 부요함으로 얻는 자산 조사

우리가 즐기는 많은 것은 화폐로 계산할 수 없는 가치를 갖는다. 돈 외에 다음과 같은 자산을 얼마나 가치 있게 여기는지 평가해 보라.

가족, 친구와 동료

낮음　　1　　2　　3　　4　　5　　높음

영적인 집중력

낮음　　1　　2　　3　　4　　5　　높음

창의성

낮음　　1　　2　　3　　4　　5　　높음

숭고하며 값진 일과 섬김

낮음　　1　　2　　3　　4　　5　　높음

여가 시간과 신체 활동

낮음　　1　　2　　3　　4　　5　　높음

음식을 향유하는 즐거움

낮음　　1　　2　　3　　4　　5　　높음

음악 감상

낮음　　1　　2　　3　　4　　5　　높음

예술, 문화, 지식의 즐거움

낮음　　1　　2　　3　　4　　5　　높음

결혼, 사랑, 성의 즐거움

낮음　　1　　2　　3　　4　　5　　높음

안식일의 휴식

낮음　　1　　2　　3　　4　　5　　높음

친밀한 관계

낮음　　1　　2　　3　　4　　5　　높음

정서적 건강과 안정

낮음　　1　　2　　3　　4　　5　　높음

자유

낮음　　1　　2　　3　　4　　5　　높음

사랑하고 섬길 기회
낮음　　1　　2　　3　　4　　5　　높음

지식과 배움에의 접근
낮음　　1　　2　　3　　4　　5　　높음

기술과 재능의 획득
낮음　　1　　2　　3　　4　　5　　높음

자연과 문화에의 접근
낮음　　1　　2　　3　　4　　5　　높음

안전
낮음　　1　　2　　3　　4　　5　　높음

안정감과 평강
낮음　　1　　2　　3　　4　　5　　높음

건강
낮음　　1　　2　　3　　4　　5　　높음

인격과 지혜
낮음　　1　　2　　3　　4　　5　　높음

인내와 기쁨
낮음　　1　　2　　3　　4　　5　　높음

고통, 슬픔, 상실을 견디는 강인함

낮음   1   2   3   4   5   높음

자연의 아름다움

낮음   1   2   3   4   5   높음

(기타) _____

낮음   1   2   3   4   5   높음

- 평가하는 동안 당신이 소중하게 여기는 것에 대해 무엇을 깨달았는가?
- 당신의 모든 물질적 부나 자산과 비교해, 하나님의 부요함에서 비롯된 이런 귀중한 자산을 얼마나 많이 소유하고 있는가?
- 우리가 물질적 부를 과대평가하고 하나님의 부요함에서 오는 자산을 과소평가하는 이유는 무엇이라고 생각하는가?

부록 4
배움의 실험실로의 초대

창조성 일깨우기

당신 삶 속의 숨겨진 이야기를 찾아 나서라

일시: 4월 5일-5월 10일, 매주 월요일 저녁 7:00-9:00

마지막 공연 및 작품 전시회: 5월 14일 금요일, 저녁 7:00-10:00

비용: 60-150달러 차등 적용(교육 과정, 작품 재료, 시설 사용료 및 마지막 파티 비용 포함) 요청에 따라 교육비 지원 가능

더욱 창조적이 되기를 갈망하는가? 고대 이후로 영적 추구자들은 시와 미술과 노래로 내면의 의문과 갈망을 표현해 왔다. 예수님은 그분의 말씀을 듣는 사람들이 회개하고 인생 전체에 대한 새로운 꿈을 꾸도록 부르신다. 많은 사람들이 상상력과 창조성과 영적 성장 사이에 중요한 관계가 있다는 것을 깨달았다. 참가자들은 이 6주간의 배움의 실험실에서 개인 실험과 그룹 실험을 통해 창조성, 개인의 삶 그

리고 신학의 통합을 이루게 될 것이다. 참가자들의 작품이 전시되는 마지막 그룹 전시회는 5월 14일 금요일 저녁 7:00-10:00에 열린다.

- 참가자들은 매일 일기 쓰기, 주중 산책, 창조적인 모험을 변화의 도구로 사용하는 법을 배울 것이다.
- 창조적인 삶의 원형인 예수님의 삶과 가르침을 공부하라.
- 시, 춤, 산문, 음악, 조각, 사진, 그림 등 예술을 통해 자기 삶의 이야기를 탐구하라.
- 소그룹 모임에서 함께 발견한 바를 토론하라.
- 주중의 실천에서 나온 미술 작품들 중 그룹 전시회에서 전시할 것을 모으라.

★ ★ ★

진리의 실험

개인의 변화를 목적으로 하는 배움의 실험실

일시: 2월 24일-4월 7일, 매주 화요일 저녁 7:00-9:00

비용: 60-100달러 차등 적용

주님은 세상을 향한 더 위대하고 온전한 창조주의 꿈에 비추어 우리 인생을 다시 계획하고 새로운 꿈을 꾸도록 우리를 부르신다. 이 배움의 실험실에서는 영적 성장을 구체적으로 살펴본다. 식생활과 시간 사용, 미디어 소비, 재정 사용, 시간을 함께 보내는 사람 등 구체적인 면에서 우리의 마음과 몸의 행동이 변화된다면, 창조주의 능력과 사랑의 통로인 우리 능력에 어떤 영향이 있을까? 이와 같은 실제적인 강습회를 통해 우리는 우리가 원하는 삶과 현실 사이에서 종종 느끼는 불일치를 해결하고자 한다.

예수님은 광야에서 40일을 금식하신 후 가장 큰 유혹에 직면하셨다. 이 배움의 실험실에 참여하는 사람들은 진리의 실험을 통해 영적인 삶의 그늘과 장애물에 맞서는 것을 목표로 아래와 같은 실천에 참여한다.

- 개인 성장을 주제로 절제와 참여의 훈련을 적용한 40일간의 실험
- 경험을 통한 온전하고 구체적인 영적 성장의 이해
- 실제적인 그룹 성찰의 경험을 통해 자신의 삶에 귀 기울이고, 성령의 음성을 들으며, 친구들로부터 지혜와 통찰을 얻음으로써 자신의 결정에 대해 더 큰 확신을 얻기
- 오랜 기간 추진력과 지속성을 유지할 수 있는 포괄적인 개인 성장 계획 세우기
- 개인 성장 계획을 실행에 옮기도록 도와주고 기술을 가르쳐 주며 지혜와 통찰을 나눠 줄 검증된 멘토와 함께 시간 보내기

부록 5

참여 서약서

창조성 일깨우기

나는 창조성 일깨우기에 참여하며 이후 6주간 많은 시간을 투자해야 하는 발견과 변화의 집중 과정에 헌신하기로 동의합니다.

- 모든 배움의 실험실 모임에 참여할 것을 서약합니다.
- 매일 일기를 쓰고 실천 과제, 주중 산책, 창조적인 모험을 행하며, 마지막 전시회를 위한 작품을 만들겠습니다.
- 적절한 선에서 비밀을 지키며, 소그룹에서 진실하게 나누고, 조용히 다른 사람의 말을 경청하겠습니다.
- 실험에 참여하기 위해 매일 한 시간 정도를 할애하는 것에 동의합니다.
- 배움의 실험실 기간 동안 최대한 많은 경험을 하기 위해 자기 관리를 철저히 하며, 건강한 식사와 운동, 잠자는 습관, 신중한 일

정 관리를 하기로 서약하겠습니다.

서명: _____
날짜: _____

★ ★ ★

노예 해방 프로젝트

나는 6주간 집중적인 영적 성장 훈련에 필요한 다음 내용에 헌신하기로 동의합니다.

- 6주간의 프로젝트 모임 참여
- 주중 2-4시간의 과제 실천과 조사
- 개인적 약점과 자기반성
- 일상적 식생활과 구매 습관의 변화
- 비품과 시설 비용의 차등 기부
- 그룹 프로젝트에서의 협력
- 그룹 프로젝트를 위한 추가 비용의 공동 부담

나는 다음과 같이 서약합니다

- 주중 프로젝트 모임에 정시에 도착하겠습니다.
- 불가피하게 참석하지 못할 경우 인도자에게 연락하겠습니다.
- 인신매매에 대해 알게 될 정보와 관련해 책임감과 윤리 의식, 긍휼의 마음을 품겠습니다.
- 인신매매 피해자를 위험에 처하게 할 일은 결코 하지 않겠습니다.
- 의심스런 업체명을 공유하거나 비밀리에 얻은 위치 정보를 공개하지 않겠습니다.
- 이 문제에 대해 잘 알지 못하는 사람들을 관대하며 겸손하게 대하겠습니다.
- 이웃과의 관계에서 존중과 세심한 태도, 자비의 마음을 가질 것이며, 거리의 사람들을 존엄하게 대하겠습니다.

서명: _____

날짜: _____

부록 6

개인 성장 조사 설문 편지의 예

친애하는 _____ 에게

저는 진리의 실험이라는 40일간의 영성 훈련에 참가하고 있는데, 이 과정에 신뢰하는 친구와 멘토로부터 저에 대한 의견을 얻는 일이 포함되어 있습니다. 지인들로부터 얻는 지혜와 조언이 성령님이 말씀하시는 방법 가운데 하나라는 것이 바로 이 과정의 전제입니다. 지금 저는 제 장점과 성장하는 영역을 살피며 인생의 중요한 결정에 대한 지혜와 확신을 구하고 있습니다. 이런 이유로 당신의 조언을 부탁드립니다.

제 삶에서 신뢰할 수 있는 조언자로서 당신을 이 과정에 초청하고 싶습니다. 다음 질문에 기꺼이 답해 주시고 __월 __일까지 돌려보내 주시겠습니까? 제가 온전한 사람으로 성장하도록 당신의 생각을 망설임 없이 정직하게 말씀해 주시길 부탁드립니다. 제가 받은 답변을 꼼꼼히 점검하여 개인 성장 계획을 위한 발걸음을 내딛겠습니다.

당신의 사려 깊고 신중한 답변에 미리 감사드립니다!

제 장점과 잠재력을 확인해 주세요
- 저는 어떤 상황에서 가장 능력과 생명력을 나타냈습니까?
- 제 장점과 은사는 무엇이라고 생각하십니까?
- 하나님이 저를 창조하신 목적이 무엇이라고 생각하십니까?
- 제가 세상에 가장 크게 기여하는 바는 무엇일까요?
- 주위 사람들을 어떻게 섬기고 있습니까?

제 삶에서 성장해야 할 영역을 깨닫도록 도와주세요
- 제 약점은 무엇입니까?
- 제 삶에서 자기 인식이나 다른 사람을 향한 배려가 부족하다고 느끼는 영역이 있습니까? 무의식중에 주위 사람들에게 부정적인 영향을 끼치는 일이 있습니까?
- 사람들은 보통 저를 어떻게 평가합니까? 사람들은 저에 대해 어떤 인상을 갖고 있습니까? 헤어진 후 사람들이 저에 대해 하는 긍정적인 평가나 부정적인 평가 중에서 제가 알아 두면 도움이 될 말이 있습니까?
- 제 삶 속에서 전인적인 성장이나 성숙이 더욱 필요하다고 느끼는 부분은 어느 영역입니까?

지혜와 통찰을 나눠 주세요

저는 앞으로 어떤 삶을 살아갈지 결정하기 위해 분명한 확신을 얻고 싶습니다[세부 설명을 적으라].

다음은 이 문제와 관련된 질문입니다[여기에 당신의 질문을 정리해 쓰라].

- 지금의 제 삶에 대해 들려주고 싶은 주의, 염려, 조언의 말은 어떤 것입니까?
- 제가 어떤 사람인지를 잘 아는 사람으로서, 이 문제에 대해 해주실 또 다른 통찰의 말씀은 무엇입니까?

부록 7

진리의 실험에 대한 평가

1. 당신이 해결하려던 문제, 서약했던 절제와 참여의 훈련 등 40일간의 실험의 특징을 간략하게 설명하라.
2. 실험을 통해 무엇을 배웠는가?
3. 실험의 어떤 측면을 통해 가장 큰 변화를 경험했는가?
4. 당신의 삶에 어떤 실험을 도입하기 원하는가?
5. 다시 이 같은 실천을 하게 될 기회가 주어진다면 전과는 어떻게 다르게 실천할 것인가?
6. 인생을 변화시킬 40일간의 실험을 시작할 사람에게 해주고 싶은 조언은 무엇인가?

당신의 경험을 다음의 항목에 따라 평가하되, 해당 항목에 동그라미로 표시하라.

개인 성찰의 실천
| 훌륭함 | 유익함 | 무익함 | 실패 |

멘토의 발견
| 훌륭함 | 유익함 | 무익함 | 실패 |

개인 성장 조사 요청 편지 쓰기
| 훌륭함 | 유익함 | 무익함 | 실패 |

그룹 성찰 과정
| 훌륭함 | 유익함 | 무익함 | 실패 |

개인 성장 계획
| 훌륭함 | 유익함 | 무익함 | 실패 |

주중 배움의 실험실 모임에서 당신이 경험한 바를 설명하라.

소그룹 토론
| 훌륭함 | 유익함 | 무익함 | 실패 |

그룹의 인도자는 누구였는가?

인도자가 모임을 인도하던 방법을 어떻게 평가할 것인가?
| 훌륭함 | 좋음 | 나쁘지 않음 | 부족함 |

당신이 내고 싶은 유익한 의견이나 제안은 무엇인가?

사전 교육과 조언
훌륭함　　　　　　유익함　　　　　　무익함　　　　　　실패

인도자에게 제안하고 싶은 유익한 의견이 있다면 무엇인가?

진리의 실험에서 불편하거나 혼란스러웠던 일이 있었다면 설명해 보라.

배움의 실험실에서의 경험을 어떻게 발전시킬 수 있을 것인가?

친구에게 이를 추천하겠는가?　　　예　　　아니오

답변에 감사드립니다!

부록 8
다시 꾸는 꿈의 서약

창조주에게 순종하고
피조세계를 섬기며
서로 공동체를 이루어
모든 것을 사랑으로, 모든 것을 사랑으로
검소한 삶으로
생명을 위해 기도하며
세상에서 창조적으로 살아가며
모든 것을 사랑으로, 모든 것을 사랑으로

서약은 하나님과 사람 앞에서 특별한 행동을 하거나 하지 않기로 진지하게 약속하는 것이다. 그리고 이러한 서약을 통해 구체적인 실천을 향한 그 사람의 감정과 의도, 헌신이 드러난다.

주님은 나의 하나님, 주님께서 내 서원을 들어주시고,
주님의 이름을 경외하는 사람이 받을 유업을 내게 주셨습니다. …
그때에 나는 주님의 이름을 영원토록 노래하며, 내가 서원한 바를
날마다 이루겠습니다시 61:5, 8, 새번역.

소그룹에서 구성원들이 함께 서약하면, 결심한 일에 대해 서로를 지지하고 격려할 수 있다. 우리는 공동의 서약을 일상의 구체적인 삶과 방향 속에서 예수님께 순종하기 위한 진지한 시도로 여긴다. 우리는 매해를 항상 새로운 실험의 단계라고 여기기 때문에, 우리의 구체적인 헌신과 실천과 삶의 리듬은 계속 발전해 간다. 하나님과 서로를 향해 우리가 맺은 서약은 아래에 요약되어 있다.

1. 순종 우리는 예수님을 우리의 선생님이자 주권자로 인식하며, 우리 삶의 모든 세세한 영역에서 사랑의 도에 온전히 순종하기 위해 애쓴다. 사랑 안에서 서로 복종하며 하나님과 서로에 대해 맺은 서약과 약속을 지키기 위해 힘써 노력한다.

- 십계명과 사랑의 법에 순종한다.
- 적어도 1년에 여섯 번 개인 성장에 대해 이야기를 나누기 위해 신뢰하는 멘토나 동료를 만난다(개인 성장 계획은 홀로 작성하든지 멘토와 함께 작성한다).
- 모임을 통해 서로 중요한 인생의 결정(직업의 변화, 결혼, 이사, 개인적

위기 등)에 대한 공동체의 깨달음을 추구한다.

2. **섬김** 우리는 모든 피조세계를 돌보는 일에 창조주 하나님과 동역하도록 지음 받았다. 일의 신성함을 알며, 우리가 있는 곳의 필요에 따라 우리의 재능과 기술로 다른 사람들을 섬기기 위해 몸과 마음의 능력을 사용한다.

- 삶이 허락하는 한, 서로와 잊힌 사람들과 소외된 사람들을 섬기는 일을 삶의 우선순위로 둔다.
- 세상에 직간접적으로 평등과 지속성, 정의를 추구하는 방법으로 돈을 벌고 우리의 참된 소명을 성취하기 위해 존엄하게 일한다.

3. **공동체** 우리는 모든 관계 속에서 용서와 화해, 존경, 격려, 겸손과 환대를 추구할 뿐만 아니라, 전 세계의 형제자매와 연대하는 믿음의 여정에 헌신한다.

- 프로젝트와 가족 모임에 적극 참여한다.
- 모든 부족 모임에 참여한다.
- 사람들을 자신의 집과 삶, 행사에 초대하여 정기적으로 환대를 실천한다.

4. **검소한 삶** 우리는 창조주 하나님의 부요한 공급하심을 알며, 결핍

과 탐욕의 나라에서 신뢰와 만족, 관대함을 누리는 삶을 추구한다.

- 지속적이고 의식적이며 깨어 있는 우선순위를 반영하는 예산에 따라 살아가며 1년간 구성원들과 예산을 공유한다.
- 최소한 수입의 10퍼센트(5퍼센트는 공동의 일에, 5퍼센트는 지정한 자선 단체에)를 나눈다.
- 1년에 한 번, 소유한 물건의 목록을 함께 만들고 간직할 것, 나눌 것, 팔 것, 기부할 것의 목록을 분류한다.
- 자신의 몸과 마음, 영혼과 정서적인 면이 다시 채움 받을 수 있도록 일정을 비워 두고 그에 맞추어 살아간다(안식일, 즉흥성을 위한 공간, 삶의 속도, 깨어 있는 헌신 등).

5. 기도 우리는 창조주 하나님의 뜻과 임재에 집중하며, 온전한 순종의 열매와 성령님의 인도하심을 추구한다. 기도, 성경 연구, 침묵과 고독의 리듬을 실천하여, 성령님의 음성과 권능에 열려 있도록 서로 돕는다.

- 하루에 두 번, 기도 시간을 일정에 포함시킨다.
- 1년에 한 번, 이틀 동안 침묵 관상 기도 수양회에 참석한다.
- 일주일에 한 번, 기도 모임에 참석한다.

6. 창조성 우리는 하나님 나라와 창조의 서사시에서 얻은 깨달음을

우리의 문화적 상황 가운데 적용하고 상상력을 발휘하며 깨어서 하나님의 뜻을 실천하려 노력한다. 우리 문화의 언어와 매체를 사용해 기꺼이 모험하고, 실험하며, 하나님 나라의 끝나지 않은 이야기를 함께 탐험하면서 예술을 추구하며 살아가기를 원한다.

- 가정에서 매일 성경을 읽으며 거룩한 상상력을 개발한다.
- 자연과 문화를 존중하는 의식적인 태도를 통해 하나님을 찾고자 한다.
- 요리법, 시, 그림, 노래, 이야기 등 문화 예술품을 만들고, 그것들을 우리 여정의 중요한 이정표로 여기며 매년 함께 나눈다.
- 운동, 수면, 건강한 식사, 휴식 등 건강과 인내를 개발하는 몸과 마음의 훈련을 한다.

7. 사랑 우리는 사랑이 우주에서 가장 강력한 힘이라는 사실을 깨닫고, 모든 삶의 차원에서 사랑으로 다스리시는 하나님과 동역하기 위해 노력한다.

- 서로의 필요를 적극적으로 채우려고 애쓴다.
- 과거와 현재의 모든 관계에서 화해를 추구한다.
- 예수님의 도를 행하며 하나님을 추구하는 그룹과 개인들과 함께, 지역적으로나 전 세계적으로 연합하고 동역하며 선한 뜻을 추구한다.

감사의 말

이 책에 실린 공동의 실험과 실천을 기획하고 추진하는 데 도움을 준 다음의 많은 사람들에게 감사를 전한다. 네이트 밀하임, 션 블롬퀴스트, 마이크 맥코이, 애덤 클라인, 데이먼 스나이더, 에이미 로스, 사라 몬토야, 제프 힌과 멜리사 힌 부부, 신코 릭 슬론 목사, 멜라니 홉슨, 대리언 알러, 멜로디 핸슨과 데릭 핸슨 부부, 찰리 스캔들린, 마이클 토이, 데이브 매달레나, 톰 바이블과 일레인 바이블 부부, 코디 버키, 대니 스코빌, 로렌 크랜들, 니콜 마이어스, 로라 커크와 대니얼 커크 부부 그리고 크리스 킹이 그들이다.

달라스 윌라드 그리고 다시 꾸는 꿈의 공동 설립자인 린다 버키스트 박사, 디터 잰더 그리고 로드 워싱턴과 함께한 초기 '구상 과정'을 통해 이 실험과 공동 실천의 많은 씨앗을 심을 수 있었다.

자신의 싸움과 변화의 이야기를 이 책의 지면에서 함께 나눌 수 있도록 허락해 준 모든 사람들에게도 고마움을 전한다.

글을 쓰며 이 책에서 설명하고 있는 관점과 실천을 다양한 상황 가운데 적용하고자 했던 아래의 친구와 공동체들의 이야기에 격려와 가르침을 얻었다. 샌프란시스코 CCC의 크리스 커내건과 크리스틴 커내건 부부, 테네시 주 내슈빌 성 바르톨로뮤 성공회 교회의 딕슨 킨저, 새크라멘토의 션 랜들, 라이언 월튼, 키스 클라센과 카 클라센 부부, 텍사스 주 오스틴 리버 벤드 교회의 데이비드 순드, 노르웨이 오슬로 서브 교회의 킬데 아레브롯, 오레곤 주 포틀랜드의 토니 크리츠, 캘리포니아 주 프리몬트 은혜교회의 알렉스 쉡, 캘리포니아 주 멘로 파크 장로교회의 찰리 스캔드린, 캘리포니아 주 샌타로자의 리처드 룬드블라드, 미시건 주 트로이의 켄싱턴 교회의 마크 비뷰익, 솔트레이크 시 마운트 올림푸스 장로교회의 채드 화이트헤드와 그 동료들. 또한 몇 년간 샌프란시스코의 예수 도장 집중 과정에 참가한 많은 학생 모임과 교회에 감사를 표한다.

매우 다양한 배경을 가진 초기 독자들의 헌신된 모임은 초기 원고에 유익한 의견을 제공해 주었다. 루이 페르난도 바티스타, 스티븐 보스코프, 조너선 브링크, 데이비드 코비아, 토드 해링턴 박사, 키스 클라센, 토비아스 크론, 폴 레이, 크레이그 네이슨, 제로드 샤펠, 캠 소발바로, 마이크 스타브룬드 그리고 벳시 왕에게 감사하며 구체적이고 체계적인 의견을 제공해 준 게리 블랙 박사, 대런 프린스와 케오키 킹에게 또한 특별한 감사를 전한다.

편집자인 데이브 지머맨과 앤드루 브론슨, IVP의 홍보 팀 그리고 대리인인 그레그 대니얼스에 감사한다. 그들은 이 책을 만드는 과정을 감사로 채워 주었다. 내게 함께 나눌 이야기가 있다는 사실을 믿어 주고 작가로서의 목소리를 개발해 준 셰릴 풀러턴을 알게 되어 감사한다. 그리고 이러한 생각의 일부를 나눌 초기의 공간을 제공해 준 잡지 "컨스파이어"Conspire에 고마움을 표한다.

마지막으로 아내 리사와 아들 해일리, 노아, 이사야에게 감사의 마음을 전한다. 우리는 한 가족으로서 가장 친밀하고 놀라운 영성 형성의 경험을 함께 해왔다.

다시 꾸는 꿈 ReIMAGINE

다시 꾸는 꿈은 샌프란시스코에 거점을 둔 통합된 삶을 추구하는 단체다. 다시 꾸는 꿈의 사명은 사람들이 예수님의 삶과 가르침을 통해 커다란 변화를 얻도록 도움을 주며 공동체에 혁명적인 변화를 가져올 리더들에게 힘을 보태는 것이다. 우리는 미국 전역과 전 세계에서 예수님의 도를 실천하는 지도자와 공동체들이 생겨나며 서로를 지지하는 모습을 보게 되기를 꿈꾼다. 우리는 하나님의 사랑의 나라에서 함께 사는 삶의 비전을 전하고 변화를 위한 그룹 실험에 참가자들을 초청하며, 다른 이들을 가르치고 인도하는 리더들의 능력을 발전시키면서 이 꿈을 추구한다. 더 많은 정보를 원한다면 www.reimagine.org를 방문하라.

저자와의 무료 화상 대화

모임에서 함께 이 책을 읽었거나 읽는 중이라면 마크는 20분간의 무료 화상 대화를 통해 당신의 모임과 기꺼이 교류하기 원할 것이다. www.jesusdojo.com에서 요청하는 문서를 완성하여 최초의 50개 모임 중 하나가 되라. www.jesusdojo.com에 방문하여 예수님의 도를 실천하고자 하는 다른 모임과 당신의 경험을 함께 나누고 교감하라.

옮긴이 이희경은
연세대학교 독어독문학과 사회학을 전공했으며 「예수도」를 번역하였다.

예수도

초판 발행_ 2013년 7월 16일

지은이_ 마크 스캔드렛
옮긴이_ 이희경
펴낸이_ 신현기

발행처_ 한국기독학생회출판부
등록번호_ 제313-2001-198호(1978.6.1)
주소_ 121-838 서울 마포구 서교동 352-18
대표 전화_ (02)337-2257 팩스_ (02)337-2258
영업 전화_ (02)338-2282 팩스_ 080-915-1515
직영서점 산책_ (02)3141-5321
홈페이지_ http://www.ivp.co.kr 이메일_ ivp@ivp.co.kr
ISBN 978-89-328-1300-4 03230

ⓒ 한국기독학생회출판부 2013

책값은 뒤표지에 있습니다.